Lessing Gotthold Ephraim

# Kollektaneen zur Literatur K-Z

Lessing Gotthold Ephraim

**Kollektaneen zur Literatur K-Z**

ISBN/EAN: 9783744697743

Hergestellt in Europa, USA, Kanada, Australien, Japan

Cover: Foto ©ninafisch / pixelio.de

Weitere Bücher finden Sie auf **www.hansebooks.com**

# Gotthold Ephraim Lessings

# Kollektaneen

zur

# Literatur.

---

Nil molitur inepte.

HORAT.

---

Herausgegeben und weiter ausgeführt

von

Johann Joachim Eschenburg.

---

Zweyter Band.

K. — Z.

---

Berlin, 1790.

bei Christian Friedrich Voß und Sohn.

K.

Kädmon. Der angelsächsische Dichter, welcher das Alte Testament in diese Sprache poetisch übersetzt hat. Junius hat Stücke davon 1655 zu Amsterdam herausgegeben, unter dem Titel: *Caedmonis* Monachi Paraphrasis Poëtica Geneseos ac praecipuarum sacrae paginae Historiarum; in 4. — Junius glaubte, er sey aus dem sechsten Jahrhunderte; Hickes aber (Grammat. Angl. Saxon. p. 133.) giebt ihm ein weit jüngeres Alter. Joh. Heinr. Stuß, Rektor in Gotha, wollte ihn in seinem Thesauro Gotho- et Anglo-Saxonico wieder herausgeben; welches Unternehmen aber ins Stecken gerathen ist. — Kädmon lebte, nach dem Beda, in monasterio Streaneshalch sub abatissa *Hilda*, quae a. 630 obiisse dicitur. — Beda (Hist. Eccl. gent. Angl. L. IV. c. 24.) ist auch wohl der einzige, der seiner gedenkt: „Carmina, sagt er, religioni et pietati apta facere solebat, ita, ut quicquid ex divinis libris per interpretes disceret, hoc ipse post pusillum verbis poëticis, maxima suavitate et compunctione, in sua, id est Anglorum, lingua proferret."

Hickes macht indeß nicht sowohl den Kädmon jünger, dessen Alter wohl aus dem Beda unstreitig ist; sondern er mißbilligt nur, daß Junius die gedachte Paraphrase unter seinem Namen herausgegeben, und sie dem Kädmon so zuversichtlich beigelegt habe, da sie vielmehr für ein weit neueres Werk zu halten sey. (Praef. in Thes. lingu. septentr.) — — Klopstock indeß hat mir mehrmalen gesagt, daß er diese vorgeblich Kädmonische Paraphrase sehr poetisch gefunden habe.

Zuerst will ich die Nachricht hieher setzen, welche Herr Hofr. Adelung in s. Fortsetzung und Ergänzungen zu Jöcher's Gelehrtenlexikon Th. II. Sp. 14. von diesem angelsächsischen Dichter ertheilt, weil sie in ihrer Art die beste und vollständigste ist:

„Caedmon, ein englischer Benediktiner von Whitby, im 7ten Jahrhunderte, welcher zu seiner Zeit einer der besten angelsächsischen Dichter gewesen seyn soll. Beda, in *Hist. Eccl.* B. IV. Kap. 24. erzählt weitläuftig, wie er zu der Dichtergabe gekommen, welches denn, nach dem Geschmacke der damaligen Zeiten, freilich nicht anders, als vermittelst eines Wunders, geschehen konnte. Allein das kleine Gedicht von drei Strophen, welches wir noch von ihm haben, und welches eben das ihm im Traume eingegebene Gedicht seyn soll, macht diesem wunderthätigen Ursprunge eben nicht viel Ehre. Es scheint eine buchstäbliche Uebersetzung aus dem Lateinischen zu seyn, daher es auch keine Reime hat, und befindet sich in Alfred's angelsächsischer Uebersetzung der Kirchengeschichte des Beda *l. c.*, woraus Hickes in *Gramm. Anglo-Sax.* und Wanley in *Antiquit. litterat. septentr.* es haben abdrucken lassen. Es ist zugleich das einige Stück, welches uns aus der ächten angelsächsischen, oder der sogenannten brittisch-sächsischen Periode noch übrig ist; denn alle übrige angelsächsische Schriften sind aus der spätern dänisch-sächsischen."

„Beda versichert ausdrücklich, daß er, ausser vielen moralischen Gedichten, auch noch die ganze biblische Geschichte, von der Schöpfung an, in Verse gebracht habe. Man hat unter seinem Namen auch noch wirklich eine poetische Uebersetzung, oder vielmehr Umschreibung des ersten Buchs Mosis, und der vornehmsten biblischen Geschichten, welche Franciscus Junius zu Amsterdam, 1655 in 4. herausgegeben hat; allein sie ist unstreitig weit jünger, und, wie schon Hickes bewiesen hat, ungefähr aus dem Jahre 1000; daher diese Arbeit, wenn sie auch ursprünglich von dem Cädmon herrühren sollte, doch von den spätern Abschreibern muß seyn verjünget worden, welches zu den damaligen Zeiten nichts Seltenes war. Von andern wird sie daher mit mehrerer Wahrscheinlichkeit dem Grammatiker Alfrik zugeschrieben, welcher im eilften Jahrhunderte lebte. Cädmon starb 676; und sein Tod war, nach dem Beda, wieder eben so sehr von wunderbaren Umständen begleitet, als seine Einweihung zum Dichter.“ —

Wenn man die den Kädmon betreffende Erzählung, oder vielmehr Legende, beim Beda selbst durchliest, so sieht man bald, wie wenig Grund die Voraussetzung des Junius, und wie große Wahrscheinlichkeit die Meinung des Hickes für sich hat. Es ist daraus nicht einmal darzuthun, daß Kädmon jemals seine Verse niedergeschrieben habe. Die Rede ist dort durchgehends vom Singen und Dichten aus dem Stegereife, wozu er im Traume auf einmal die Gabe erhielt, nachdem er sich von einem Gastmahl, wo die Cither umherging, aus Unerfahrenheit des Gesanges hinweg begeben hatte. Selbst das Lied, dessen Inhalt Beda mittheilt, oder vielmehr der Anfang seines Gesanges, ist wohl schwerlich vom Alfred, es müßte denn durch Tradition gewesen seyn, in seine angelsächsische Uebersetzung des Beda aus dem Original eingetragen, sondern bloß nach der lateinischen Stelle fast wörtlich von Alfred übertragen worden. Am richtigsten steht dieß Fragment in Wanley's Katalog der noch vorhandenen angelsächsischen Bücher und Handschriften, welcher den zweiten Band von *Hickesii* Thes. Septentr. ausmacht, S. 287, aus einer Handschrift in der Bibliothek des Bischofs zu Norwich *). Merkwürdig bleiben diese Verse immer

*) Eben finde ich, daß auch Hr. Adelung dieß Fragment, und einige den Kädmon betreffende Nachrichten, in der kurzen Geschichte der englischen Sprache,

dadurch, daß sie, wie Hickes in der Vorrede zu s. angelsächsischen Grammatik bemerkt, in der Mundart der alten Angeln, die mit den Jütländern verwandt und benachbart waren, geschrieben sind, und deren Sprache folglich mit der alten dänischen sehr übereinkam, wie einige dänische Wörter und die Rechtschreibung dieses Fragments beweisen. Dessen ungeachtet könnte es aber doch von Alfred, dem jene Mundart vielleicht noch bekannt war, in dieselbe eingekleidet, oder, wie gesagt, ihm durch Ueberlieferung mitgetheilt seyn.

Die von Franc. Junius herausgegebene poetische Umschreibung des ersten Buchs Mose und andrer biblischen Stellen hingegen ist in dem spätern dänisch-angelsächsischen Dialekt geschrieben; und es war durchaus weiter kein Grund da, sie dem Kädmon beizulegen, als Beda's Erwähnung der Genesis, woraus jener zu seinen Gesängen mit den Stof genommen habe. Auch in seinen Obss. ad *Willeramum*, p. 248, legt ihr Junius ein so frühes Alter

S. XV, mitgetheilt habe, die er dem ersten Bande seines Neuen grammatisch-kritischen Wörterbuchs der englischen Sprache (Leipzig, 1783. gr. 8.) vorangesetzt hat.

bei. Uebrigens gesteht Hickes, daß der spätere Dichter die Schreibart und Manier der frühern Denkmäler dieser Art nicht unglücklich nachgeahmt habe.

---

Klangfüße. Ich habe einmal den Einfall gehabt, die Wirkungen der verschiednen Klangfüße auf uns nach den verschiednen Arten des Pulses zu bestimmen. Ich wollte mich bei den Aerzten unterweisen lassen, ob, und was für eine verschiedne Art des Pulses jede heftige Gemüthsbewegung insbesondre begleite, wenn man anders genaue und richtige Bemerkungen hierüber bei ihnen findet; und sodann wollte ich die Klangfüße untersuchen, und festsetzen, welche mit jeder besondern Art des Pulses übereinkämen; welches sodann diejenigen seyn würden, die sich am besten zu denen Affekten schickten, die mit diesen Pulsen verbunden sind.

Dieß war ein bloßer Einfall von mir. Jetzt bringt mich eine Stelle beim Vitruv auf die Vermuthung, daß die Alten vielleicht schon längst so geschlossen, und auf diese Weise die

Wirkung ihrer Klangfüße bestimmt haben. Vitruv (L. I. c. 1.) redet von dem, was verschiedne Künste mit einander gemein haben, und wie die eine die andre nöthig haben könne, und wirklich brauche, ohne daß deswegen der Meister der einen auch völlig Meister der andern seyn dürfe. Dieß erläutert er durch das Beispiel der Medicin und Musik, und sagt: Uti medicis et musicis et de venarum rhythmo, et de pedum motu; (*sc.* communis ratiocinatio est.) — Hieraus erhellt, daß die alten Aerzte die Lehre des Rhythmus auf die Pulsschläge angewandt, und daß sowohl die Medici als die Poeten über die verschiednen Verbindungen der langen und kurzen morarum, jene in der verschiednen Dauer der Pulsschläge, diese in der verschiednen Dauer der Töne, spekulirt haben.

Perrault hat diese Stelle Vitruv's ganz unrichtig übersetzt: De forte qu'un Medecin & un Musicien peuvent bien parler par exemple de la proportion des mouvemens de l'artère, dont le pouls est composé, & de ceux des pieds, qui font les pas de la danse. Er hat es von der Bewegung der eigentlichen Füße verstanden. Allein, was hat der Rhythmus der Pulsader für eine Verwandtschaft mit der Bewegung der Beine beim Tanzen?

Zu meinem Erstaunen, oder vielmehr, zu meinem Vergnügen, finde ich nun, daß man mir in dieser Art von Untersuchung schon zuvorgekommen ist. Ein Medikus zu Nancy, Herr Marquet, hat ein Werk herausgegeben: De la Méthode de connoître le pouls par la Musique, welches sein Schwiegersohn, Herr Buchoz (Médécin Botaniste de feu le Roi de Pologne,) wieder hat auflegen lassen. L'Auteur prétend que le pouls naturel bât la même cadence qu'un menuet; c'est là le point d'où il part pour la connoissance des pouls irréguliers; plus le pouls s'éloigne de la cadence du menuet, plus il approche, suivant cet auteur, de l'état de la maladie. — Die Ausgabe dieser Schrift von Buchoz muß noch ganz neu seyn; und ich muß sie bei erster Muße lesen.

Es scheint mir doch, daß Perrault die Stelle beim Vitruv nicht so ganz unrichtig übersetzt habe. Liest man die Worte im Zusammenhange, so findet man, daß Vitruv bei dem *pedum motu* doch wohl mehr an den Tanz, und an die zur Musik der Alten mit gehörige Orchestik gedacht haben müsse, als an die Vers- oder Klangfüße; weil er hernach hinzusetzt, daß man, ungeachtet dieser beiden gemeinschaftlichen Kenntniß, dennoch den Arzt zur Heilung eines Schadens, und den Tonkünstler zur Erheiterung einer fröhlichen Gesellschaft herbeirufen werde.

Marquet's, in ihrer Art allerdings merkwürdige, Schrift verdient hier eine nähere Beschreibung. Ihr Titel ist, in der neuen Ausgabe: Nouvelle Méthode facile & curieuse, pour connoitre le pouls par les notes de la Musique, par feu M. *F. N. Marquet*. Seconde Edition augmentée &c. par M. *Pierre Joseph Buchoz*. Amst. & Par. 1769. gr. 12. Sie erschien zuerst zu Nancy, 1747. 4. In der Vorrede bemerkt der Verfasser, daß er nicht der erste sey, der die Klangfüße und Pulsschläge mit einander vergleiche. Unter den griechischen Aerzten habe schon Hermophilus diesen Gedanken gehabt. Dieser soll seine ganze Lehre vom Pulse darauf gegründet, und daher das Wort ῥυθμος von demselben zum öftern gebraucht haben. Nachher sind auch Avicenna, Savanorola, Saxo, Fernel, und viele andre Arzneigelehrte auf eben diese Idee gerathen. Dieß letztre wird in einem der zweiten Ausgabe beigedruckten Auszuge dieser Schrift, vom Dr. Menuret gesagt, der auch hinzusetzt, daß Samuel Hafen Refferus *), ein deutscher Arzt, im J. 1601 eine Abhandlung hierüber: Monochordon Symbolico-Biomanticum, habe drucken lassen. — Marquet handelt zuerst von den verschiednen Arten des Pulses; hernach zeigt er die Methode an, wie sich der Puls durch die Musik beurtheilen lasse, und behauptet, der natürliche Puls habe völlig das Tempo einer Menuet, so, daß

*) Nach Kestner's Angabe, in s. Medicin. Lexikon, hieß dieser deutsche Arzt Samuel Hafenreffer, war zu Herenberg im Würtembergischen 1587 geboren, und starb als Tübingischer Professor 1660. Unter seinen Schriften wird dort die obige als die merkwürdigste angeführt, unter dem Titel: Monochordon Symbolico-Biomanticum, abstrusissimam pulsuum doctrinam ex harmoniis musicis dilncide figurisque ocularitcr demonstrans; Ulmae, 1640. 8. Conring soll davon in s. Introd. in art. medic. p. 216 nicht sehr vortheilhaft geurtheilt haben.

auf jeden Takt ein Pulsschlag, und fünf Intervallen kämen, wovon er jenen mit einer schwarzen Note, und diese mit fünf Strichen zwischen zwei Linien bemerke. Man sehe hier z. B. die acht ersten Takte seiner ersten Kupfertafel:

Und so geht er nun die verschiednen Abweichungen und Geschwindigkeiten des Pulses durch, und sucht sie alle durch musikalische Noten zu bezeichnen; z. B. den konvulsivischen Puls auf folgende Art:

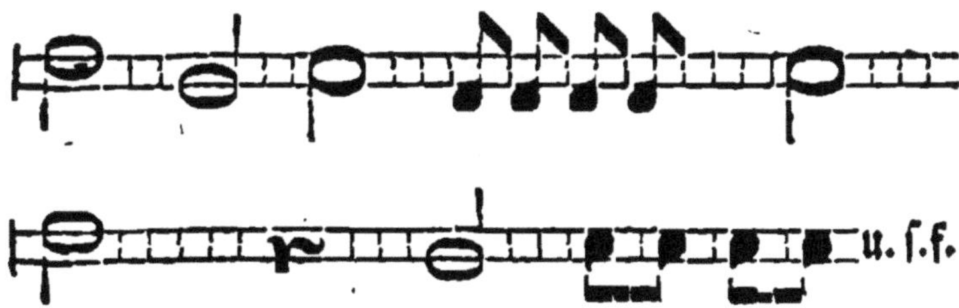


Herr Buchoz hat der neuen Ausgabe dieser Schrift verschiedne Beurtheilungen und Anmerkungen beigefügt, unter andern auch das, was in dem Dictionnaire Encyclopédique, zum Theil mit den Worten des gedachten Auszuges von Menuret darüber gesagt wird. Man findet manches darin sinnreich; erklärt aber doch das für ein seltsames Gemisch einiger Lehrsätze der Galenisten, der mechanischen Aerzte und Chemiker, was er vom Pulse überhaupt sagt. — Unter den Kritiken findet man sogar S. 79 ein satirisches Gedicht in *bouts rimés* auf den Verfasser, und S. 82 seine eben so mittelmäßige Antwort darauf im Liederton. — Hr. Buchoz hat S. 166

noch eine Prüfung dieser Idee, und S. 174 ff. eine eigne Abhandlung, Nouvelle Méthode de guérir la mélancolie par la Musique, beidrucken lassen; zuletzt auch noch ein Eloge historique de M. *Marquet*. Hieraus nur noch folgendes, als ein kleiner Beitrag zur medicinischen Literatur:

Franz Nikolaus Marquet wurde zu Nancy im J. 1687 geboren, studirte die Medicin anfänglich zu Pont-a-Mousson, und hernach zu Montpeiller, übte sie darauf in seiner Vaterstadt aus, uud legte sich zugleich mit vorzüglichem Eifer auf die Botanik. Eine von den lothringischen Pflanzen gemachte Sammlung widmete er dem Herzoge, der ihn dafür zu seinem Leibarzt ernannte, und ihm ein Jahrgehalt aussetzte. Als praktischer Arzt machte er sich zwanzig Jahre hindurch, besonders bei der Armuth, ungemein nützlich, welches er aber in der Folge aufgab, ohne jedoch das ihm dafür ausgesetzte Gehalt zu verlieren. Seine botanischen Bemühungen setzte er dabei immer fort, und erweiterte seine Geschichte der lothringischen Pflanzen, die er in die Form eines Wörterbuchs von drei Foliobänden brachte, und wovon er einen handschriftlichen Auszug in Einem Quartbande hinterließ. Im J. 1750 gab er den ersten Band seiner Observations sur la guérison des maladies aigües & chroniques heraus, und hinterließ den zweiten im Mspt. Auch schrieb er eine Abhandlung über die Pflanze, *sedum minus acre.* Zuletzt ward er Dechant des Königl. Kollegii der Aerzte zu Nancy, arbeitete noch an einer Materia Medika, und starb den 28. Mai, 1759.

---

**Kolorit.** Man wird unten im Artikel Lana finden, daß der sel. Lessing Willens war, das dritte Kapitel aus demjenigen Theile des *Prodromo all' Arte Maestra* des Francesco Lana, welcher von der Mahlerei handelt, ganz zu übersetzen, weil dieses Kapitel über das Kolorit in der Kürze so viel Gutes in sich fasse, als er nirgend angetroffen habe. Aus gleicher Ueberzeugung erfülle ich hier seinen unausgeführt gebliebenen Vorsatz.

## Regeln über das Kolorit.

Wer sich durch Beobachtung der dahin gehörigen Vorschriften in der Zeichnung festgesetzt hat, dem wird auch die Farbengebung nicht schwer fallen. Weil aber doch auch hierüber verschiednes in Acht zu nehmen ist, so will ich die vornehmsten und nöthigsten Vorschriften, welche das Kolorit betreffen, hier anführen, und mich bemühen, nichts von dem zu übergehen, was dem angehenden Künstler in dieser Rücksicht lehrreich werden kann.

Hat man also die Zeichnung zu Stande gebracht, so wird man finden, daß dieselbe viele Oberflächen, das heißt verschiedne vermittelst der Striche der Zeichnung von einander abgesonderte Theile enthält; und diese sind nun mit verschiednen, theils hellen, theils dunkeln, Farben auszufüllen. Dergleichen Oberflächen nennt man gewöhnlich Lichtpartien; indem man nämlich zuerst auf dem Gemählde die bloßen Umrisse der Figuren zieht, welches der erste Theil der Zeichnung ist, und die Umschreibung heißt, worin man nichts weiter sieht, als die Aussenlinie, wovon der gezeichnete Gegenstand begränzt und umgeben wird. Hernach bemerkt man die Gränzen des Lichts und des Schattens, und unterscheidet sie durch verschiedene Linien, welche den ganzen umschriebenen Körper in verschiedne Theile

Theile oder Flächen abtheilen; und dieß ist dann das zweite Stück der Zeichnung. Endlich nun muß man diese mit ihren gehörigen Lichtern ausfüllen, welches man entweder mit dem bloßen Hellen oder Dunkeln thut, oder mit den Farben, deren Wirkung ungleich besser ist, weil sie mehr die Natur nachahmen, und der Zeichnung eine gewisse Schönheit und Anmuth ertheilen. Wenn man auf diese Weise die Flächen mit Farben ausfüllt, so muß man, wie bei der Farbengebung überhaupt, darauf sehen, daß eben so, wie die wirklichen Körper aus vier Elementen bestehen, und eins derselben mehr, als das andre, in einigen Theilen hervorsticht, und daher dem Körper eine andre Farbe giebt, daß eben so auch der Mahler, welcher die Natur nachahmen will, vier Hauptfarben dazu nöthig hat, welche mit den vier Elementen übereinstimmen; nämlich der rothen Farbe, sie sey nun aus Zinnober, oder Lack, oder Mennig, welche dem Feuer entspricht; der blauen Farbe, welche die Luft andeutet; der grünen, die dem Wasser ähnlich ist; und der dunkelgrauen oder schwärzlichen, welche die Erde andeutet. Und diese

Farben muß er dergestalt mischen, daß er da, wo er das Uebergewicht des einen Elementes auszudrücken hat, die demselben entsprechende Farbe verstärke. Will er z. B. ein blutvolles und von Zorn entflammtes Gesicht darstellen, so nimmt er dazu den Zinnober und Mennig; will er eine braune Gesichtsfarbe ausdrücken, so bedient er sich des Lackes. Ist hingegen seine Absicht, ein furchtsames, kaltes oder mattes Antlitz zu mahlen, so enthält er sich der Röthe, und bedient sich mehr des Aschgrauen. Und so auch in andern Fällen. Es ist daher sehr gut, wenn sich in dem Bilde auch nicht der kleinste Theil findet, der nicht mit allen diesen vier Farben gemahlt ist; so, wie in dem wirklichen Körper in jedem Theile eine Mischung aller vier Elemente befindlich ist. Hätte ich also eine noch so weisse Fleischfarbe auszudrücken, so würde ich doch unter das Weisse ein wenig Zinnober mischen, welches zur Andeutung des Blutes nothwendig ist, ohne welches kein lebendiges Fleisch bestehen kann. Ausserdem aber würde ich auch etwas weniges vom blauen Ultramarin beimischen, welches in allen Farben eine trefliche Wirkung thut, vornehmlich, wenn es mäßig in der Karnation gebraucht wird, wodurch dieselbe ein gewisses himmlisches Licht und Ansehen erhält, die ihr eine gewisse Lieblichkeit und Anmuth ertheilt. Weil aber überdieß in jedem wirklichen Körper, ausser den vier Elementen, woraus er besteht, auch eine gewisse Mischung des Lichtes befindlich ist, und er, wo diese fehlt, dunkel und finster bleibt; so haben wir auch in der Mahlerei zwei Farben, wovon die eine mit dem Lichte Aehnlichkeit hat, nämlich die weisse Farbe; und wovon die andre das Dunkle ausdrückt, nämlich die schwarze, aus gebrannten Knochen, oder Rauch, oder Kohlen, oder schwarzer Erde. Und weil ferner, wie ich anderswo zeige, das Licht nichts anders ist, als reines Weiß; und die Finsterniß reines Schwarz; so sind das bloße Weiß und Schwarz nicht zwei Farben, sondern der äußerste Grad dieser Farben; eben so, wie die Punkte das Aeußerste der Linie, aber nicht die Linie selbst sind. Indeß haben wir nun einmal nichts weissers, als die Kreide oder das Bleiweiß, und nichts schwärzers, als gebranntes Elfenbein; und daher bedienen wir uns dieser Farben, Licht und Finsterniß auszudrücken. Unter Finsterniß verstehe ich auch die Schatten, welche die Abwesenheit des Lichtes sind. Wo also diese Abwesenheit des Lichtes größer ist, und die Schatten dichter, da nimmt man mehr Knochenschwärze; wo sie hingegen geringer ist, da bedient man sich mehr der dunkeln Erdfarben, oder mischt eine etwas hellere Farbe hinzu. Man muß daher bei jedem zu mahlenden Gegenstande, und folglich bei jeder Farbe, das Bleiweiß hinzunehmen, wo eine Lichtparthie, und die Knochenschwärze, wo eine dunkle Parthie auszudrücken ist. Und so muß man auch nach Verhältniß des geringern oder stärkern Lichtes mehr oder weniger Bleiweiß hinzu thun, wobei denn die Uebung die beste Lehrmeisterin seyn wird, die uns in Stand setzt, alle Farben gehörig zu mischen, worin es demjenigen leicht glücken kann, der auf das bisher Gesagte die nöthige Aufmerksamkeit gewandt hat.

Weil ich aber doch in dieser kurzen Abhandlung die ganze praktische Mahlerei zu lehren wünsche, so will ich hier auch noch anführen, wie ich, ehe ich mahle, auf meiner Palette verschiedne Farben zu bereiten pflege. Ich nehme nämlich mit einer Messerspitze die angerührten Farben, und verbinde und knete sie mit eben der Messerspitze hier und da auf dem Brette durch einander. Auf die eine Seite lege ich ein wenig reines Bleiweiß, mit keiner andern Farbe vermischt, und bediene mich desselben, um auf dem Gemählde die höchsten Lichter anzubringen; und auf eine andre Seite lege ich ein wenig Beinschwärze, gleichfalls unvermischt, für die größern Schatten, und etwas Umbra für die kleinern. Die andern Farben lasse ich niemals ganz einfach, wenn sie nicht etwa zu irgend einem Gewande gebraucht werden sollen, sondern ich mache davon verschiedne Tinten und Halbtinten, mit mehrerlei Mischungen. Zuerst mache ich eine Tinte von blauem Ultramarin, wozu ich nicht von dem allerbesten nehme, mit etwas Bleiweiß, dessen ich mich fast zur Mischung aller Tinten bediene; hernach mache ich mit Zinnober, oder rother Erde mit Bleiweiß vermischt, drei Tinten, die eine noch voller als die andre; und dieser bediene ich mich zur Karnation; doch so, daß ich sie niemals einzeln brauche, sondern etwas weniges von einer andern aus Lack und Bleiweiß gemischten Tinte hinzu nehme. Da, wo das Fleisch recht blutreich seyn soll, nehme ich etwas mehr Lack; wo es etwas blässer seyn soll, etwas weniger, und brauche die Tinte des minder gesättigten Zinnobers. Allemal aber nehme ich zur Fleischfarbe ein wenig von der oben erwähnten blauen Tinte mit, welche eine ganz herrliche Wirkung thut. Ausserdem mache ich noch drei andre sogenannte Halbtinten mit Bleiweiß und Umbra, wovon die eine heller ist, als die andre, wobei in der hellern es nur ganz wenig Umbra braucht; und, wenn ich eine dunklere Tinte haben will, nehme ich noch etwas Beinschwärze dazu. Auch diese Halbtinten von Umbra dienen gleichfalls zur Karnation, und vornehmlich die hellsten, die man nicht für sich allein brauchen, sondern ein wenig mit den rothen Tinten und der blauen vermischen muß. In den Schatten der Karnation, das heißt, in den minder beleuchteten Theilen, kann man zu den dunklern Halbtinten noch ein wenig von der mit Lack gemachten Tinte hinzu thun, weil diese eine dunkle Fleischfarbe giebt; auch muß man das Blau nicht sparen, weil es hier gleichfalls die Karnation überaus fein und gefällig macht.

Man muß also mit der Messerspitze auf der Palette alle diese Tinten und Halbtinten vermittelst des Bleiweisses so anmachen, daß die Farbe einer jeden, nachdem sie dunkel oder hell seyn soll, minder oder mehr mit demselben gemischt sey. Hernach muß man beim Mahlen selbst mit dem Pinsel ein wenig von der einen und von der andern nehmen, und sie, nachdem es Noth thut, unter einander mischen, wobei man dahin zu sehen hat, daß alle diese Tinten auf dem Gemählde selbst der wahren und natürlichen Fleischfarbe so nahe kommen, als es nur immer möglich ist. Weil man aber nicht wissen kann, an welcher Stelle man die eine oder die andre anzubringen habe, ohne daß man die verschiedenen Lichter kennt, welche auf die zu mahlenden Gegenstände verschiedentlich fallen, so halte ich es für nothwendig, hier auch etwas über die Lichter zu sagen, weil von der rechten Kenntniß derselben diese ganze Kunst abhängt. Es ließe sich hierüber mancherlei bemerken. Da ich hier aber mehr die Ausübung der Mahlerei, als die

Theorie der Farben, und andre zur Optik gehörige Dinge, zu lehren wünsche; so will ich einige Bemerkungen nur ganz kurz berühren, die dem, der sie gehörig gefaßt hat, sehr nützlich werden können.

Zuerst muß der Mahler auf den Ort Rücksicht nehmen, wo seine Arbeit soll aufgestellt werden. Hat er z. B. ein Gemählde zu verfertigen, welches an einem bestimmten Platz eines Saals oder einer Kirche soll aufgestellt werden, so muß er dahin sehen, von welcher Seite, oder auf welche Weise das Licht darauf fallen wird; ob von einer Seite, ob von vorn her, ob von oben, oder anders woher; und wenn er es nun nicht, wie das sehr gut seyn würde, an Ort und Stelle mahlen kann, so mahle er sein Bild wenigstens so, daß die hellen Parthien auf eben die Seite kommen, von woher das Licht darauf fallen wird; und den Theil des Bildes, der sich am meisten hebt, und dem Lichte am nächsten ist, mache er heller, als alle die übrigen. Hernach gebe er dem Gemählde die übrigen allmählig abnehmenden hellen Parthien, in Verhältniß zu der immer größern Entfernung des Lichtes und der Hebung der Parthien; dergestalt, daß ein einziger Theil des Gemähldes das erste und größte Licht habe, und hernach die übrigen, ihrer Lage nach, mehr oder weniger, von geringerer Beleuchtung sind. Fällt also das Licht von oben ein, und unmittelbar auf die Stirn eines menschlichen Bildes, so muß dieser vom Lichte getroffene Theil auch am hellsten, die Wange oder die Nase schon weniger hell, und die Schultern, Hände, Beine noch minder beleuchtet seyn, weil diese weiter von dem von oben her einfallenden Lichte entfernt sind, und folglich weniger hell seyn müssen, als alle die obern und dem Lichte nähern Theile.

Zweitens muß man wohl merken, daß das hier Gesagte von denen Parthien zu verstehen ist, auf welche das Licht senkrecht, oder in rechten Winkeln, herabfällt; weil diejenigen, auf welche es schief, und mit stumpfen Winkeln fällt, auch dann, wenn sie dem Lichte näher sind, zwar heller seyn müssen, doch so, daß Eins durch das andre gemildert wird. Daher kommt es, daß die mehr gehobenen Parthien gemeiniglich auch stärker beleuchtet werden, weil sie meistens das Licht mehr in gerader Linie erhalten; ich sage, meistens, weil zuweilen, der verschiedenen Lage nach, das Licht gerader hin auf die minder hohen Theile fällt, und diese daher heller seyn müssen. So z. B. wenn das Licht von der Seite her auf das Gesicht, und gerade oder senkrecht auf die eine Seite der Nase fällt, und sie daher mehr beleuchtet, als den Vordertheil der Nase, obgleich dieser erhobener ist. Fällt aber das Licht geradehin auf das Gesicht, alsdann ist auch der vordere Rand der Nase derjenige Theil, welcher die meiste Beleuchtung hat.

Drittens: da ein Lichtstrahl nicht anders senkrecht auf eine Fläche, als auf einen einzigen Punkt fallen kann, so muß auch die stärkste Beleuchtung einer jeden von den vielen Oberflächen des gemahlten Körpers in diesem einzigen Punkte seyn, auf welchen das Licht senkrecht fällt; und je schiefer das Licht auf die von diesem Punkte entfernten Theile fällt, desto weniger hell müssen sie seyn. Hierin besteht die allmählige Abstufung der Farben von der höchsten Helle bis zum tiefsten Dunkel; und sie müssen daher im Verhältniß zu der mehr oder weniger schiefen Richtung des Lichtstrahls abnehmen, wenn dessen Entfernung auch die nämliche ist. Und wenn derjenige Theil, auf welchen das Licht schiefer einfällt, auch zugleich am weitesten von dem Lichte entfernt ist, so muß auch die Abnahme desto größer seyn. Fällt aber das Licht auf den einen Theil schiefer, als auf einen andern, und jener ist dem Lichte näher, als dieser; so muß die geringere, durch die Schiefheit des Einfalls verursachte Beleuchtung durch diejenige Helle ersetzt werden, welche durch die Nähe des Lichtes veranlaßt wird.

Viertens bemerke man, daß in dieser Abstufung des Hellen und Dunkeln, oder des Lichtes und Schattens, die ganze Stärke des Kolorits, und der Hebung der einzelnen Theile besteht. Und damit diese sich nicht auf eine wilde, plötzliche Art durch das größere Helle oder Dunkle hindurch heben mögen, so muß man die Farben auf eine angenehme und unmerkliche Art allmählig abnehmen lassen. Denn eben in dieser unvermerkten Abnahme besteht die Annehmlichkeit des Kolorits, wobei alles Rauhe zu vermeiden ist, wodurch das Auge beleidigt wird, so bald es schnell von der höchsten Helle zum tiefsten Dunkel überspringen muß. Selbst diejenigen Umrisse, in welchen es nöthig scheint, einen solchen schnellen Sprung zu machen, müssen mit einer gewissen Anmuth behandelt und verduftet werden, um diesen unmittelbaren, raschen Uebergang zu mildern. Befindet sich ferner das Licht auf der Mitte einer Fläche, und giebt es auf beiden Seiten derselben Abstufungen ins Dunkle, so entsteht daraus diejenige Wirkung, welche man das Abrunden (*tondeggiare*) nennt. Denn die mittlere Parthie, die das meiste Licht hat, tritt alsdann mehr hervor, als die übrigen, welche sich auf beiden Seiten ins Dunkle neigen, und daher immer weniger erhoben scheinen, so, daß sie nun, dem Ansehen nach, ihr Licht von der Seite her erhalten, wie es bei den Seitentheilen eines runden Körpers, der sein Licht in der Mitte hat, wirklich der Fall ist.

Fünftens, ist es eins von den vornehmsten Verdiensten des Künstlers, wenn er durch die Vertheilung des Lichts und Schattens seinem

Gemählde so viel Stärke zu geben weiß, daß es, so viel möglich, hervortrete, oder gleichsam hervorspringe. Um dieß zu erhalten, muß er, ausser der nöthigen Kenntniß der Lichter, auch die von vielen ertheilte und von wenigen verstandene Regel beobachten, daß man sich der weissen Farbe äusserst sparsam bediene. Dieß ist aber nicht, wie manche glauben, von der geringen Menge des Weissen zu verstehen; denn im Grunde ist die Menge der zum Mahlen eines Gesichtes erfoderlichen weissen Farbe größer, als der ganze Vorrath der übrigen dazu nöthigen Farben; und überhaupt braucht man zum Kolorit nur selten irgend eine Farbe, die nicht mit der weissen vermischt würde, indem diese alle die übrigen Farben eben so mildert, wie das Licht die dadurch beleuchteten Körper. Der Sinn jener Vorschrift ist also dieser, daß man an keiner Stelle des Gemähldes das bloße Weiß anderswo sehen müsse, als auf dem Punkte, auf welchen das nächste Licht senkrecht fällt, und daß alle die übrigen Theile auf die gehörige Art, und in der gehörigen immer mehr ins Dunkle gehenden Abstufung müssen behandelt werden.

Hierdurch entsteht zuletzt ein voller Schatten, durch welchen das Licht desto mehr gehoben wird; und das Gemählde erhält dadurch die Kraft, den Zuschauer zu täuschen, daß er glaubt, es trete aus der Fläche der Leinewand hervor.

Sechstens muß man die verhältnißmäßige Stärke oder Schwäche des Lichtes, welches auf das Gemählde fällt, wohl in Acht nehmen, und bemerken, ob der Platz des Gemähldes ein starkes oder schwaches Licht, oder, wie man zu sagen pflegt, ein lebendiges oder todtes Licht haben werde. Denn nach Verhältniß des größern oder geringern Lichtes muß auch das Helle und Dunkle des Gemähldes stärker oder schwächer, im gegenseitigen Verhältnisse seyn; das heißt: wenn das wahre Licht schwach und todt ist, so muß das Gemählde seine erdichteten Lichter, d. i. eine muntre und lebhafte Helle haben; ist hingegen das Licht lebhaft und stark, so muß das Helle des Gemähldes etwas schwächer und gemäßigter seyn. Der Grund hievon ist, weil das wahre Licht, welches auf das Gemählde fällt, dasjenige ist, welches mit dem erdichteten oder angenommenen Hellen des Gemähldes zugleich auf das Auge zurückgeworfen wird, und beide mit einander auf das Gesicht oder den Anblick gemeinschaftlich wirken. Weil nun alles Uebertriebene das Gesicht beleidigt, so kann es nicht zwei Lichter aushalten, die beide allzu hell und lebhaft sind; und eben so wenig verträgt es zwei allzu schwache und todte Lichter. Um also dem Auge zu gefallen, muß man das Lebhafte des wahren Lichtes durch das Todte des erdichteten, und das Todte dieses letztern durch die Lebhaftigkeit des erstern zu mildern suchen. Ist das Gemählde schon fertig, und man sucht erst den Platz auf, wo man es hinstellen will, so muß man ebenfalls darauf sehen, es in dem Falle, wenn die Farben desselben sehr hell und lebhaft sind, in ein mäßiges, und wenn sie matt und schwach sind, in ein desto lebhafteres Licht zu stellen.

Siebentens habe ich bemerkt, daß das Licht, wenn es auf einen hellen und glänzenden Körper fällt, denselben weit mehr erhellt, als einen minder glatten und glänzenden Körper. Besonders gilt das von demjenigen Theile, der senkrecht von dem Lichte getroffen wird, und dann ungemein leuchtend ins Auge fällt. Man kann dieß an einer geschliffenen krystallnen Kugel, und selbst an dem Licht in unsern Augen wahrnehmen. Daher kommt es auch, daß derjenige Theil des Auges, welcher in dem Gemählde geradehin von dem Lichte getroffen wird, mit einem durchaus weissen Punkte muß ausgedrückt werden, wodurch er dann den höchsten Glanz erhält. Man muß es sich also in Ansehung der Beleuchtung zur Regel machen, diejenigen Theile allemal mit hellern Farben anzudeuten, die vorzügliche Glätte und Glanz haben sollen. Wollte man z. B. eine helle und glatte Karnation ausdrücken, so müßte man sie heller mahlen, obgleich dazu auch die Oberfläche des Gemähldes selbst viel beiträgt, wenn sie glatt und mit feingeriebenen Farben gemahlt ist, wozu denn einige am Ende noch einen gewissen Firniß hinzufügen, von welchem wir hernach reden werden.

Achtens muß man wohl erwägen, daß man ausser den geraden und einfallenden Lichtern auch auf die zurückgeworfenen, oder auf die Wiederscheine zu sehen hat; indem diese ganz ungemein dazu helfen, dem Gemählde eine gewisse Stärke zu geben, und zu machen, daß es gehörig hervortrete, so bald man sie am gehörigen Orte anzubringen weiß. Man muß sie also zuerst aufs genaueste an jedem Körper in der Natur bemerken, um davon eine vollständige Kenntniß zu erlangen; und man wird finden, daß von den andern Körpern in der Nähe das Licht auf alle die Seiten zurückfällt, worauf es zurückfallen kann; vornehmlich aber auf diejenigen, welche den letzten Umrissen des gesehenen Körpers nahe sind, weil diese auch dem wiederscheinenden Körper am nächsten sind. Daher muß man die Wiederscheine allemal an den beschatteten Theilen anbringen, weil der Körper, welcher das zurückgeworfene Licht erhält, sich in der Mitte zwischen demjenigen Orte befindet, woher das Licht kommt, und zwischen dem Körper, der es zurückwirft; so, daß also diejenigen Theile, die am meisten im Schatten sind, und von dem geraden Lichte in der schiefsten Richtung getroffen werden, das zurückgeworfene Licht von jenem Körper erhalten, welcher dem Lichte an der Seite nach dem Schatten zu entgegen steht. In den Umrissen dieses letztern müssen also diejenigen Wiederscheine angebracht werden, die eben dadurch schwach ausfallen, und gleichsam durch den Schatten hervorschießende Halblichter sind. Diese werden hingegen desto heller seyn, je näher, glatter und lichter der Körper ist, der sie zurückwirft; und sie thun dann eine desto treflichere Wirkung, weil sie auch diejenigen Theile sichtbar machen, die hinter dem Körper verborgen sind. Daher kommt es, daß ein Gemählde, in welchem dergleichen Wiederscheine kunstreich ausgedrückt sind, sich dergestalt hebt und abrundet, daß man auch die hinten befindlichen Seiten zu sehen glaubt. Auch bemerke man, daß das Licht, welches von einem gefärbten Körper zurückgeworfen wird, etwas von der Farbe annimmt, deren Wiederschein es ist; dieß muß aber nur ein ganz leichter, mit vieler Geschicklichkeit behandelter, und am gehörigen Orte angebrachter, Anstrich seyn, der dann eine schöne Wirkung thut, indem das Auge nicht nur erkennt, daß es ein bloßer Wiederschein ist, sondern auch einsieht, von welchem Körper er entsteht.

Neuntens, um einem Gemählde die gehörigen und am rechten Orte angebrachten Lichter und Schatten zu geben, muß man vorher einen Ort ausser dem Gemählde festsetzen, von welchem man annimmt, daß das Licht darauf fällt, und hernach das Stück, welches man mahlen will, in eine solche Lage neben einem Fenster stellen, daß das durch dasselbe einfallende Licht so darauf falle, wie wir es wünschen, entweder stark oder schwach, von der Seite, oder gerade zu, oder von oben herab. Und dann muß das Gemählde eine solche Lage in Ansehung des Lichtes haben, während daß es gemahlt wird, als es hernach haben soll, wenn es fertig ist, und an dem bestimmten Platze aufgestellt wird. Hiebei muß ich nur noch erinnern, daß diejenigen Gemählde, welche ihr Licht von oben her erhalten, allemal eine unbeschreibliche Anmuth und Schönheit vor den übrigen voraus haben, wie man das auch an lebenden Gegenständen in der Rotunde zu Rom bemerkt, wo auch die gewöhnlichsten Gesichter allemal sehr schön erscheinen. Man muß jedoch immer voraussetzen, daß das Licht von einem einzigen Punkt herkommt, und von diesem sich über das ganze Gemählde verbreitet; woher denn die Verschiedenheit der Beleuchtung, nach Verhältniß derjenigen verschiednen Theile rührt, die nach jenem Punkte hingekehrt sind. Auch muß man nicht bloß den Punkt bestimmen, von welchem das Licht herkommt, sondern auch den Punkt, aus welchem das Auge das Gemählde betrachten muß; indem nach der verschiednen Stellung des Auges die Lichter auch verschiedentlich erscheinen werden. Dieß kann man bemerken, wenn man eine Statue ansieht, die unbeweglich stehen bleibt, und immerfort einerlei Licht von der nämlichen Seite her erhält. Wenn sich aber das Auge bewegt, und sie von verschiednen Seiten betrachtet, so wird es die Helle des Lichts, das auf sie fällt, an verschiednen Stellen wahrnehmen. Um endlich eine gründliche Kenntniß dieser Lichter zu erhalten, wird es sehr gut seyn, wenn man sich gewöhnt, des Nachts beim Schein einer Lampe zu mahlen. Denn weil dieß ein schwaches Licht ist, so lassen sich darin die Abstufungen viel merklicher erkennen. Auch kommt es hier von einem einzigen Punkt her, welches beim Tageslichte der Fall nicht ist; ob man gleich auch am Tage das Licht durch ein kleines Fenster muß einfallen lassen, weil man auf diese Art die verschiedne Beleuchtung der von dem Lichte geradezu oder schief getroffenen Theile bewirken kann. Auch wird es sehr nützlich seyn, sich im Abmahlen einer Statue oder irgend eines andern Körpers nach der Natur zu üben; vornehmlich aber wird es großen Nutzen schaffen, wenn man nach der Natur allerlei Früchte, auch Vögel, Hunde, Hasen, und dergleichen, abmahlt; weil Früchte, Blumen, und dergleichen Dinge, sehr lebhafte Farben haben, auf welche das Licht fällt, und dann die Verschiedenheit der hellen und dunkeln Parthien desto merklicher macht. Auch gelangt man ausserdem durch das Abmahlen dieser Gegenstände zu einer gewissen Freiheit und Leichtigkeit im Arbeiten, die sehr viel hilft und ermuntert. Diese entsteht besonders dadurch, weil man beim Abmahlen solcher Gegenstände viel Freiheit und Willkühr hat, Verändrungen anzubringen, indem man bald mehr, bald weniger gefärbte Blätter, Blumen und Früchte, bald so, bald anders gestaltet, anbringt. Diesen Rath, sich im Abmahlen der Früchte und Blumen zu üben, kann man als ein großes Geheimniß in dieser Kunst ansehen, da ein sehr geübter Meister in derselben es mir aus mehrerlei Gründen empfahl, vornehmlich aber aus dem vorher angeführten Grunde, um zur Kenntniß der Beleuchtung zu gelangen. Und weil von dieser Kenntniß die ganze Kunst der geschickten Vertheilung der Farben abhängt, so habe ich hier diese wenigen, aber hier sehr wesentlichen, Erinnerungen anbringen wollen.

Ich muß nun noch zum Schluß dieses Kapitels einige andre besondre und praktische Regeln über das Kolorit, äusser den vorhin ertheilten; anführen; und da ich, durch die eingeschalteten Bemerkungen über die Lichter, fast ganz von diesem abgekommen bin, so will ich hier nur noch bemerken, daß man alsdann, wenn man die Arbeit unterbrochen hat, und hernach das Gemählde wieder vornimmt, dessen Farben schon eingezogen und getrocknet sind, um den Pinsel besser in Gang zu bringen, zuerst die Stelle etwas anfeuchten muß, worauf man fortfahren, oder das Angefangene weiter ausmahlen will; und zwar mit gekochtem Leinöl, wozu man auf jedes Pfund Oel zwei Unzen Silberglätte genommen, und es bis zum Aufkochen hat heiß werden lassen. Diese Anfeuchtung thut übrigens dem Gemählde keinen Schaden, wie einige glauben; und man erhält dadurch den Vortheil, daß es bald trocken wird, da hingegen das ungekochte Oel zum Einziehen ziemlich viel Zeit erfodert.

Ehe man irgend etwas auf die zum Gemählde bestimmte Leinewand zeichnet, muß diese gegründet werden, welches auch bei hölzernen oder metallnen Tafeln, worauf man kleinere Bilder zu mahlen pflegt, nöthig ist. Diese Gründung besteht darin, daß man die Tafel mit einer Farbe bestreicht, wozu man gut angemachte Umbra-Erde mit etwas Bleiweiß und Röthel, mit Leinöl angerührt, zu nehmen pflegt. Diese Grundfarbe wird etwas dicker und weniger flüssig angemacht, als die andern Farben; und man streicht sie mit einem großen Messer über das Gemählde her; wobei man dahin sieht, daß sie eben und überall gleich und sauber aufgetragen werde. Einige pflegen diese Gründung zwei- bis dreimal zu wiederholen; welches mir aber nicht gefallen will. Denn ist die Grundfarbe zu dick, so verändert sie gar sehr die nachher aufgetragenen Farben, indem sie dieselben dergestalt einzieht und einsaugt, daß sie von dieser Grundfarbe selbst etwas annehmen.

Damit die Farben sich lebhaft erhalten mögen, muß man die nämliche Farbe mehrmals über einander auftragen; auch muß dieser Auftrag überhaupt etwas stärker seyn, als in der Natur. Wenn man z. B. die Wangen und ähnliche Theile mit Lack oder Zinnober röthet, so geht man dabei etwas über die Natur hinaus, und mahlt sie röther, weil sie nach Verlauf einiger Zeit blässer, und so werden, wie sie in der Natur selbst sind; denn sonst würde das Gesicht gar bald todt und blaß werden.

Viel Fleiß muß der Mahler darauf wenden, auf seinem Gemählde die einzelnen Gegenstände mit ihren eigenthümlichen und natürlichen Farben dergestalt darzustellen, daß die eine Farbe in der Nähe der andern dazu beitrage, alle Theile zu heben und hervor zu treiben, indem die dunkeln und tiefen Farben allemal die benachbarten hellen abstechender machen. Wünschen wir daher, daß ein Kopf hervortreten und sich heben soll, so müssen wir die Farben um ihn herum dergestalt vertheilen, daß der hellere Theil irgend einen dunkel gefärbten Gegenstand oder Umriß neben sich habe; so, wie hingegen der beschattete und dunkle Theil irgend einen etwas hellern Gegenstand in der Nähe haben muß. Wird dieser so gestellt, daß er das Licht von der entgegenstehenden Seite her erhält, und es an der schattigen Seite des Kopfes zurückwirft, so wird ein solcher Wiederschein die treflichste Wirkung thun, indem er den Schatten von derjenigen Seite des Kopfes etwas mildert, welche das Licht nicht geradezu erhalten kann. Um dergleichen Wirkungen hervorzubringen, wird es gut seyn, solche Gewänder zu wählen, deren Farben sich zu dieser Absicht am besten schicken; indem es uns frei steht, den Gewändern eine Farbe zu geben, die ihnen am vortheilhaftesten ist. Und da wir sie überall hinfallen lassen können, so muß man ihre Falten und Würfe so anzubringen suchen, daß ihre Farben selbst dazu dienen, die unbedeckten Theile hervortretender zu machen. Um aber diese Gewänder zu mahlen, bediene man sich eines wirklichen Tuchs, gebe ihm einige Falten, Buchten und verschiedne Lagen; wobei man nur darauf sehen muß, daß sie durch die Menge nicht gezwungen noch verworren werden, noch auch, daß das Gewand gar zu steif und eben, ohne Anmuth und Schönheit sey. Vornehmlich aber muß man es so anzulegen wissen, daß man darunter die Hebung und Senkung der Glieder und alle ihre Anstrengungen und Bewegungen erkenne. Denn das Gewand soll zwar die Figur gut bekleiden, aber nicht sie verhunzen, noch ihr die Beine brechen. Alles dieß muß man ja nicht obenhin treiben, und für so gar leicht ansehen; denn es giebt in der Mahlerei durchaus keine leichte Arbeit, so bald man sie in gehöriger Vollkommenheit auszuüben wünscht.

---

**Komische Subjekte.** Aus der Stelle des Cicero von der Traurigkeit, die ich im zweiten Bande der Dramaturgie angeführt habe.

---

Mylord Roß zu Dublin, von dem das Journal Encyclopédique, 1762, p. 105, nachzulesen ist, würde ein gutes Subjekt zu einem neuen Don Pedro seyn.

---

Von einem ausserordentlichen Projektmacher, den Weisse zum Muster hätte nehmen sollen, oder den Jemand noch nehmen könnte, der einen bessern Projektmacher verfertigen wollte, s. gleichfalls das Journ. Encycl. 1762, p. 103. Es war Kapitän Pockrich in London. Seine Gläsermusik. — Sein Geheimniß, unsterblich zu werden. — Ein gewisser Newburgh hat diesen zweiten Don Quixote in einem besondern Gedichte, The Pockiad, besungen.

x.

Lessing redet im 87sten und 88sten Stücke seiner Hamburgischen Dramaturgie, (Th. II. S. 273 ff.) von der einem komischen Charakter nothwendigen Allgemeinheit, und rechtfertigt den Terenz über seinen Charakter des Heavtontimorumenos gegen eine Kritik Diderot's, der demselben zu viel Sonderlichkeit und Einzelnheit vorwirft. Hier sagt er unter andern, S. 284: „Cicero hatte auf die Natur der Betrübniß genauer gemerkt; er sah daher in dem Betragen des Heavtontimorumenos nichts mehr, als was alle Betrübte, nicht bloß von dem Affekt hingerissen, thun, sondern auch bei kälterm Geblüte fortsetzen zu müssen glauben: (*Tusc. Quaest.* L. III. c. 27.) Haec omnia recta, vera, debita putantes, faciunt in dolore: maximeque declaratur, hoc quasi officii judicio fieri, quod si qui forte, cum se in luctu esse vellent, aliquid fecerunt humanius, aut si hilarius locuti essent, revocant se rursus ad moestitiam, peccarique se insimulant, quod dolere intermiserint: pueros vero matres et magistri castigare etiam solent, nec verbis solum, sed etiam verberibus, si quid in domestico luctu hilarius ab iis factum est aut dictum, plorare cogunt. — Quid ille Terentianus ipse se puniens? u. s. f. — Schade, daß Lessing die Idee nicht ausführte, diese so wahre Bemerkung zum Anlaß eines Charakterstücks zu nutzen, in welchem der Traurige mit andern Personen in solche Situationen versetzt wäre, worin er diesen Hang, alles in seine Laune und Gemüthsstimmung mit hinein zu ziehen, vielfach geäußert hätte.

2.

In dem angeführten Stücke des *Journal Encyclopédique* (1r Janv. 1762, p. 97 ff.) wird die im J. 1761 erschienene englische Schrift: The Life of *John Carteret Pilkington* — — written by Himself; 2 Vols. 12mo. rezensirt. Der ganze Artikel ist, wie das gewöhnlich bei den Anzeigen englischer Bücher in diesem Journale der Fall ist, aus dem *Monthly Review* gezogen, in welchem man Vol. XXIV, p. 11 ff. einen umständlichen Auszug jenes Buchs findet. Unter den daraus zur Probe mitgetheilten Anekdoten ist auch die von dem damals in London wegen seiner seltsamen Aufführung sehr bekannten Grafen von Roß befindlich, dessen Charakter mit dem noch bekanntern des Grafen von Rochester sehr viel Aehnlichkeit hatte. Auch er besaß sehr viel Witz und gute Anlage des Herzens, verbunden mit einem herrschenden Hange zu wilden Ergötzlichkeiten, wodurch er gar bald sein Vermögen und seine Gesundheit zu Grunde richtete. Zu Dublin, wo er sich aufhielt, sah man ihn nicht nur als den Ausbund aller Laster an, sondern glaubte sogar, er habe ein Bündniß mit dem Teufel. Auf seinem Todtbette hielt sein Nachbar, der Dechant Madden, ein sehr frommer und rechtschaffener Geistlicher, es für Pflicht, einen sehr nachdrücklichen Brief an ihn zu schreiben, worin er ihm alle seine Ausschweifungen umständlich zu Gemüthe führte, und ihn zur Bekehrung vor seinem Ende vermahnte. Lord Roß, der seiner Possenreisserei noch immer treu blieb, legte den Brief, nachdem er ihn gelesen, in einen andern Umschlag, und addressirte ihn an den Grafen von K..e, der ein sehr exemplarischer Mann, und das gerade Widerspiel von jenem war. Der Bediente des Geistlichen mußte ihn, als von seinem Herrn, überbringen, wozu er ihn durch ein paar Guineen bewog. Lord K. war ein ziemlich ängstlicher und engherziger Mann, und in so hohem Grade pedantisch, daß man von ihm erzählte, er habe bei seiner Vermählung mit einem der schönsten Mädchen in England beim Schlafengehen seine Bräutigamshandschuhe nicht ausziehen wollen. Und nun kann man leicht errathen, was dieser Brief des Dechants für Eindruck auf ihn gemacht haben muß. Voll Unwillens ließ er anspannen, und fuhr selbst damit zum Erzbischof von Dublin. Diesem war der Ton des Briefes unbegreiflich; er ließ sogleich den Dechant rufen, und den Lord K. unterdeß in ein Nebenzimmer gehen. Jenem legte er den Brief vor, und da er ihn a[illegible]den seinigen anerkannte, machte er ihm die bittersten Vorwürfe darüber, ohne ihm jedoch den zu nennen, der ihm den Brief gebracht hatte. Der Geistliche rechtfertigte sich darüber, und erklärte sich, was er geschrieben habe, wolle er vor jedermann verantworten. Lord B. war im Begrif, die Sache klagbar zu machen. Unterdeß ließ der Erzbischof den Geistlichen noch einmal rufen, und stellte ihm vor, er würde den unangenehmen Folgen am besten vorbeugen, wenn er dem Grafen förmlich Abbitte thäte. „Ich ihm Abbitte thun? versetzte der Dechant; er ist ja todt!" — „Wie? Lord B. todt?" — „Nicht doch, Lord Roß." — Hier enträthselte sich nun das ganze Mißverständniß; und der Dechant sah daraus zu seinem Leidwesen, daß Lord Roß eben so leichtsinnig, wie er lebte, gestorben war.

3.

Die Anekdote von dem seltsamen Projektmacher Pockrich ist gleichfalls aus Pilkington's Lebensbeschreibung genommen, und im gedachten Bande des *Monthly Review*, p. 14 ff. der Länge nach ausgehoben worden. Pilkington lernte diesen Pockrich in seiner frühen Jugend selbst kennen, und vernahm die Erzählung seiner Abentheuer aus seinem eignen Munde, die der Leser dort selbst aufsuchen mag, weil sie hier zu viel Raum einnehmen würde. Seine wahre Geschichte war kürzlich folgende. Er hatte ein ganz anschnliches Vermögen geerbt, welches er aber in kurzer Zeit durchbrachte, ohne daß irgend einem davon etwas zu Gute kam. Auch konnte Niemand begreifen, auf welche Weise er es durchgebracht hätte. Als ihn Pilkington kennen lernte, lebte er in der äußersten Armuth, ob er gleich den Anschein derselben sehr sorgfältig zu vermeiden, und sich alle Bedürfnisse wegzuphilosophiren suchte. Eins seiner ärgsten Projekte gieng auf nichts geringers, als auf die Erfindung, nicht zu sterben; und dieß glaubte er durch Abzapfung des Bluts, und Uebertragung desselben aus den Adern eines gesunden Bauermädchens in den Körper eines abgelebten Mannes, vermittelst eines beiderseitigen Aderlasses, zu bewirken. Freilich kein neues Projekt! Ausserdem glaubte er eine Harmonika von zwiefacher Art erfunden zu haben. Die eine war ungefähr das, was man jetzt eine Harmonika *à cloux de fer* nennt. Er schlug nämlich sechszehn

sechszehn große Stifte in ein Brett, und spielte vermittelst eines Eisendrathes ein ganzes Stück darauf. Die andre bestand aus Trinkgläsern, die er verschiedentlich mit Wasser füllte, und auf deren Rande er spielte. Diese letztere hatte er auch im Großen aus gläsernen Glocken verfertigt; und da der junge Pilkington sehr hübsch sang, so schlug er ihm vor, mit ihm gemeinschaftlich in den vornehmsten Städten Englands Konzerte zu geben. Das erste derselben wurde in dem Saale des Schneiders veranstaltet, bei dem er wohnte. Der Saal wurde schön erleuchtet; man hatte das Konzert auf der Engels-Orgel (*angelic organ*) in allen Zeitungen angekündigt; alles war dazu in Bereitschaft; zum Unglück aber kam kurz vorher eine große ungeschliffene Sau in das Zimmer gelaufen, und stürzte die ganze Maschine um, so, daß alle Gläser zerbrachen, und nicht nur das Publikum in seiner hohen Erwartung, sondern auch die beiden armen Virtuosen in ihren noch höher gespannten Hoffnungen getäuscht wurden. Pockrich faßte sich indeß mit allem möglichen Heldenmuthe, ließ die Zuhörer wieder zurückweisen, und verkroch sich in sein armseliges Dachstübchen. Nicht lange hernach nahm er ein sehr trauriges Ende. Bei einer schrecklichen Feuersbrunst in Cornhill, welche d. 10. Nov. 1759 in Hamlin's Kaffeehause entstand, wo P. damals wohnte, kam er in den Flammen um, die in seinem Zimmer sollen ausgebrochen seyn. Vor seinem Tode soll er doch neun Wochen hindurch täglich nicht weniger als sechs Pfund Sterling mit seiner Gläsermusik verdient haben. — Ein gewisser Newburgh von Ballyhaise, in der Grafschaft Cavan, besang ihn in verschiednen launigen Gedichten, besonders in einer Pockiade, worin er alle seine vielen unglücklichen und meistens unausführbaren Projekte erzählt.

---

Kochkunst. Ich besitze ein altes deutsches Kochbuch, welches allem Ansehen nach das erste ist. Es führt zum Titel das einzige Wort: Kuchemaistrey, nicht aus einzelnen Buchstaben zusammengesetzt, sondern ganz geschnitten. Unter diesem Worte steht ein Holzschnitt, der eine Küche mit verschiedenen darin beschäftigten Personen vorstellt. Nirgends zeigt sich weder Ort noch Jahr des Drucks; aber daß es aus dem funfzehnten Jahrhunderte seyn muß, ist wohl unstreitig. Die Form ist klein Quart, und der Bogen sind viere, von welchen aber nach der Signatur die Bogen A und B jeder acht, und die Bogen C und D jeder sechs Blätter haben; daß folglich das Ganze, mit den vier Blättern, welche den Titel, die Vorrede und das Register enthalten, aus 32 Blättern besteht. Die Seiten sind nicht numerirt, und der Kustos fehlt auch. Aber Anfangsbuchstaben hat es; und zwar zu Anfange der Vorrede und des ersten Theils ein A und D von einer sehr bunten Art, voller Laubwerk. Das Werkchen ist in fünf Theile, und jeder in besondre Paragraphen getheilt, die ich durchlaufen will.

Ditz Büchlein, heißt es, wirt geteilet in fünff teyl. In dem ersten teyl lernt es. wie man fastenspeyß bereiten sol von mancherley vischen. vnd auch biberschwantzen. 2c. zu syeden. braten. gebachē. vñ wie man etliche darunter verguldē od' versilberñ mag. Auch wie man von gemüß vnd suppē in mägerley weiß mit gewürtztē. vñ etlich mit farbē bereiten vnd geben sol. ꝛc. — So ist alles treulich nachgeschrieben; und man sieht, welche Sonderbarkeiten die Schrift hat: 1) Die Substantive haben keinen grossen Anfangsbuchstaben. Nur die Perioden fangen mit einem an. 2) Kein Komma zeigt sich gar nicht; auch sonst kein Unterscheidungszeichen, als das einzige Punktum, welches für alle und jede, auch öfters an Stellen gebraucht wird, wo wir jezt ganz und gar keine Interpunktion setzen würden. 3) An Zeichen kommt noch sonst das Etcätera, ꝛc, und das Paragraphenzeichen ɑ vor. 4) Arabische Zahlen finden sich gar nicht; sondern die Paragraphen sowohl als die Blätter der Bogen sind mit römischen Zahlen, aber aus der nämlichen deutschen Schrift, numerirt. 5) Noch merke man den Ausdruk: Diß büchlein lernt, anstatt daß wir jezt sagen würden, lehrt; zum Beweise, daß lehren und lernen ursprünglich Ein Wort waren, und erst in spätern Zeiten sind unterschieden worden.

Was ich sonst für mich daraus anmerken kann, wird gröstentheils nur in alten Wörtern bestehen:

§. 3. mach ein gelbß pfefferlein daruber. Pfefferlein ist hier ohne Zweifel so viel als Brühe.

§. 4. haupt, grot vñ ingerusch. Ingerusch heißt so viel als Eingeweide.

§. 7. las es in einer pfannen erwallen einen wall: ein einzigesmal aufwallen, aufsieden.

§. 8. gar ein hofliches vnd deuigs essen: jetzt brauchen wir höflich nur von Sitten.

In Hrn. Panzer's Annalen der ältern deutschen Literatur finde ich dieß Buch nicht angeführt, welches dadurch, daß es in seiner Art vermuthlich das erste ist, allerdings merkwürdig wird. Ein Küchenmeister bedeutete ehedem überhaupt einen geschickten und ausgelernten Koch, z. B. wie Frisch bemerkt, einen solchen, der bei Hochzeiten, oder andern feierlichen Gastmälern die Speisen zubereitete. — Ein Pfeffer oder Pfefferlein hieß eine jede Brühe, besonders eine schwarze, ohne Zweifel von dem Hauptingrediens des Pfeffers; man nannte daher auch die Schmarotzer Pfefferlecker. —

Daß lernen in ältern deutschen Schriften sehr oft für lehren gebraucht wurde, ist bekannt. — Ingerusch oder Ingeräusch wird auch von Frisch, Th. II. S. 94, als gleichbedeutend mit Eingeweide angeführt; und von Hrn. Adelung unter diesem letztern Worte, als bairisches Provinzialwort. — Der Wall im Sieden; etwas einen Wall thun, für aufsieden, aufkochen lassen, ist gleichfalls von Frisch, Th. II. S. 419, bemerkt worden. — Höflich für höfisch kommt in ältern Schriften oft vor.

Bei dieser Gelegenheit will ich ein andres altes, und sehr reichhaltiges deutsches Kochbuch anführen, das freilich wohl um ein Jahrhundert neuer, aber doch immer, als Beweis des vor zweihundert Jahren herrschenden Geschmacks und Aufwandes in Speisen, einige Aufmerksamkeit verdient. Es hat den Titel: Kunstbuch von mancherley Essen, Gesotten, Gebraten, Posteten, von Hirschen, Vogelen, Wildprat, vnd andern Schawessen, so auff Fürstlichen vnd andern Pancketen zuzurichten gehörich: gestelt durch den Erbarn vnd wohlerfahren Meister Frantz de Rontzier, Fürstl. Braunschw. bestalten Mundtkoch. Dergleichen bishero in druck nicht gesehen. Wolfenbüttel, 1598. 4. 543 Seiten. Vermuthlich war dieß schon ein französischer Hofkoch; und er hat sein Buch, weil er selbst nicht schreiben konnte, wie er im Vorberichte sagt, *ad pennam* diktirt. Die Kunstwörter sind indeß nicht französisch, sondern fast durchgängig deutsch.

---

**Küssen.** Die alten Griechen, wenn sie Kinder küßten, pflegten sie bei den Ohren zu fassen, und sich von ihnen so fassen zu lassen: *ἀινιττομενοι μετα παιδιας*, sagt Plutarch, (de aud. poët. p. 38, edit. *Xyl.*) ὁτι δει φιλειν μαλιϛα τȣς δια των ὠτων ὠφελȣντας, per jocum innuentes, maxime amandos eos, qui per aures prosunt. — Diese Art zu küssen habe ich irgendwo die florentinische genannt gefunden. Die Ursache, welche Plutarch angiebt, ist wohl schwerlich die wahre; und der ganze Grund von diesem beiderseitigen Ergreifen der Ohren mag wohl kein andrer seyn, als, weil auf diese Weise Gesicht und Gesicht am völligsten gegen und auf einander kommt.

Plutarch scheint diese Art, Kinder zu küssen, wohl freilich mehr so gedeutet, und ihr einen anspielenden moralischen Sinn gegeben, als diese Anspielung für die wahre Veranlassung jener Sitte genommen zu haben. Wenn aber L. diese Art zu küssen irgendwo die florentinische genannt fand, so hatte man dabei, fürcht' ich, mehr einen unmoralischen Nebenbegrif, und den Verdacht der den Griechen so oft, und leider! nicht immer mit Ungrund, vorgeworfenen unerlaubten Knabenliebe. Denn auch das Wort florenzen findet man in alten deutschen Büchern von diesem Laster gebraucht; und ich erinnere mich, daß mir Lessing selbst einmal sagte, er habe eine Warnung dawider in einer alten Predigt mit diesem Ausdrucke gefunden, dessen Ursprung bekannt, und der auch im Italiänischen üblich ist.

## L.

Lachen. Vom Lachen, in sofern es unbelebten Dingen und den Göttern von den Dichtern beigelegt worden, siehe ein gutes Kapitel in *Petri Petiti* Miscell. Obss. L. II. c. 18.

Ein sehr merkwürdiges Beispiel vom unwillkührlichen Lachen findet sich beim Saxo (Hist. Dan. L. II. p. 30.) in dem Zweikampfe des Agner mit dem Biacco. Erst hieb Agner; und als die Reihe an den Biacco zu hauen kam: tunc Biacco mutuo percussurus, quo plenius ferrum libraret, pedem trunco annixus, medium Agneri corpus praestantis acuminis mucrone transegit. Sunt qui asserunt, morientem Agnerum soluto in risum ore per summam doloris dissimulationem animam reddidisse. — Der Umstand kann sehr wahr seyn; ja er ist der Sache so angemessen, daß das Faktum selbst durch ihn wahrscheinlich wird. Man erinnere sich nur, daß das Lachen durch eine Erschütterung des Zwerchfells entsteht. Wie sehr aber mußte dieses Eingeweide durch den mächtigen Hieb gereizt und erschüttert werden! Der sterbende Agner mußte also lachen, er mochte wollen oder nicht; und es geschah gar nicht aus Verstellung des Schmerzes, wie Saxo meint, die ihm gewiß in diesem Augenblicke unmöglich gewesen wäre.

Schon Aristoteles hat es (L. III de partibus animalium, cap. 10.) angemerkt: ictu trajecta praecordia in proeliis risum attulisse. Dieß ganze Kapitel, wo mehr vom Lachen vorkommt, verdient näher von mir erwogen zu werden.

---

Die Thränen der Freude und des sardonischen Lachens zeigen genugsam, wie nahe beides, Weinen und Lachen, mit einander verwandt sind. Vom sardonischen Lachen s. verschiedenes gesammelt in *Novarini* Adagiis, T. I. p. 49.

---

Lord Shaftesbury's Meinung von dem Lächerlichen, als dem Probiersteine der Wahrheit, hat Brown, wie bekannt, bestritten. Ein Ungenannter aber hat den Lord gegen ihn vertheidigt: A Vindication of Lord Shaftesbury, on the Subject of Ridicule; Lond. 1751. 8. Er meint, daß der Lord das Wort *ridicule* als ein Synonym von *freedom*, *familiarity*, *good humour*, u. dergl. gebraucht habe.

Petit setzt am angef. O. die verschiedenen Bedeutungen aus einander, in welchen das Lachen von den alten Schriftstellern auch leblosen Dingen metaphorisch beigelegt wird. Die erste ist die bekannteste, da es so viel, als einen heitern, angenehmen Anblick bedeutet. Aber nicht bloß von sichtbaren Gegenständen wird diese Metapher bei den Alten gebraucht. Katull sagt auch von den Gerüchen der Blumen: domus jucundo *risit* odore. Auch vom Meere wird gesagt, daß es lache, wenn Stille auf demselben herrscht, und sich das Wasser nur in kleinen, sanften Wellen kräuselt. Katull hingegen legt dem vom Winde bewegten, rauschenden Meere ein lautes Gelächter bei: leni resonant (undae) plangore *cachinni.* Den Donner und das Feuer des Blitzes nannten die Griechen, wie Aristoteles sagt, ein Lachen Vulkan's oder der Vesta. — In der Folge redet Petit noch von der mystischen Bedeutung des Lachens in einigen Stellen der H. S.; und von dem Lachen der Götter, worüber er eine Stelle aus dem Kommentar des Proklus über Plato's Bücher von der Republik anführt, die sich auf den Vers beim Homer bezieht:

Ἀσβεστος δ' ἀρ' ἐνωρτο γελως μακαρεσσι
θεοισι.

Ueber das Lachen und das Lächerliche findet man im ersten Bande von Flögel's Geschichte der komischen Literatur, viel Gutes gesammelt und nachgewiesen. Es wird daselbst gleichfalls, S. 104 ff. die durch den Lord Shaftesbury veranlaßte Frage geprüft: „Ob das Lächerliche der Probierstein der Wahrheit sey?" Diese Frage hat zu mehrern Untersuchungen Anlaß gegeben, unter denen ich hier nur noch der von Leibnitz in seinen Remarques sur un petit livre trad. de l'Anglois, intitulé, *Lettre sur l'Enthousiasme*, gedenken will, die man in dem bekannten Recueil de div. Pieces sur la Philosophie &c. des Des Maizeaux (Amst. 1720. 2 Voll. 8.) T. II. p. 245 ff. findet. — Die Essays on the Characteristicks of the Earl of *Shaftesbury*, by *John Brown*, Lond. 1751. 8. sind voll von überaus scharfsinnigen und treflichen Bemerkungen, sowohl über diesen als andre Gegenstände. Von den drei Versuchen gehört der erste hieher, worin er zu zeigen sucht, daß nicht das Lächerliche, oder Spott, sondern die Vernunft allein der Probierstein der Wahrheit, und Entdeckerin des Irrthums und der Unwahrheit sey, der auch die Prüfung des Lächerlichen selbst unterworfen werden müsse.

„Ueberhaupt, sagt er zuletzt, muß einem bei „diesem neuen Vorschlage, die Wahrheit durch „das schwankende und unstäte Licht des Lächer„lichen zu entdecken, jener ehrliche Irländer „einfallen, der mit seinem Lichte zum Sonnen„zeiger gieng, um zu sehen, wie spät es schon „in der Nacht wäre." — Die von L. erwähnte Gegenschrift aber ist ein bald in Vergessenheit gerathenes Pamphlet, und von weniger Bedeutung. Sh.'s Meinung ist freilich oft mißverstanden worden; aber dahin ging sie doch wohl gewiß nicht bloß, den leichten, muntern und launigen Vortrag jedem Wahrheitsforscher zu empfehlen, und ihn von dem finstern, schwerfälligen und pedantischen Lehrton abzuschrecken.

---

Lakonismus. Den Ursprung des Lakonismus findet Kappe (in seiner Diss. de Laconismo, p. 2. 3.) vornehmlich in der neidischen und stolzen Gemüthsart der Spartaner; und dann in einem ausdrücklichen Gebote ihres Gesetzgebers, des Lykurgus, (*Cragius* de Rep. Laced. L. III. tab. VIII. inst. 6.) welchem zufolge schon die Jugend angehalten wurde, sich nicht anders, als mit wenig Worten, auszudrücken. Aber nun ist die Frage: Was bewog den Lykurg zu diesem Gesetze? Weil er seine Landesleute schon von Natur dazu geneigt fand? Aber was braucht man dem natürlichen Hange einer Nation noch mit Gesetzen zu Hülfe zu kommen? — Dieß erinnert mich an eine schöne Stelle des Symmachus, von der ich mich wundre, daß sie einem so belesenen Manne, wie Kappe war, entgangen ist. Er meint nämlich, weil die Spartaner gefunden, daß sie es den Atheniensern schwerlich in dem reichen und blühenden Ausdrucke gleich thun würden, so hätten sie lieber einen ganz entgegengesetzten Weg einschlagen, als sich der Gefahr der Vergleichung aussetzen wollen. (L. I. ep. 45.) Memini brevitatem Spartanam laudi quondam fuisse. Sed ego tecum Romanis legibus ago, et, si ita vis, Atticis; quibus tantum decus a facundia fuit, ut mihi videantur Lacones metu collationis in diversum studia destinasse.

Cragius am angef. Orte (ed. L. B. 1670. 8. p. 293.) beruft sich auf den Plutarch, welcher im Leben Lykurg's ausdrücklich sagt: ἐδίδασκον δὲ τοὺς παῖδας καὶ λόγῳ χρῆσθαι πικρίαν ἔχοντι μεμιγμένην χάριτι, καὶ πολλὴν ἀπὸ βραχέως λέξεως ἀναθεώρησιν. Er führt hievon noch mehrere Zeugnisse, und einige Beispiele an, dergleichen man vornehmlich auch in Plutarch's Apophtegmatt. Lacon., und in seiner Abhandlung de garrulitate findet.

---

**Lampadisten.** So hießen die, welche in denen Spielen zu Athen, die λαμπαδηδρομίαι, das Fackelrennen, hießen, den Preis davon getragen hatten.

Ein Denkmal auf einen solchen Lampadisten s. beim Caylus, wo auch eine Beschreibung dieser Spiele selbst, nebst Anzeigung verschiedener Punkte, die dabei noch zu untersuchen wären, gegeben wird. (S. Erklärung der Zierrathleisten des ersten Bandes der Alterthümer, S. XIV der Uebers.)

Das Fackelrennen, oder der Fackelkampf, ἀγὼν λαμπαδοῦχος, war besonders bei den Hephästien, oder dem Feste Vulkan's zu Athen gebräuchlich, das auch zu Rom unter dem Namen der Vulkanalien gefeiert wurde. Auch mit den Panathenäen, den Prometheen, und andern griechischen Festen, verband man solch ein Wettrennen mit Fackeln. Drei Jünglinge stellten dasselbe an. Wem die Fackel vor Erreichung des Ziels verlöschte, der gab sie dem andern, und dieser, in eben dem Falle, dem dritten; und wer sie brennend bis ans Ende der Laufbahn brachte, trug den Sieg davon. Dieser hieß denn auch λαμπαδηφορος, oder πυρσηφορος. Hieraus sind manche Anspielungen der Dichter und anderer Schriftsteller, z. B. die Stelle beim Lukrez (de Nat. Rer. L. II. v. 78 f.) zu erklären:

> Inque brevi spatio mutantur secla animantum,
> Et quasi cursores vitaï lampada tradunt.

wobei die Erläuterungen der Ausleger zu vergleichen sind. S. Potter's Griech. Archäol. Uebers. B. I. S. 178.

---

Franc. Lana. Dieser italiänische Jesuit, welcher 1687 zu Rom starb, hat von seinem Werke: *Magisterium Naturae et Artis* betitelt, nur drei Bände zu Stande gebracht. —

Ob

Ob in diesen schon etwas von der Mahlerei vorkommt? — Aus dem *Prodromo* wenigstens, der zu Brescia 1670 in fol. gedruckt ist, und womit er dieß Werk ankündigte, erhellet, daß er von der Verbesserung der Mahlerei handeln wollte; und in diesem Prodromo selbst wird von S. 135 bis 168 in vier Kapiteln davon gehandelt, aus welchen ich hier einiges ausziehen will *).

Kap. *I.* enthält Vorschriften über die mahlerische Erfindung. Er redet von der Mannichfaltigkeit in den Figuren, Stellungen, und besonders in den Gesichtern. „Hierin, sagt er, findet sich viel Schwierigkeit; denn ein jeder Mahler sucht natürlicherweise den Personen, die er mahlt, diejenigen Physiognomien zu geben, die sich seiner Einbildungskraft am lebhaftesten eingeprägt haben; und man hat daher bemerkt, daß die Gesichtszüge auf den Gemählden immer sehr viel von den Physiognomien des Vaters, der Mutter, oder irgend

*) Lessing hat die Stellen alle nur italiänisch ausgezogen; vielleicht geschieht doch manchem ein Dienst durch Uebersetzung derselben.

einer andern Person, die der Mahler vorzüglich liebte, oder am öftersten sah, an sich haben. Selten trift man Gemählde mit vielen Gesichtern, wo nicht eins dem andern ähnlich sähe. Daher verdient der so berühmte Raphael um so mehr Lob, weil man in so vielen Arbeiten von ihm schwerlich zwei Gesichter antreffen wird, die einander völlig ähnlich wären" a).

Von den unschicklichen Uebertreibungen sagt er: „Ich kann nicht umhin, diejeni-

a) Nel che si ritrova molta difficoltà; poichè ogni pittore inclina naturalmente ad esprimere nelli personaggi quelle fisionomie, che ha più impresse nell' imaginazione; onde è stato osservato, che i volti pittoreschi tengono sempre molto della fisionomia del padre, della madre, o d'altra persona più amata, e più frequentamente veduta dal pittore; e rari sono que' quadri ne' quali rappresentandosi molte faccie, l'una non habbia la fisionomia simile all' altra. Quindi è degno di molta lode il famosissimo *Rafaello*, che in tante opere ch'egli fece, difficilmente si ritroverà un volto che sia simile ad un altro.

gen Mahler zu tadeln, welche die heilige Jungfrau unter dem Kreuze ganz in Schmerz versunken, und fast verzweifelnd, darstellen. Billig sollte man an ihr einen zwar großen, aber gesetzten und frommen Schmerz schildern. Von der Art ist die Madonna dello Spasimo zu Messina, ein herrliches Gemählde von Raphael" b).

Kap. II. Regeln für die Zeichnung. — Lana räth, nicht bloß eine Skizze im Kleinen von dem auszuführenden Gemählde zu entwerfen, sondern sogar ein kleines, und nur aus dem Groben gearbeitetes Modell aus Wachs von einer jeden zu mahlenden Figur zu machen, und dann von diesem Modell die Zeichnung zu nehmen, weil man es nach Gefallen wenden und stellen könne. Auch wären dergleichen Modelle

b) Non posso non biasimar quei pittori, i quali dipingono la Beatissima Vergine a piè della croce, totalmente abbandonata per il dolore, e quasi che disperata; dovendosi esprimere in lei un dolore grande sì, mà costante e divoto; qual' è la Madonna dello Spasimo in Messina, opera maravigliosa di Rafaello.

öfter wieder zu gebrauchen. Ueberhaupt räth er dem Mahler, sich vorher einige Uebung in der Bildhauerei zu erwerben, weil es die leichtere Kunst sey; allenfalls auch nur vom Bossiren in Wachs.

Lana scheint der Erfinder des Worts Ideal zu seyn; ob er gleich nicht will, daß der Mahler nach dem Ideale mahlen soll, sondern nach der Natur. „Ich wünschte, sagt er, daß die Mahler die Parthien ihrer Figuren aus der Natur schöpfen möchten; und ich begreife nicht, warum eine nach Gutdünken gemahlte Figur, die man manierirt nennt, und die ich Ideal (idealisch) nennen möchte, schöner seyn sollte, als eine aus der Natur entlehnte" c). Doch will Lana auch nur, daß man die einzelnen Theile von der Natur, nicht aber alle Theile von einem und demselben Menschen nehmen, sondern an verschiedenen die

c) Jo vorrei, che li pittori pigliassero le sue parti dal naturale; nè sò intendere, perchè debba esser più bella una figura dipinta a capriccio, che chiamano di maniera, ed io la direi *ideale*, di quella che è presa della natura.

schönsten Theile aussuchen soll. Und weiter versteht man auch jetzt nichts unter dem Ideal.

Von den Proportionen des menschlichen Körpers nimmt Lana die Dürerischen an. Er schließt aber, nachdem er aus dem Vitruv und Villalpando angemerkt hat, daß alle Körper um so viel vollkommener wären, je mehr sie sich in ihren Verhältnissen den Verhältnissen des menschlichen Körpers näherten: „er müsse jedoch bemerken, daß die Alten es für rathsam hielten, ein wenig von diesen natürlichen Verhältnissen abzuweichen. Um also den Statuen und Figuren mehr Sweltes und Schlankes zu geben, machten sie die Körper etwas groß, die Köpfe klein, die Hüfte lang; und manche Parthien machten sie gern fein und gestreckt, um der Figur eine gewisse Grazie und Schönheit zu geben" d).

d) Dovesi però avvertire, che gl'antichi stimavano bene lo scostarsi alquanto da queste naturali proporzioni; onde per dare maggior sueltezza alle statue e alle figure, facevano i corpi alquanto grandi, le teste piccole, la coscia lunga, ed in molte parti amavano la

Von den gewaltsamen Stellungen hat er sehr richtige, gesunde Anmerkungen: „Hierin, sagt er, versehen es viele, indem sie die Knochen des Körpers dergestalt verdrehen und verrenken, daß man schon daraus wahrnehmen kann, es sey ein gemahlter, und kein lebendiger Mensch, weil er vor Schmerz darüber nicht schreit und ächzet, welches man ganz gewiß hören würde, wenn er lebte. Hierüber ließe sich vieles sagen; hier aber will ich nur anmerken, daß in den Anstrengungen der Lebenskräfte und der Glieder sehr oft manches Irrige und Unnatürliche liegt, welches derjenige, der kein Kenner ist, so leicht nicht entdeckt, weil dergleichen gewaltsame Stellungen das Auge durch ihre Neuheit hinreissen. Billig aber sollte man nie über die Möglichkeit und Wahrscheinlichkeit hinaus gehen. So darf der Kopf desjenigen, der auf den Füßen steht, sich nicht weiter in die Höhe heben, als so weit die Augen in die Mitte des Himmels sehen; auch sollte er

sottigliezza e la lunghezza, per una certa grazia e leggiadria.'

sie nicht weiter nach Einer Seite hin bewegen, als so weit noch das Kinn die Schulter berühren kann. Die Brust muß nicht so sehr verdreht werden, daß die Schulter über die Gegend des Nabels hinauskomme; u. s. f." e).

e) Nel che molti peccano storcendo e dislogando le ossa in tal modo, che da questo suolo si può conoscere esser quello un' uomo dipinto e non vivo, perche non grida e non spasima per il dolore, che dovrebbe sentirne, se vivo fosse. Circa di ciò sarebbe molto che dire; mà osservo solo, che nelli sforzi della vita e delle membre ben spesso stanno nascosti molti errori ed innaturalezze, le quali da chi non è bene intendente, difficilmente si conoscono, perche tali sforzi rapiscono l'occhio con la novità: mà non dee scostarsi dal possibile e dal verisimile. Per tanto la testa di chi stà in piedi, non si volti più in sù, se non quanto gli occhi guardino mezzo il cielo; ne più si volti da un lato, se non quanto il mento tocchi la spalla; il petto non sia si torto, che la spalla arrivi più oltre della dirittura dell'' umbilico. *etc.*

Auch räth er sehr vernünftig an, Anfangs ins Große und nach der Natur zu zeichnen, weil in einem kleinen Bilde sehr oft große Fehler verborgen liegen, da man hingegen in einem großen Bilde alle, auch die kleinsten, Mängel entdeckt.

Von der Perspektiv verspricht er in dem größern Werke weitläuftig zu handeln.

Kap. *III.* Regeln über das Kolorit. Dieses ganze Kapitel verdient, daß ich es unter dem Artikel Farbengebung oder Kolorit ganz übersetze. Es faßt in der Kürze so viel Gutes in sich, als ich nirgend angetroffen habe *).

Kap. *IV.* Von den verschiednen Arten in der Mahlerei und Zeichnung, nebst andern dahin gehörigen Erfindungen. — Die zwei vornehmsten Arten zu mahlen sind: die Fresko- und die Oel-Mahlerei. Die erstere scheint Lana überhaupt für die Mahlerei in Wasserfarben zu nehmen (dipingere a tempera,

*) S. oben den Artikel Kolorit, wo ich die Uebersetzung dieses Kapitels eingeschaltet habe.

E.

cosi chiamato, perche i colori si stemprano con acqua,) sie mag nun auf frischem Kalk, oder auf hölzernen Tafeln, oder auf sonst einem Grunde geschehen. Geschieht sie auf frischem Kalk, so werden die Farben mit bloßem Wasser angerührt, sonst aber mit Gummiwasser.

Jede von diesen beiden Manieren kann auf dreierlei Art ausgeübt werden *f*):

1. „Die erste, gewöhnliche und gemeinste Art ist die Vereinigung (*unendo*) oder Vertreibung der Farben, wenn man nämlich jede Farbe an ihre Stelle setzt, und sodann mit einem andern reinen Pinsel, ohne Farbe, die äußersten Theile der beiden benachbarten Farben doch so mit einander verbindet, daß sie bei ihrer Vereinigung nicht eine gewisse Härte oder Rauhigkeit verursachen, die das Auge beleidigen würde,

*f*) Il primo più usitato e commune è *l'Unendo;* il che si fa con mettere ciascun colore al suo luogo, e poi con un altro pennello, che sia netto, e senza tinta, congiungendo le parti estreme delli due colori vicini, acciò unendosi insieme non cagionino una certa asprezza, che offenderebbe l'occhio, se vedesse un

wenn es die eine Farbe unmittelbar neben der andern gestellt sähe, ohne daß sie in einander liefen. Und so besteht diese Vereinigung darin, daß man die äußersten Enden der Farben in einander verschmelzen, und gleichsam auf eine sanfte Art verdunsten läßt. Dieß findet man in den Arbeiten des Antonio Correggio, Raphael, und Leonardo Vinci, und vieler andern Meister."

2. „Die zweite Art ist nicht so gewöhnlich, weil sie schwerer ist. Sie besteht nämlich in einzelnen Pinselstrichen (*tratteggiando*); da man, anstatt die Farben mit einander zu vereinigen, verschiedne Züge oder Striche mit dem

colore posto immediatamente vicino all' altro, senza contemperarsi insieme; si che l'unire consiste in contemperare l'estreme parti de' colori, facendosi dolcemente sfumare; così sono fatte l'opere d'Antonio Correggio, Raffaello, e Lionardo da Vinci, e molti altri.

Il secondo è meno usitato, perche è più difficile, e si fà *tratteggiando*, cioè, in luogo di unire i colori si vanno facendo varie tratte di pennello, che formano quasi linee l'una

Pinsel macht, welche gleichsam Linien abgeben, wovon die eine so dicht bei der andern ist, daß sie bei allem erfoderlichen Abstande doch mit einander vereinigt scheinen, und eben die Wirkung thun, als ob die Farben völlig zusammen verbunden wären, auf ähnliche Art, wie auf Kupferstichen und in Zeichnungen mit der Feder. Von der Art sind die Freskogemählde des Michel Angelo, Pierin del Vaga, und zu unsern Zeiten die von Guido Reni."

3. „Die dritte Art geschieht durchs Tupfen (*a botte*) oder Aufwerfen, wenn man nämlich nicht den Pinsel von einer Seite zur andern über das Gemählde hinführt, sondern

vicina all' altra si, che in debita distanza sembrino unite, e facciano l'istesso effetto, che se i colori fossero totalmente congionti, in modo simile a quello, che vediamo nelli intagli di rame, e come si formano i disegni con la penna; così Michel' Agnolo, Pierin del Vaga, e a nostri dì Guido Reni.

Il terzo modo si chiama dipingere *a botte*, il che si fà, non conducendo il pennello dall' una parte all' altra sopra la tela, ma apputtan-

mit demselben darauf tupft, und verschiedene Würfe damit macht. Dieser Manier bedienen sich vorzüglich geschickte Meister, wenn sie mit wenigen Pinselwürfen ein Gemählde vollenden wollen, das zwar, in der Nähe betrachtet, keine sonderliche Feinheit, aber dennoch viel Stärke der Zeichnung, und in der Ferne das Ansehen hat, als ob es ganz ausgeführt, und aufs feinste dargestellt wäre. Dergleichen Gemählde schätzt man um so viel höher, mit je weniger Pinselzügen sie ausgeführt sind; indem man in der Nähe gar leicht die einzelnen Würfe des Pinsels zählen kann, welches bei andern Gemählden nicht der Fall ist; und aus ihrer geringen An-

dolo, e dando varie botte sopra di essa; e questo modo si suole usare da valenti Maestri, quando in pochi colpi vogliono formare una pittura, la quale benche non habbia certa delicatezza veduta in vicinanza, nulladimeno habbia forza di disegno, e rimirata da lontano comparisca come se fosse finita, e delicatamente formata; e queste pitture tanto più vengono stimate, con quanto meno botte sono dipinte; poiche osservate da vicino si

zahl schließt man dann auf die meisterhafte Geschicklichkeit des Mahlers, der mit so wenigen Würfen ein schönes Stück zu verfertigen wußte. Von dieser Art sind die Werke eines Titian, Paul Veronese, Tintoretto und vieler andern. Ich sagte, daß diese Manier nur großen Meistern eigen sey, weil ein Meister in der Kunst bei der Verfertigung eines Gemähldes oder Bildnisses nicht mehr Pinselzüge darauf verwendet, als durchaus nothwendig sind, und dadurch zu erkennen giebt, daß er weiß, was er macht, und nicht aufs Gerathewohl oder auf gut Glück arbeitet, wie unerfahrne Künstler thun, die immer das schlecht gerathene verbes-

possono agevolmente numerare le botte (il che non avviene nelle altre pitture) e dal poco numero di esse si argomenta il valore e maestria del pittore, che in si pochi colpi seppe formare un bel quadro; così si veggono l'opere di Titiano, Paolo da Verona, Tintoretto, ed altri molti. Dissi, che questo è proprio di valenti pittori; poiche un maestro nell' arte nel formare una pittura o ritratto, non vi mette più pennellate di quelle,

sern wollen, und daher die Pinselzüge vervielfältigen, und Farben ohne Noth verschwenden müssen. Daher kommt es auch, daß vortrefliche Mahler in kurzer Zeit viele Gemählde haben vollenden können, weil kein einziger Pinselstrich von ihnen umsonst geschah." — In dieser Manier lobt er besonders einen seiner Freunde, Namens Clemente, der nicht allein in der Mahlerei, sondern auch in der Skulptur, Poesie und Historie sehr erfahren gewesen. „Dieser überaus sinnreiche Meister seiner Kunst, setzt er hinzu, hat eine wirklich bewundernswerthe Manier in der Mahlerei, weil er nicht nur eine Figur oder ein Bildniß mit ganz wenig

che sono precisamente necessarie, mostrando di sapere ciò che fa, e non operando quasi dissi a tentone, o giuocando a indovinare, come fanno gl'inesperti; che però volendo emendare il mal fatto, conviene che moltiplichino i colpi del pennello, e consumino colori senza necessità. E quindi è, che pittori eccellenti hanno potuto in breve tempo dipingere molti quadri, perche niuna delle loro pennellate era data in vano.

Pinselzügen, sondern auch so entwirft, daß mehr als die Hälfte der Leinewand bloß mit dem Grunde (*imprimitura*) bedeckt bleibt, ohne daß irgend eine andre Farbe darauf getragen würde, indem er macht, daß dieser Grund zur Andeutung der Schatten und der dunkeln Theile des Gemählde dient. Ich habe von ihm unter andern sein eignes Bildniß gesehen, auf welchem man, wenn man es gegen das Licht hält, die Leinewand überall durchscheinen sieht, wo keine Farbe aufgetragen ist, und wo man nur einen leichten Grund wahrnimmt; welches eine vortrefliche Wirkung thut."

So viel ich finde, sind von des *P. Francisci Tertii de Lanis* Magisterium Naturae et Artis; Opus Physico-Mathematicum, nicht drei, sondern nur zwei Bände herausgekommen; der erste zu Brescia, 1684, und der zweite ebendas. 1686, fol. Ueber ihren Inhalt sehe man die Acta Eruditor. a. 1685, p. 31; und a. 1688, p. 35 ff. — Lana hatte seinen Plan auf eilf Bände angelegt, und giebt von der Vertheilung ihres Inhalts sowohl in dem *Proemio* seines *Prodromo*, als auch in der Vorrede des großen

Werks selbst ausführliche Nachricht. Seine Absicht war, ein vollständiges Lehrgebäude der Physik und Mathematik zu liefern, aus dessen Grundsätzen sich eine Menge nützlicher Erfindungen sollten herleiten lassen; und sein *Prodromo* war vornehmlich dazu bestimmt, der Welt zu zeigen, daß er sie nicht mit leeren Verheissungen täusche, und verschiedne neue Erfindungen und praktische Anweisungen, vornehmlich über die Optik und Mahlerei, mitzutheilen. In den beiden gedruckten Bänden aber kommt von der Mahlerei nichts vor; sondern der erste betrift die physischen Eigenschaften der Körper, die mechanischen Grundsätze der Bewegung, u. s. f.; und der zweite handelt von der Porosität, der Ausdünstung der Körper, der Lehre vom Schall, u. s. f.

Zu unsern Zeiten ist Lana's Name durch die mehr untersuchte Geschichte der Aerostatik aufs neue berühmt geworden, wegen des im sechsten Kapitel seines *Prodromo* angegebenen Luftschiffes.

---

Daniel Landringer. Er lebte ums J. 1680 zu Breslau, und war, wenn ich nicht irre, kre, ein Medikus, aber zugleich in den Alterthümern, besonders in Münzen und geschnittenen Steinen, nicht übel erfahren. Im J. 1681 ließ er daselbst drucken: Diss. in Onychem Alexandri M. 7 Bogen in 4. — Dieser Kopf Alexander's, erhaben auf einem Onyx geschnitten, ist dem sehr gleich, welcher in der Dactyliotheca Zanettiana, Tab. II. vorkomnit. — Im J. 1686 gab er daselbst heraus: Notitiam Numorum Antiquorum tam Imp. Romanor. et Graecor. quam Augustarum, prout rari sunt vel communes.

Das Gelehrtenlexikon hat keine Nachricht von diesem Landringer; und ich hätte mich in Breslau nach Umständen von ihm erkundigen können.

Als Landringer die erste dieser Schriften herausgab, arbeitete er zugleich an einem Examine Chemico-Medico Rubiae Tinctorum, herbae vernaculae, wie er selbst in einem kleinen Nachberichte an den Leser sagt. Ich weiß nicht, ob er etwas davon hat drucken lassen.

Vergebens hab' ich mich um weitre Nachweisungen über diesen Gelehrten bemüht; und seines hier angeführten Münzwerks finde ich weder vom Fabricius in s. Ausg. von *Bandurii* Biblioth. Numaria, noch von Hirsch in seiner noch vollständigern Biblioth. Numismat. gedacht.

---

Lara. Die Geschichte der sieben Kinder *) von Lara s. beim Fellbien, T. III. S. 259 ff. — Die vierzig Blätter von Tempesta, auf welchen er diese Geschichte nach dem Otto Vänius gestochen hat, sind in kleinem länglichten Quart, mit einer lateinischen und spanischen Auslegung unter jedem, und einem Titelblatte, gleichfalls in beiden Sprachen. (Antverpiae, ap. Philippum Lisaert, 1612.) Der Titel heißt: Historia septem infantum de Lara, autore *Ott. Vaenio.* — *Historia de los siete infantes de Lara*, etc. — Die Erklärung des zweiten Blattes fängt an: El anno

*) Nicht sowohl der sieben Kinder, als der sieben Infanten von Lara. Im Französischen des Fellbien steht auch immer les sept *Infans*, nicht *Enfans*. E.

1304 regnando el Rey Bermudo, nascieron del Principe Gonzalo Justos y Dona Sancha etc. — Doch Mariana und Garibay, welche Felibien citirt, machen diese Geschichte um mehr als dreihundert Jahr älter. Felibien rügt auch den Fehler, den eben dieser Ausleger mit dem Almanzor macht, den er einen König von Cordua nennt. Aber wer ist der König Bermudo?

Felibien weiß nicht, ob Vänius diese Geschichte gemahlt, oder nur gezeichnet habe? Alles ist darin, nach des Vänius Geschmack, mit allegorischen Personen häufig untermengt, die sich, ohne die untengesetzte Erklärung nach den Zahlen über ihren Köpfen, von den wahren Personen schwerlich würden unterscheiden lassen. Gleichwohl ist es eine nothwendige Eigenschaft solcher vermischten allegorischen Gemählde, daß sich die allegorischen Personen von den wahren durch solche untrügliche Kennzeichen unterscheiden, daß sie sich gar nicht verwechseln lassen; denn sonst ist es schlechterdings unmöglich, ohne Hülfe einer Unterschrift, auf den wahren Verstand derselben zu kommen.

Aus der beim Felibien befindlichen Erzählung dieser Geschichte will ich hier die wesentlichsten Umstände mittheilen:

Gonzalo Gustios oder Gustos, Erbherr auf Salas de Lara, stammte von den Grafen von Castilien ab. Er vermählte sich mit Donna Sancha, einer Schwester des Ruy Velasquez zu Bylaren. Von dieser hatte er sieben Söhne, welche sich unter dem Namen der sieben Infanten von Lara berühmt machten. Der Graf, Dom Garcia Fernandez, der ihr Vetter und Brudersohn ihres Vaters war, machte sie alle an dem nämlichen Tage zu Rittern. Durch ihre gute Erziehung hatten sie sich alle die Eigenschaften und Geschicklichkeiten erworben, deren sie zur würdigen Bekleidung dieses Ranges bedurften. Sie waren in der Blüthe ihrer Jugend, als Ruy Velasquez, ihr Oheim, sich mit der Donna Lambra, einer Nichte des Dom Garcia Fernandez, vermählte. Die Hochzeit war in der Stadt Burgos, und sehr glänzend. Sie dauerte ganzer fünf Wochen, und diese verflossen in lauter Festen und öffentlichen Lustbarkeiten. Gonzalo Gustos und Donna Sancha, seine Gemahlin, waren mit ihren sieben Söhnen, und deren

Hofmeister, Nuño Salido, gleichfalls dabei zugegen. Eines Tages entstand beim Wettrennen zu Pferde ein Streit zwischen Gonzalo Gonzalez, dem jüngsten von den sieben Söhnen, und einem Ritter, Namens Alvar Sanchez, einem Vetter der Neuvermählten, Donna Lambra. Diese letztere fand sich dadurch beleidigt, und faßte einen tödtlichen Haß gegen die sieben Infanten, ob sie gleich Verwandte ihres Mannes waren. Nach Endigung der Hochzeitfeier begaben sich Donna Lambra und Donna Sancha, ihre Schwiegerin, nach Barbadillo mit den sieben Infanten, welche sie dahin ehrenhalber begleiteten. Gonzalo Gonzalez befand sich einmal in dem Garten, wo er in dem Bassin einer Fontäne einen Falken badete. Donna Lambra, welche noch immer geheime Rachgier im Herzen hegte, rief einen von ihren Sklaven, und hieß ihm einen in Blut getauchten Kürbis nehmen, und damit dem Gonzalez ins Gesicht schlagen. Gonzalez und seine Brüder, die in der Nähe waren, wurden über diese Beleidigung äußerst entrüstet, und liefen hinter dem Sklaven her, welcher sich hinter seiner Gebieterin versteckt hatte. Sie kehrten sich daran nicht, sondern ermordeten zu ihren Füßen ihren Beleidiger, und gingen darauf mit ihrer Mutter, der Donna Sancha, nach Salas. Gonzalo Gustos und Ruy Velasquez waren damals abwesend, und wunderten sich bei ihrer Zurükkunft nicht wenig über das, was vorgefallen war. Donna Lambra foderte ihren Gemahl zur Rache auf; und dieser versprach ihr alles, was sie von ihm verlangte. Er bewog den Gonzalo Gustos und seine Kinder, nach Barbadillo zu kommen; hier that er, als ob er sich völlig mit ihnen aussöhnen wollte, und bat seinen Schwager, zum Könige von Korduba zu reisen, um ihm für einige von ihm erhaltne Gnadenbezeugungen in seinem Namen zu danken. Er that es, ohne zu wissen, daß in den Briefen, die ihm Ruy Velasquez mitgegeben hatte, sein Todesurtheil enthalten war. Denn dieser hatte darin den König gebeten, ihn umbringen zu lassen, und Soldaten auszuschicken, denen er die sieben Infanten in die Hände liefern wollte, weil sie und ihr Vater die gefährlichsten Feinde der Mohren wären. Der König von Korduba nahm indeß Anstand, diesen Vorschlag auszuführen. Er ließ bloß den Ueberbringer des Briefes ins Gefängniß setzen, und schickte seine Truppen an den bestimmten Ort.

Während seiner Gefangenschaft fand Gonzalo Gustos Gelegenheit, die Liebe der Schwester des Königs zu gewinnen; und ihre Vertraulichkeit gieng so weit, daß sie schwanger wurde. Ruy Velasquez zog indeß mit den sieben Infanten, die eine Begleitung von zweihundert Reitern bei sich hatten, in die verabredete Gegend. Während der Reise gerieth Nuño Salido auf Verdacht, und suchte den Infanten von der weitern Fortsetzung derselben abzurathen, worüber er mit Velasqez zerfiel. Es wurde jedoch alles wieder beigelegt; und sie kamen vor die Stadt Almenar, wo er mit einigen Mohren weitre Abrede nahm, um sein Vorhaben auszuführen. Man verabredete einen Hinterhalt, und die sieben Infanten mit ihrem Hofmeister und ihren Begleitern fielen demselben in die Hände, so, daß das Gefecht unvermeidlich war. Der Mohren waren zehntausend; und so mußten jene, ihrer tapfern Gegenwehr ungeachtet, endlich weichen. Die zweihundert Reiter blieben alle auf dem Platz, und mit ihnen Fernando Gonzalez, einer von den sieben Infanten, und Nuño Salido, ihr Hofmeister. Die sechs übrigen Brüder wandten sich um Hülfe an ihren Oheim, Ruy Velasquez, ohne zu wissen, daß er Urheber dieser Verrätherei sey. Er entschuldigte sich; indeß giengen dreihundert Reuter freiwillig zu ihnen, und griffen die Mohren an. Sie wurden aber gleichfalls alle getödtet; und die sechs Infanten wurden endlich, nach tapferm Widerstande, von den Mohren gefangen genommen und getödtet. Ihre Köpfe und die vom Fernando und ihrem Hofmeister wurden dem Könige von Korduba zugesandt. Ruy Velasquez kehrte nun, nach einer so schändlichen That, nach Hause zurück. Der König wurde jedoch über diesen Anblick sehr gerührt, und zeigte die Köpfe dem Gonzalo Gustos, der jetzt sein ganzes Unglück lebhaft fühlte, und halbtodt zu Boden sank. Der Mohrenkönig empfand Mitleiden über das harte Schicksal dieses unglücklichen Vaters, setzte ihn in Freiheit, und gab ihm Geld zur Rückreise. Er verabredete alles mit seiner Gemahlin, die er zurück ließ, und erfuhr bald nach seiner Zurückkunft in Salas, daß diese von einem Sohn entbunden sey, den man Mundara Gonzalez nannte. — Die Leichname der sieben Infanten sollen von den Mohren ausgeliefert, und in das Kloster St. Petri zu Arlanza gebracht seyn, wo die Nonnen jetzt noch ihr Begräbniß zeigen, so wie das Grab ihrer beiden Eltern. Indeß zeigen auch die Mönche des Klosters von St. Milan de la Cogolla neun sehr alte steinerne Gräber, worin die sieben Infanten, ihr Vater, und ihr Hofmeister, liegen sollen. — — Mudara wurde an dem Hofe des Königs, seines Oheims, sehr sorgfältig erzogen, ward schon im zehnten Jahre Ritter, und erfuhr von seiner Mutter alles. Um seinen Vater, den Gonzalo Gustos, zu sehen, gieng er, mit einer ihm von dem Könige gegebenen Begleitung, nach Salas, und bald hernach bekannte er sich zum christlichen Glauben. Sein eifrigster Wunsch war die Rache seiner Brüder. Er erfuhr, daß Ruy Velasquez sich zu Burgos aufhielt, gieng dahin, und als jener bei Nacht die Stadt verließ, folgte er ihm, fiel ihn unterwegs an, und brachte ihn ums Leben. Nach dem Tode des Grafen Dom Garcia Fernandez rächte er sich auch an dessen Schwester, der Donna Lambra, und ließ sie, wie einige sagen, lebendig verbrennen, oder, wie andre berichten, steinigen, und hernach verbrennen. Donna Sancha, die schon viel Zärtlichkeit für ihn hegte, liebte ihn um dieser Rache willen desto mehr; sie nahm ihn zu ihrem Sohn an, und, zum Beweise davon, ließ sie ihn, anstatt, wie sonst gewöhnlich ist, ihm ein Hemde anzulegen, nur durch den sehr weiten Ermel desselben kriechen, so, daß der Kopf oben aus dem Ermel und aus dem Kragen des Hemdes hindurch gieng. Diese sonderbare Ceremonie gab zu einer Art von Sprüchwort oder Volksliede Gelegenheit, welches hieß: Entra por la manga, y sale por el cabeçon; d. i. Er ging durch den Ermel, und kam durch den Kragen heraus. Mudara ward nun der einzige Erbe von allem Vermögen des Hauses Lara. Von ihm stammen die Manriques de Lara in Spanien ab, wovon Malvada Manrique, die Gemahlin des Alfonso Henriquez des Ersten, Königs von Portugal, herstammte. —

Diese Geschichte wird, wie Felibien bemerkt, von einigen um das Jahr 967, von andern um 993 gesetzt; also freilich dreihundert Jahr früher, als sie unter den Kupfern des Tempesta angegeben wird. Almanzor war nicht König, sondern nur Vicekönig von Cordua; obgleich Mariana den Alhagib Mahomet, einen berühmten Kriegshelden, an seiner Stelle nennt.

Die Beschreibung der einzelnen Kupferblätter, auf welchen diese Geschichte vorgestellt wird, kann man beim Felibien, Th. III, S. 268 ff. nachlesen; wiewohl er nur die ersten ein und zwanzig umständlich, und die übrigen ganz summarisch beschreibt.

Otto Venius, oder Oktavius van Veen, war ein niederländischer Mahler, aus Leyden gebürtig, in der ersten Hälfte des vorigen Jahrhunderts, der sich in Italien gebildet hatte, und vornehmlich zu Brüssel arbeitete, wo er im J. 1634 starb. Er hatte viele Verdienste um die Einführung des bessern niederländischen Geschmacks, und war ein Lehrer des berühmten Rubens.

Antonio Tempesta war ein bekannter Mahler und Kupferstecher zu Florenz, geb. 1556, gest. 1630. Seine Erfindungen waren geistreich, fruchtbar und mannichfaltig; nur vermißt man in seinen Gemählden die Haltung und eine geschickte Beleuchtung. Seine Kupferblätter verdienen, als Studien betrachtet, immer noch Aufmerksamkeit. Der Abt Marolles sammelte sein ganzes Werk, mit dem, was andre Kupferstecher nach ihm gearbeitet haben, in 2062 Blättern. Die vorzüglichsten darunter sind Schlachten und Jagdstücke. Uebrigens ist mit diesem Künstler der trefliche niederländische Mahler, Peter Molyn der Jüngere nicht zu verwechseln, der von seiner Stärke in Gewitterscenen gleichfalls den Beinamen Tempesta erhielt, und von dem Füeßlin unter dem Artikel Mulier oder de Mulieribus nachzusehen ist.

Nach Felibien's Anführung findet man die Geschichte der sieben Infanten von Lara in des Garibay Compend. Hist. L. X. c. 14; und beim Mariana, L. VIII. c. 9.

---

Leibnitz. Von seinem Versuche, wodurch er erwiesen, daß es wirkliches Blut gewesen, was in den gläsernen Fläschchen enthalten war, die in den Grabstäten der alten Märtyrer mit beigesetzt wurden, möchte ich doch wohl näher unterrichtet seyn. Es ist davon nachzusehen Fabretti, Inscriptt. C. VIII. p. 555. — *Fabrettus* enim (schreibt Vettori de septem dormientibus, p. 35.) testimonio clarissimi viri *Godefridi de Leibnitz* (olim eterodoxi, qui physico experimento probaverat) verum ſanguinem in hiſce vaſculis reperiri demonſtrat. — Hierzu noch eine Note des Vettori: Eundem *Godefridum Boldettus Georgium* appellat (Oſſerv. ſopra i cimeteri de' SS. Martiri, L. I. c. 38. p. 186.) atque obiiſſe in gremio Sanctae Romanae Eccleſiae ſcribit citato loco. Dieß Letzte iſt eine Lüge. — In dem Regiſter, unter Leibnitz, ſetzt Vettori noch hinzu: De eodem experimento mentio eſt apud *Alexandrum Plowierium* in Apocriſi in Epiſtolam *Euſebii* Romani ad *Theophilum* Gallum de Cultu Sanctorum ignotorum; p. 33, §. 5. edit. Romae, 8. a. 1700.

Ueber Leibnitzens Religionsgeſinnungen hat man, wie bekannt, von jeher ſehr verſchieden, und oft ſehr ungünſtig, geurtheilt, und ihm beſonders, wegen mancher in ſeinen Schriften, vornehmlich in ſeinen Briefen, vorkommenden vortheilhaften Aeußerungen für die römiſchkatholiſche Religion, einen überwiegenden Hang zu derſelben Schuld gegeben. Daß er aber nie zu dieſer Kirche übergetreten ſey, iſt wohl ausgemacht genug, wenn es gleich ſehr begreiflich ist, daß eifrigen Katholiken jene Aeußerungen schon hinreichend genug waren, solch einen Uebertritt eines so großen und berühmten Mannes nicht nur zu wünschen, sondern wirklich anzunehmen. Die ganze Sache verdiente wohl eine gründliche und ausführliche Erörterung; und einen wichtigen Beitrag dazu würden dann die Briefe zwischen Leibnitz und dem Landgrafen Ernst von Hessen-Rheinfels geben, welche Hr. Dr. G. W. Böhmer im ersten und zweiten Bande seines Magazins für das Kirchenrecht (Gött. 1787 ff. gr. 8.) zuerst bekannt gemacht hat. Nur muß man dabei, wie auch Hr. Dr. B. erinnert, nie vergessen, daß diese Briefe in den Jahren 1683 und 84, also mehr als dreißig Jahre vor Leibnitzens Tode, sind geschrieben worden. — Um den oben angeführten Umstand mehr ins Licht zu setzen, habe ich die meisten angezogenen Schriften nicht gleich zur Hand.

---

Lemnius. Auf seine Flucht und auf sein Nichtstellen paßt, was Alcibiades antwortete, als ihn die Athenienser aus Sicilien zurückberlesen, um sich gegen seine Ankläger zu verantworten. S. *Aelian.* L. XIII. c. 38.

Riederer, im vierten Bande seiner Beiträge handelt auch vom Lemnius, und ist mit seinen Vertheidigern unzufrieden; welches ich nachlesen muß.

Aelian erzählt in der angeführten Stelle vom Alcibiades, er habe bei jener Gelegenheit gesagt: „Es wäre wohl sehr thöricht, wenn ein Beklagter fliehen könnte, und sich doch lieber dahin begeben wollte, wo er nicht würde entfliehen können." ἔυηθες τον ἐχοντα δικην ζητειν μη ἀποφυγειν, ἐνον φυγειν. — Lessing hat, wie bekannt, in den Briefen, die im dritten Bande seiner Vermischten Schriften stehen, Br. II—VIII, den Simon Lemnius und sein Benehmen gegen Luther'n mit vielem Scharfsinn vertheidigt.

Was Riederer in s. Nachrichten zur Kirchen- Gelehrten- und Büchergeschichte wider Lessing's Vertheidigung des Lemnius erinnert hat, findet man im vierten Bande derselben (Altdorf, 1768. 8.) S. 359 ff. Es ist doch wohl gewiß strenge und unbillig, wenn L. daselbst ein strenger und unbilliger Tadler Luther's genannt wird. Die „Vertheidigung des sel. Lutheri und der „Reformationsgeschichte wider den Verfasser „der Kleinigkeiten, herausgegeben von M. S. „B. H. r. i. z.; Frankf. und Leipz. 1756. 8." nennt Hr. R. eine gründliche Widerlegung. Gründlicher ist doch wohl auf jeden Fall das, was Hr. Münzdirektor Lessing in dem Vorberichte zu dem dritten Bande der Vermischten Schriften seines sel. Bruders, S. 9 ff. wider diese Vertheidigung erinnert hat. Was Hr. R. sonst noch bei dieser Gelegenheit sagt, ist wenig, und von wenigem Belang.

---

Locke. Gilbert hat einen Auszug aus Locke's Versuch über den menschlichen Verstand gemacht, welcher verschiednen Ausgaben desselben ist vorgesetzt worden; wenigstens hat ihn Poley seiner Uebersetzung vorgesetzt. Jetzt finde ich, daß Locke selbst einen kurzen räsonnirenden Auszug von seinem Werke gegeben hat, nämlich in der Young Student's Library, by the Athenian Society; Lond. 1691. fol. p. 162 ff. Der Auszug ist vortreflich;

und

und da er authentisch ist, so hätte Poley ihn lieber, als den von Gilbert, wählen sollen. Wenn er ihn gekannt hätte! Aber ich habe seiner nirgend erwähnt gefunden.

Der Auszug, den Locke aus seinem Versuche über den menschlichen Verstand machte, erschien eigentlich schon früher, als dieser Versuch selbst, der im J. 1690 zuerst herauskam, und früher französisch als englisch, nämlich in der *Bibliotheque Universelle* des Le Clerc, wozu Locke mehrere Beiträge lieferte. Im achten Bande derselben, vom J. 1688 findet man S. 49 ff. diesen Extrait d'un Livre Anglois qui n'eſt pas encore publié, intitulé ESSAI PHILOSOPHIQUE *concernant* L'ENTENDEMENT, où l'on montre quelle eſt l'étendüe de nos connoiſſances certaines, & la manière dont nous y parvenons. *Communiqué par Mr.* LOCKE. In der *Student's Library* ist dieser Aufsatz nur englisch abgedruckt worden, und er verdiente allerdings auch eine deutsche Uebersetzung in irgend einer philosophischen Zeitschrift. Locke ließ auch einige einzelne Abdrücke davon machen, die er, wie hernach das Werk selbst, dem Grafen von Pembroke zueignete. —

Niceron gedenkt noch eines andern Auszuges, den Dr. Wynne, nachheriger Bischof von St. Asaph, verfertigte, und den Bosset zu London, 1720, 12. ins Französische übersetzte. Diesen Auszug, mit einem reichhaltigen Kommentar begleitet, gab der P. Franc. Soave zu Mailand 1775 ff. in drei Bänden italiänisch heraus.

---

Lorenzetto. Ein verdienter Bildhauer, der aber nicht sehr bekannt ist. Er war ein Schüler Raphael's. „Sein Jonas, „in der Kapelle Chigi, sagt Winkelmann, „(Von Empf. d. Schönen, S. 12.) ist bekannt; ein vollkommeners Werk aber von ihm, „im Pantheon, eine stehende Madonna, noch „einmal so groß als die Natur, welche er nach „seines Meisters Tode machte, wird von Niemand bemerkt. Ein andrer verdienter Bildhauer ist noch weniger bekannt; er hieß Lorenzo Ottone."

Man sehe sein Leben beim Vasari, P. III. Vol. I. p. 139. — Und was mir ihn am merkwürdigsten macht, ist dieses, daß er, nach Vasari's Erzählung, der erste Restaurator alter verstümmelter Statuen gewesen ist. — Er war ein Florentiner von Geburt, und starb 1541 im 47sten Jahre seines Alters.

Lorenzetto hieß eigentlich Lorenzo Lotto; und man muß ihn beim Füeßlin unter diesem letztern Namen suchen, wo die Nachrichten des Vasari ausgezogen sind. — Seiner Statuen des Jonas und Elias, welche beide in der Kapelle Chigi, in der Kirche di Santa Maria del Popolo zu Rom stehen, gedenkt auch Richardson, Traité de la Peinture, T. III, p. 595, und bezieht sich dabei auf den Bellori, der in den Pitture del Vaticano, p. 64, sage, Raphael habe zu dem Jonas das Modell verfertigt, und die Statue selbst polirt. Auch beim Venuti, Descrizz. di Roma Moderna, T. I. p. 162, wird dieser beiden Statuen erwähnt; und eben daselbst, S. 138, findet man doch auch in der Beschreibung des Pantheon, oder der Kirche di S. Maria ad Martyres, die von W. für ganz unbemerkt gehaltene Madonna mit folgenden Worten angeführt: Nelle altre cappelle e altari si vedono diverse statue di buona maniera; fra le quali quella, che rappresenta la Santissima Vergine è di *Lorenzetto*, fatta d'ordine di *Raffaele* lasciato in iscritto. — Hr. v. Ramdohr, dessen Werk über Mahlerei und Bildhauerei in Rom, Th. III, S. 311, über die Statuen des Jonas und Elias nachzusehen ist, urtheilt von der Madonna im Pantheon, S. 305: daß der Kopf derselben von schlechter Wahl und ohne Ausdruck, das Christkind schlecht gezeichnet, und so hart ausgeführt sey, daß es aus Holz geschnitzt zu seyn scheine. Ueberhaupt sey das Nackende nicht mit genugsamer Zartheit behandelt. Besser sey das Gewand; immer aber noch bleibe es zu schwerfällig und unbestimmt in dem Faltenschlage, wenn man gleich die Nachahmung der Antiken darin spüre.

## M.

Macaronische Poesie. Der Urheber derselben war, wie bekannt, Trofilo Folengo, der seine Gedichte unter dem Namen *Merlinus Cocajus* herausgab. Ich besitze davon die Ausgabe: Venetiis, apud Bevilacquam, 1613, 12. Folengo starb 1544.

In Frankreich machte ihm diese Art von Versen ein gewisser Antoine Arena nach, von dem einiges 1537 zu Avignon mit gothischen Lettern ist gedruckt worden. Dieser Arena starb in eben dem Jahre, in welchem Folengo starb. Siehe von ihm die *Carpenteriana.* Eins von seinen Gedichten ist über das Tanzen.

Unter des Folengo Nachahmern in Italien ist auch Cäsar Ursinus, gebürtig von Ponzano im Genuesischen, der zu Anfange des siebzehnten Jahrhunderts lebte, und bei dem Kardinal Bevilacqua Sekretär war. Er gab unter dem Namen: *Magistri Stopini* Capriccia Macaronica heraus, deren Ausgabe, Ven. 1653, kl. 12. ich besitze. Diese sind, glaub' ich, viel seltener, als die Gedichte des Folengo, welche öfters, und auch in Deutschland, sind nachgedruckt worden. Erst lieset man acht hexametrische Gedichte, die *Macaronea* überschrieben sind. Das erste, de malitiis Putanarum; das zweite, de arte robbandi; das dritte, de laudibus ignorantiae; das vierte, de laudibus pazziae; das fünfte, de laudibus bosiae; das sechste, de laudibus ambitionis; das siebente, gattam Rosam a milite interfectam deplorat; das achte, contentio trium poëtarum: Nizzi, Bertoldi, et Driadis. — Hierauf folgt ein Buch Epigrammen, und ein Buch Elegien; endlich ein Anhang von Epigrammen, die zu dieser Ausgabe hinzugekommen sind.

Auch die Deutschen haben sich in der macaronischen Poesie versucht. Eins von dergleichen Gedichten ist die *Floïa*, welches zu Ende des 15ten und in der ersten Hälfte des 16ten Jahrhunderts sehr oft ist gedruckt worden. Die erste Ausgabe, die ich kenne, ist von 1593 in 4. und der vollständige Titel heißt: Floia, cortum versicale, de flois schwartibus, illis deiriculis, quae omnes fere Minschos, Nonnas, Weibras, Jungfras etc. behuppere, et spitzibus suis schnaflis steckere et bitere solent; autore *Gripholdo Knickknackio* ex Floilandia. Die Ausgabe von 1614 hat eine hübsche Vignette, wo sich eine ganze Famille, bis auf den Hund, flöhet. Der Anfang heißt:

Angla floosque canam, qui wassunt pulvere swarto
Ex watroque simul fleitenti et blaside dicko,
Multipedes deiri, qui possunt huppere longe,

Non aliter, quam si floglos natura dedisset.
Illis sunt equidem, sunt, inquam, corpora kleina,
Sed mille erregunt menschis martrasque plagasque *etc.*

Die maccaronische Poesie hat ihren Namen wohl ohne Zweifel von den *maccaroni*, dem bekannten Lieblingsessen der Italiäner, erhalten, weil auch hier verschiedenerlei Ingredienzien gleichsam in einen Teig verknetet sind. Ferrari (Origg. lingu. Ital. p. 189.) leitet dieß Wort entweder von *maccare*, zerreiben, oder von dem griechischen μαζα, massa, offa, her; und sagt unter andern davon: „esse rusticanae mensae cupedias, vel unus *Folengius* „docuerit, qui novum carminis genus eo titulo „nobilitavit."

Crescembeni handelt in seiner Istoria della volgar Poësia, T. I. p. 363 ff. umständlich von dieser, und mehrern ähnlichen Arten von Versen, woran die Italiäner vorzüglich reich sind. Er bemerkt zuvörderst, daß man schon sehr frühzeitig andre Sprachen in die italiänische Poesie gemischt habe, und daß dieß, wie er L. I. p. 14 zeigt, bei den Provenzalen nicht ungewöhnlich gewesen sey. Im funfzehnten Jahrhundert ward die Einmischung des Lateinischen so sehr gewöhnlich, daß selbst die Prosaisten im Italiänischen lateinisch, und im Lateinischen italiänisch schrieben. Im folgenden Jahrhundert gab nun, wie er sagt, diese Mischung zur Erfindung zweier sehr angenehmen neuen poetischen Gattungen Gelegenheit, nämlich zu der *Poesia Macheronica* (so schreibt C dieß Wort beständig) und *Pedantesca*, die man auch in der Folge beibehielt. Man machte davon in allen Dichtungsarten, nur nicht im Trauerspiele, Gebrauch; und selbst beim Dante, und andern alten Dichtern finden sich Spuren davon. Unter mehrern Beispielen führt er folgendes, an sich schöne, Sonett von dem ältern Lorenzo de' Medici, auf das Rad der Glücksgöttin an, woran vier Menschen geschmiedet sind:

Amico, mira ben questa figura,
*Et in arcano mentis reponatur,*
*Ut magnus inde fructus extrahatur,*
Considerando ben la sua natura.
Amico, questa è ruota di ventura,
*Quae in eodem statu non firmatur,*
*Sed casibus adversis variatur,*
E qual abbassa, e qual pone in altura.

Mira, che l'uno in cima è già montato,
*Et alter est expositus ruinae,*
E'l terzo è in fondo d'ogni ben privato.
*Quartus ascendit jam. Nec quisquam sine*
Ragion di quel, che oprando ha meritato,
*Secundum legis ordinem divinae.*

Der tollste Mischmasch dieser Art ist der von einem Ercole Bottrigaro, der sogar Hebräisch unter seine italiänischen Verse mengte. Ein andrer, Antonino Lenio Salentino, schrieb ein Gedicht in Ottava Rima, wo immer ein lateinischer Pentameter mit den gewöhnlichen eilfsylbigen italiänischen Versen abwechselt. Andre mischten die verschiednen Mundarten dieser letztern Sprache unter einander.

Von andrer Art ist die sogenannte Poësia *Pedantesca*, die übrigens der gewöhnlichen toskanischen völlig gleich ist, ausser in den häufig latinisirenden Wörtern. Bei den Dichtern des funfzehnten Jahrhunderts findet man öftere Proben davon, die doch mehr eine Frucht der Unwissenheit und einer gewagten Dreistigkeit sind; vornehmlich, sagt Crescembeni, ist ein gewisser Bettino Tricco in seiner *Letilogia* sehr reich daran, wovon er folgende, freilich sehr abgeschmackte, Verse zur Probe giebt:

Sythari el sano cum Asiriani,
Amazoni, Medorum ac Persarum,
Et tutti Atheniensi, et Micenarum,
Indiani, Longobardi et Egyptiani.
Macedoni, Corynthi, et Argivorum,
Lacedaemonii, Lydi cum Judey,
Laurenti et d'Israhel, et Glamorey,
Cretensi cum Albani, et Latinorum, *etc.*

Unter denen aber, die von dieser Poesie absichtlichen und komischen Gebrauch machten, rühmt er am meisten den Camillo Scrofa, von dem man auch ein Sonett dieser Art in eben dem ersten Bande des Crescemb. S. 73 zur Probe nachsehen kann.

Als eine Tochter dieser Mischung nun betrachtet er die maccaronische Poesie, in welcher man ganz nach lateinischer Art sich ausdrückt, nur daß die darin angebrachte Latinität wahres Küchenlatein, und so entstellt, oder vielmehr italisirt ist, daß man oft nicht weiß, ob ein Wort lateinisch oder italiänisch sey, weil es im Grunde keines von beiden, sondern Gemisch aus beiden ist. In dieser Manier ist allerdings der von L. erwähnte Don Trofilo de' Folenghi, ein Benediktinermönch, aus Mantua gebürtig, am berühmtesten, und wird als ihr eigentlicher Erfinder angesehen. Er. giebt S. 367 folgendes maccaronisches Epigramm von ihm:

*De Cingaris Facetia.*

Squassabat quondam pelagi fortuna Maranum,
Qui de salata carne pienus erat.
Frangitur arbor, aquas sorbet fundata carina,
Et plorans coeli quisque dimandat opem.
Cingar se misit tantum rosegare mezenos,
Ac si non esset tunc prigolandus aquis;
Scridatur quare mangiat, nec donat ajutum;
Respondet: quia sum sat bibiturus, edo.

Ueber diesen de' Folenghi oder Folengo kann man übrigens den Fontanini nachsehen, der in s. Biblioteca dell' Eloquenza Italiana. (ed. d'*Apostolo Zeno*, Venez. 1753, 2 Voll. 4.) T. I. p. 301 ff. umständlich von ihm handelt. Durch ein groſses geistliches Gedicht über die Menschheit Christi, in zehn Gesängen, suchte er die Possen seiner Jugend, die doch wohl mehr Werth, als dieses, haben, wieder gut zu machen. Auch hat man von ihm ein komisches Heldengedicht, L'Orlandino di *Limerno* (Merlino) *Pitocco*, in acht Gesängen. — Von seinen maccaronischen Gedichten haben Fontanini und Zeno ebendas. S. 304 ff. die Ausgaben ausführlich nachgewiesen. Die erste, obgleich noch nicht vollständige, ist von Aless. Paganino zu Venedig, 1517. 8. gedruckt. Vermehrter lieferte sie eben dieser Buchdrucker unter dem Titel: *Opus Merlini Cocaji poetae Mantuani Macaronicorum* — — Tusculani, ad lacum Benacensem, per Alex. Paganinum, 1521. 12. Nach seinem Landgute Tusculano am See Benaco, zum Gebiete von Brescia gehörig, hatte P. seine Druckerei von Venedig aus verlegt. — Zeno vermuthet übrigens, daß Folengo im J. 1493 geboren sey, und daß er also schon Mönch gewesen seyn müsse, als er diese Verse schrieb, obgleich er selbst in einem beigefügten Briefe dieß zu leugnen suchte.

Ueber den Ant. de Arena, der, nach einigen auch Sablon oder la Sable hieß, vergleiche man den Clement, Biblioth. Cur. T. II. p. 16 ff. wo zwei maccaronische Gedichte von ihm angeführt werden, wovon das über das Tanzen: Ad suos Compagnones Studiantes etc. zum öftern ist gedruckt worden. Clement giebt bei dieser Gelegenheit S. 17 in der Note eine Stelle aus einer höchst seltenen Schrift des Naudé, worin dieser eine Digression über die maccaronische Poesie der Franzosen macht, und noch verschiedne andre nennt, die sich darin versucht haben; nämlich in s. Jugement de tout ce qui a été imprimé contre le Cardinal *Mazarin* depuis le 6 Janv. jusqu'au 1 d'Avril, 1649. 4. edit. 2. p. 276 f.

Die *Capriccia Macaronica* des Cesare Ursini, der sich dabei den Namen *Magister Stopinus* gab, sind doch auch mehrmals gedruckt worden. Ich besitze davon eine Ausgabe, die zu Mailand, 1688. 12. herausgekommen ist. In dieser ist der Anhang von Epigrammen, nach den Elegieen, der sich in Lessing's früherer Ausgabe fand, nicht befindlich; vielleicht aber sind sie zu den übrigen Sinngedichten mit hinzu genommen, von denen ich hier ein kurzes Beispiel hersetze:

*Ad Marcum.*

Quid tantis vexas cervellum, Marce, fadighis?
Quid ſtratias mentem nocte dieque tuam?
Cernis ut ab unda leuiter bagnata vireſcit
Herba, ſed a nimia putrida marcet aqua.
Pectora continuae ſic ſpezzant noſtra fadighae,
Has moderare igitur, ſi tibi vita placet.

Von einer solchen seltsamen Mischung des Lateinischen in Deutsche Gedichte, wie die ist, wovon zuerst die Rede war, nämlich von der Einschaltung ganzer lateinischer Zeilen, finden sich schon sehr alte Beispiele. Auch erinnere man sich nur an einige alte Kirchenlieder, z. B. In dulci jubilo; Puer natus in Bethlehem, u. dergl. und an die Verse dieser Art von dem Jesuiten Jakob Balde, besonders an sein Gedicht de vanitate mundi. (Vergl. Flögel's Gesch. d. kom. Lit. Th. III. S. 422 ff.) — Auch kennt man ein scherzhaftes Trinklied dieser Art von Hagedorn:

Der Weintrunk erhält,
Das lehrten die Welt
Druiden und Barden und Magi;
Sie hatten auch Recht,
Das findet, wer zecht,
Recubans sub tegmine fagi.

Er hat es zwar in die Sammlung seiner poetischen Werke nicht aufgenommen; es steht aber in der mit Musik (von Görner) zu Hamburg herausgekommenen Sammlung seiner Oden und Lieder, und ist eigentlich aus dem Englischen des Francis Beaumont nachgeahmt, (S. A Select Collection of English Songs;

Lond. 1783. 3 Vols. 8. Vol. II. p. 28.) wo es noch länger ist, und wo die obige Strophe so heißt:

This is the wine
Which in former time
Each wise one of the Magi
Was wont to carouse
In a frolicsome blouse,
*Recubans sub tegmine fagi.*

Hievon ist nun freilich die eigentliche maccaronische, alles latinisirende, Poesie verschieden, in der es uns auch nicht an öftern Versuchen fehlt. Crescembeni selbst bemerkt in den am Schluß des fünften Bandes S. 335 ff. befindlichen Zusätzen, daß man um das vierzehnte Jahrhundert auch in Deutschland eine solche Mischung gewagt habe, und beruft sich dabei auf *Jac. Burkhardi* de linguae latinae in Germania fatis Commentarios (*priores*), Hanov. 1713. 8. p. 96. wo aber, in den zwei dort befindlichen Grabschriften, doch auch nur deutsche und lateinische Verse mit einander wechseln. Er glaubt sogar, die Deutschen hätten diese Manier zunächst von den Provenzalen, und die Italiäner von den Deutschen angenommen. —

Das von L. angeführte Gedicht, *Floïa*, ist aber allerdings völlig maccaronisch. Man findet es auch in der 1644. 12. herausgekommenen Sammlung: Nugae Venales, s. Thesaurus Ridendi et Jocandi, p. 129 ff. obgleich dieser Abdruck, der in Holland gemacht zu seyn scheint, in den aus dem Plattdeutschen latinisirten Wörtern sehr fehlerhaft ist.

Man vermuthet leicht, daß auch die Holländer diese Art von poetischen Schnurren nicht unversucht gelassen haben. So steht z. B. in der der eben gedachten Sammlung beigefügten *Pugna Porcorum*, S. 49, ein solches Mischgedicht, betitelt: Studiosi Characterismus Belgico-Latinus.

Uebrigens hoffe ich nicht, daß man das Horazische: Turpe est, difficiles habere nugas, welches von dieser ganzen Gattung poetischer Possen gelten mag, auch auf die Länge dieser Anmerkung anwenden werde. Wenn es, wie Voltäre sehr wahr sagte, keine verächtliche Dichtungsart giebt, als die langweilige, so verdiente auch diese immer einige, wenigstens historische, Aufmerksamkeit; um so mehr, da ihre Geschichte unter uns, so viel ich weiß, noch nicht erörtert, und die maccaronische Poesie selbst von dem sel. Flögel in seiner Geschichte der komischen Literatur, Th. 1. S. 84, nur ganz kurz berührt ist.

---

Maczinzki. Lateinisch: *Joannes Maccinius;* ein polnischer Edelmann. Er studirte in Deutschland, und hielt sich hernach meistentheils in Königsberg auf. Hier gab er im J. 1564 sein Lateinisch-Polnisches Lexikon heraus, welches er dem Könige Sigismund August zugeeignet hat, und seine erste Arbeit nennt, und die Frucht seines Fleißes in Deutschland. Durch dieses Werk hat er sich um seine Muttersprache nicht wenig verdient gemacht; und es ist zu bedauern, daß der zweite Theil, welcher ein Polnisch-Lateinisches Wörterbuch hat enthalten sollen, nicht zu Stande gekommen ist. Er verspricht denselben in der gedachten Zueignungsschrift. Seine Absicht dabei war, zu zeigen, daß die slavonische Sprache keiner andern an Reichthum weiche. Er wollte grammatische Anmerkungen mit unterstreuen, und die Analogie der polnischen Sprache mit der hebräischen, griechischen und lateinischen beibringen. Mit der hebräischen z. E. hat sie die Geschlechter der Zeitwörter gemein; mit der griechischen den Dualis.

Im Jöcher ist dieser polnische Gelehrte unter dem Namen Macinius zu suchen; und es wird daselbst aus *Staravolscii* Scriptor. Polonor. Centuria von ihm angemerkt, daß er in Italien, Spanien, Frankreich und England gereist, und hernach beständig an des Königes Stephanus Bathorus Hofe geblieben sey, von dem er auch eine Pension erhalten habe.

---

Paolo Alessandro Maffei. In seiner bekannten Raccolta di Statue Antiche e Moderne etc. Roma, 1704, gr. fol. welche 163 Statuen auf eben so viel Kupfertafeln enthält, sagt er vom Laokoon, daß die Künstler desselben in der 88sten Olympiade gelebt haben; welches Vorgeben Winkelmann schon sehr zweifelhaft gemacht hat, und ich völlig widerlegt habe. — — Beim vatikanischen Apoll braucht die Schlange, welche an den

Sturz, auf den sich Apoll mit der Hand stemmt, sich heranwindet, der Drache Python nicht zu seyn, für den sie auch wohl nicht schrecklich genug aussähe. Die Schlange war überhaupt ein Symbol, welches die Alten dem Apoll, und mehrern Gottheiten, beifügten. Bei dem Köcher, welcher ihm über die linke Schulter auf dem Rücken hängt, merkt Maffei an, daß Jul. Cäs. Skaliger (ich vermuthe über *Macrob.* L. I. Saturnal. c. 17.) angemerkt habe, es sey ihm und der Diana allein erlaubt, ihn so zu tragen, und sonst keinem andern, weder von den Gottheiten noch Nymphen, die ihn immer an die Seite gegürtet hätten. Ist das wahr? und woher hat es Skaliger bewiesen?

Ueber die in des Maffei und Rossi bekannter Raccolta, gleich auf der ersten Tafel befindliche Abbildung der Gruppe vom Laokoon, erinnert Hr. Hofr. Heyne in s. zweiten Samml. Antiquar. Auff. S. 2, daß die Figur umgekehrt gestochen sey, daß Laokoon einen Lorbeerkranz habe, und daß der Biß der Schlange vom Vater verrückt sey. Eben daselbst wird

S. 31 die Meinung des Maffei in Ansehung der Zeit, wann diese Gruppe verfertigt worden, berührt, und gesagt, daß M. ein so unkritischer Antiquar sey, daß er keine Stimme haben könne. Ueber diese Zeitbestimmung überhaupt, und Lessing's Meinung davon, ist die ganze dortige Untersuchung unstreitig das Gründlichste, was wir bisher haben. — — Das Bild der Schlange bei der Statue des vatikanischen Apolls war wohl eher Symbol der Gesundheit und der Arzneikunde, deren Erfindung diesem Gotte beigelegt wurde. — Die Stelle, wo Skaliger von der Art redet, wie Apoll und Diana den Köcher trugen, kann ich nicht sogleich nachweisen; über den Makrobius hat er, wie bekannt, nicht besonders kommentirt; und in der Zeunischen Ausgabe dieses Schriftstellers, welche auch die Noten des Pontan, Gronov und Meursius enthält, finde ich bei dem angeführten, ganz den Apoll betreffenden, Kapitel nichts hieher gehöriges. — Wider Skaliger's Behauptung ließe sich doch wohl die Stelle beim Ovid (Metam. II. 419,) anführen, wo von der Kallisto, einer Nymphe der Diana, gesagt wird:

Exuit hic *humero* pharetram — —

und die beim Virgil (Aen. XI, 843 f.), wo es von der Amazone Kamilla heißt:

Nec tibi desertae in dumis coluisse Dianam
Profuit, aut nostras *humero* gessisse pharetras.

---

Magnet. Der äußerliche Gebrauch des Magnets gegen innerliche Krankheiten ist keine neue Erfindung. Athanas. Kircher sagt schon in seinem Werke de Arte Magnetica, L. III. P. VII. (in welchem ganzen Theile er den Ἰατρομαγνητισμον abhandelt, worunter er aber doch mehr die magnetischen Kräfte der Arzneien, als die Arzneikräfte des Magnets versteht,) Cap. I. p. 534: „Ex collo gestatus Magnes spasmum sanare, ac nervorum dolores compescere, manuque detentus partum accelerare perhibetur." — Der austrocknenden Kraft, welche er mit dem Eisen gemein hat, nicht zu gedenken; denn diese äußert er entweder äußerlich gegen äußerliche Uebel, oder innerlich, pulverisirt genommen, gegen innerliche.

Es ist aber Theophrastus Paracelsus der eigentliche erste Erfinder dieser Kur, durch welche jetzt (1769) Mesmer in Wien so viel Aufsehen macht. Er handelt von den Kräften des Magnets, in der Sammlung s. Werke durch *Johannem Huserum*, (Straßb. 1616 fol.) T. I. p. 1019; woraus folgende Stellen sind.

Von den Aerzten, welche diese weitre Kraft des Magnets nicht einsahen, ob sie gleich seine Anziehungskraft vor Augen hatten, sagt er: „Sie haben alle weitere Erfahrung verlassen, und sich beholfen an ihrem Küchengeschwätz, das nicht einmal mit Ehren zu verantworten ist.“ — Ferner: „Ob ich gleichwohl alle Tugendt setz von den Magneten, welche die Alten all beschrieben haben, so hab ich doch nichts geschrieben. Sondern will ich vom Magneten schreiben, ist vonnöthen, daß ich mit der Addition und Correktion vortrete, und sie mir alle hinken langsam hernach.“ — Er trotzt dabei auf seine Erfahrung, und behauptet, daß, so wie der Magnet in das Eisen wirke, er auch eben so alle martialische Krankheiten an sich ziehe, auch gegen die fallende Sucht und alle krampfhafte Zufälle heilsam sey. Zu den martialischen Krankheiten zählt er alle Flüsse der Frauen, alle Flüsse des Stuhlgangs, eine jede Krankheit, die sich von ihrem Mittelpunkt im Zirkel dilatirt, u. s. f. Er räth, den Magnet auf das Centrum zu legen, von dem die Krankheit ausgeht; u. s. f.

Hätte der sel. Lessing das weit grössere Aufsehen noch erlebt, welches der thierische Magnetismus in den letzten Jahren gemacht hat: so würde er vielleicht die Untersuchung über die ehemaligen Meinungen von der medicinischen Kraft des Magneten, die man auch seitdem verschiedentlich angestellt hat, noch weiter verfolgt haben.

---

Joh. Dan. Major. Die Schriften dieses Mannes, welcher als Professor der Medicin in Kiel 1693 starb, verdienen zum Theil, wegen ihres sonderbaren Inhalts, alle Aufmerksamkeit. Seine Seefahrt nach der Neuen Welt habe ich selbst; aber seinen Genius Errans, s. de Abusu in scientiis, Kiliae,

1678. 8. muß ich zu bekommen suchen. Die Rezension im Journal des Savans des Jahrs 1679 macht mich darauf begierig.

Die weitläuftigste Nachricht von ihm und seinen Schriften findet man in *Molleri* Cimbria Litterata, T. II. p. 504 ff. Er starb aber nicht zu Kiel, sondern zu Stockholm, wohin er entweder von selbst gereiset, oder wegen der Krankheit der Königin Ulrike Eleonore, die kurz vor ihm starb, war gerufen worden. Er ist auch wegen verschiedner medicinischer, physischer und chirurgischer Erfindungen merkwürdig, von welchen Moller gleichfalls die vornehmsten anführt. Seiner Schriften ist eine zahlreiche Menge. Die Seefahrt nach der Neuen Welt, ohne Schiff und Segel, mit einer lateinischen Zugabe, de Imaginibus Rerum intra oculum inversis, kam zuerst zu Kiel, 1670, 4. ohne seinen Namen, und hernach mit demselben, ebendas. 1683, 12. heraus. Er läßt darin den Dädalus in eine bisher unbekannte Welt reisen, und einen Pallast mit mehr als hundert Zimmern antreffen, welcher ein Bild der Gelehrsamkeit, und so vieler, vorzüglich medicinischer und mathematischer, Wissenschaften seyn soll. —

Sein *Genius Errans*, f. de Ingeniorum in Scientiis Abusu Diss. kam zu Kiel 1677, 4. heraus; mit der angehängten Abhandlung des Menzini, de litteratorum hominum invidia. Jene Abhandlung enthält sehr richtige Ideen über die Nothwendigkeit einer vorläufigen Kenntniß von der Natur, dem Inhalte, und der Geschichte aller Wissenschaften, die der Verfasser in dieser Absicht alle durchgeht, wobei er denn gelegentlich viel Sonderbares und Merkwürdiges anbringt, was vornehmlich zur Geschichte der Kunsterfindungen und chymischer Versuche gehört.

---

Geo. Malvasia. Verfasser der Lebensbeschreibungen bolognesischer Mahler. Winkelmann's Urtheile nach, war er ein Mann ganz ohne alle Empfindung des Schönen. (Von der Fähigk. der Empf. des Sch. in der Kunst, S. 5.) — Er nennt den Raphael einen urbinatischen Hafner, nach der pöbelhaften Sage, daß dieser Gott der Künstler Gefäße gemahlt habe, welche die Unwissenheit jenseits der Alpen als eine Seltenheit aufzeigt; und sagt, daß die Caracci sich durch die Nachahmung des Raphael verdorben hätten.

Zufolge der Nachricht, die ich in *Orlandi* Notizie degli Scrittori Bolognesi (Bologna, 1714. 4.) p. 80, finde, ist der Graf Carlo Cesare Malvasia, der Philosophie, der Rechte und der Theologie Doktor, u. s. f. in einem Alter von 77 Jahren im J. 1693 gestorben. In der Musik, Baukunst, Mahlerei, Sternkunde und Poesie besaß er vorzügliche Geschicklichkeit. Seine Schriften findet man dort umständlich angeführt. Am bekanntesten von ihm sind die oben gedachten Lebensbeschreibungen bolognesischer Mahler, unter dem Titel: Felsina Pittrice, Vite e Ritratti di Pittori Bolognesi, Libri IV in due Tomi; Bologna, 1678. 4. Er widmete sie Ludwig *XIV*, der ihm dafür sein mit Brillanten besetztes Bildniß schenkte. Winkelmann nennt ihn am angef. Orte einen Schwätzer. Wider sein hartes und unbilliges Urtheil über Raphael gab Don Vincenzio Vittoria Osservazioni — — per difesa di Rafaele da Urbino, dei Caracci, e della loro Scuola, zu Rom 1679, 4. heraus; wogegen Lettere familiari in difesa del Conte *Carlo Cesare*

*Malvasia* circa la Felsina Pittrice, zu Bologna 1705. 8. von Giov. Pietro Zanotti erschienen. — Uebrigens weiß man, daß die bemahlten irdnen Gefäße und Geschirre, die von manchen dem Raphael beigelegt werden, und deren in dem Herzogl. Kunst- und Naturalienkabinete zu Braunschweig ein sehr ansehnlicher Vorrath ist, gewiß nicht von Raphael's Hand, sondern nur aus seiner Schule, schwerlich aber von seinen besten und berühmtesten Schülern, sind.

---

Mahlerei. Die Schriftsteller von dieser Kunst unter den Alten sind sämtlich verloren gegangen; unter den Neuern ist Leo Baptista de Albertis (s. oben) als der erste anzusehen. Nur zwei oder drei von ihnen haben sich um die Kunst verdient gemacht. Unter diese aber gehört weder Pietro da Cortona, noch Poussin. S. Winkelmann v. Nachahmung der Griech. Werke, S. 70.

Eben daselbst gedenkt Winkelmann, S. 120, der Idée de la Peinture par *Chambray*; au Mont, 1662. 4. und sagt, daß es eine seltne Schrift sey. — Ist dieß nicht vielleicht der Abbé *de la Chambre*, Curé de St. Barthelemy, welcher das Leben des Ritters Bernini herausgeben wollen, wovon er auch schon im Voraus 1684 die Vorrede drucken ließ, unter dem Titel: Préface pour servir à l'Histoire de la Vie & des Ouvrages du Chevalier *Bernini?* Diese Vorrede, sagt Monville, in seinem Leben Mignard's (Pref. p. XLVI.), ist gegenwärtig äußerst selten. Bayle, setzt er hinzu, gab einen Auszug davon, und lobte sie in den Nouvelles de la Republ. de Lettres, *Sept.* 1685. Aber die Geschichte selbst ist nicht herausgekommen. *a*)

---

Unter diesem Artikel will ich mir auch alle die Nachweisungen, die Mahlerei betreffend, sammeln, welche ich hie und da finde, und aus Unkenntniß oder Mangel der Bücher nicht habe nachsehen können; z. E. aus M. Joh. Friedr. Jüngers Disp. de Inanibus Picturis; hab. Lipſ. 1679. 4.

*Joseph Scaliger*, Epist. L. III. ep. 133; ubi de singularibus picturis Christianorum quaedam habet.

*Camerarius* ad Tusculan. p. 21, ubi de imperfectione artis pingendi ante *Dureri* et *Lucae* tempora agit.

De *Durero* v. *Opmeer*, Chronogr. p. 755; et de aliis praestantibus pictoribus in Hollandia, ibid. p. 706. (Dieß ist des Petr. Opmeer, eines Holländers aus dem vorigen Jahrhunderte, Opus Chronographicum Orbis Universi.)

De *Dureri* artificiosissima pictura v. *Joseph. Rosaccerum* in Prospectu Mundi, p. 9.

*Vossius* de Progressu Idololatriae, L. III. c. 46. — *Idem* de ἐγκαυςικῃ, L. IV. de Idololatr. c. 91.

Aus eben dieser Dissertation lerne ich auch des Jesuiten *Joh. Molani* Libb. II. de picturis et imaginibus sacris, und des Jesuiten *Masenii* Speculum Imaginum kennen, die ich beide wohl bei Gelegenheit einmal durchblättern muß. [b])

---

Von dem thebanischen Gesetze für die Mahler, ἐις τὸ κρεῖττον μιμεισθαι, habe ich meine Meinung im Laokoon gesagt.

Riedel hat Einwürfe dagegen gemacht, wider welche mich ein Ungenannter (ich glaube, Hr. Prof. Morus,) in dem letzten Stücke der Neuen Bibliothek d. sch. W. vertheidigt hat, wo Riedel's Theorie rezensirt wird. — In der vorhin angeführten Dissertation von Jünger wird dieses Gesetzes auch gedacht, und Jünger macht den Zusatz: qualis etiam lex apud Aegyptios viguit; vid. *Muret.* ad Nicomach. p. 249. Dieß wäre nachzusehen.

Mit diesem thebanischen Gesetze ist auch eine Stelle beim Cicero (de Oratore, L. II.) zu vergleichen: Valde autem ridentur etiam imagines, quae fere in deformitatem aut in aliquod vitium corporis ducuntur, cum ſimilitudine turpioris.

Ich finde, daß Vettori (de ſeptem Dormient. p. 22,) das thebanische Gesetz eben so, wie ich, verstanden hat, wo er diese Stelle des Cicero anführt, und hinzu setzt: de hoc abuſu alibi loquuti ſumus, lege Thebanorum mulcta pecuniaria coërcito. — Sed aliud eſt, ingenioſe abuti arte pictoria, aliud praeclare pingendo ex imperitia deficere. c)

---

Von der Mahlerei auf Leinewand schreibt Winkelmann in der Gesch. d. Kunst, S. 395: „Es ist besonders, daß unter dem „Nero zuerst auf Leinewand ist gemahlt wor„den, bei Gelegenheit seiner Figur von hun„dert und zwanzig Fuß hoch.“ Er beruft sich dabei auf den Plinius; und ich weiß, daß Harduin und mehrere den Plinius nicht anders verstanden haben. Die Stelle ist diese: Et nostrae aetatis insaniam ex pictura non omittam. Nero Princeps jusserat Colossum se pingi CXX pedum in linteo; incognitum ad hoc tempus. Mir scheint es, daß Harduin und Winkelmann die ersten Worte dieser Periode nicht recht verstanden haben. Die Raserei, deren man sich in der Mahlerei zur Zeit des Plinius schuldig machte, war eben das, was er eine sonst unerhörte Sache nennt. Diese aber bestand nicht in der Materie, sondern in der Größe der Fläche, auf welcher gemahlt wurde. Nicht die Leinewand, sondern das Kolossalische, machte das Neue, machte die Raserei aus, auf welche der kleine gigantische Stolz des Nero fiel. *d*).

Gemahlte Kleider, gemahlte Vorhänge, von allerlei Arten des Stofs, waren in den allerältesten Zeiten bekannt. Man glaube nicht, daß ich mich durch die Zweideutigkeit des Worts pingere verführen lasse, durch welches die Lateiner auch die Kunst, Bilder in den Zeug zu sticken, zu wirken, andeuteten. Die Aegypter verfertigten gemahlte Kleider im eigentlichen Verstande; und obschon die Kunst, wie sie dieselben verfertigten, mehr Färberei als Mahlerei war, so mußte doch die Mahlerei dazu Gelegenheit gegeben haben. Sie müssen Anfangs ihre Zeuge wirklich mit dem Pinsel gemahlt haben, ehe sie auf den kürzern Weg, die Gemählde darauf auf Einmal hervorzubringen, kommen konnten.

Von einer solchen Art zu färben ist vielleicht die Stelle beim Petron zu verstehen, gleich zu Anfange seines Fragments in der Deklamation des Enkolpius: Pictura quoque non alium exitum fecit, postquam Aegyptio-

rum

rum audacia tam magnae artis compendiariam invenit. Wenigstens hat sie Don Fonseca y Figueroa in seinem Buche *de Pictura Veteri* (aus der Stelle des Plinius, L. XXXV. c. XI: Pingunt et vestes in Aegypto inter pauca mirabili genere;) so erklärt, wovon Anton Gonsalez de Salas in seinem Kommentar über den Petron, S. 15, die Stelle anführt. — Ist das Werk des Fonseca y Figueroa jemals gedruckt worden? a)

a) Fréard du Chambray, der Verfasser der Idée de la Peinture, von welcher Evelyn zu London, 1668, 12. eine englische Uebersetzung lieferte, ist ganz verschieden von dem Abbé Marin de la Chambre, dessen Mignard gedenkt, und der auch Caractères des Passions herausgab. Der erstere ist auch unter dem Namen Chantelou bekannt. Der letztere war ein vertrauter Freund des Ritters Bernini, der ihn auf seiner Rückreise von Paris nach Italien begleitete, und sich ein Jahr lang bei ihm in Rom aufhielt, auch hernach noch bis an Bernini's Tod mit ihm in Briefwechsel stand. Bei der Vorrede, die den ganzen Plan des Werks enthält, findet sich auch ein kurzes Eloge Historique du Cav. *Bernini*, dessen Leben hernach von Baldinucci, und noch genauer von des Ritters Sohne, Domenico Bernini, beschrieben wurde.

*b*) Vom Joh. Molanus, oder eigentlich Ver-Meulen, der zu Ryssel 1533 geboren wurde und Prof. der Theologie zu Löwen war, wo er 1585 starb, s. *Valer. Andr. Desselii* Bibliotheca Belgica, p. 539 f. Seine zwei Bücher de Picturis et Imaginibus Sacris kamen zu Löwen, 1570 und 1594, 8. heraus. — Der Jesuit Jak. Masenius wurde zu Dalen im Jülichischen 1606 geboren, und starb gegen das Ende des vorigen Jahrhunderts. Die oben von ihm erwähnte Schrift heißt: Speculum Imaginum veritatis occultae per Symbola et Emblemata, und ist zu Köln, 1666 und 1681, gedruckt.

*c*) Lessing berief sich im Laokoon, S. 12, auf das bekannte Gesetz der Thebaner, welches dem Künstler die Nachahmung ins Schönere befahl, und die Nachahmung ins Häßlichere bei Strafe verbot. Riedel erinnerte dawider, in s. Theorie d. sch. W. S. 135, daß dieß der Sinn jenes Gesetzes nicht gewesen sey, sondern daß dadurch bloß den Bildnißmahlern die Abweichung von der Aehnlichkeit ihrer Originale untersagt werde; und daß in der Stelle beim Aelian (Var. Hist. IV. 4.) das εις το χειρον nicht von dem Häßlichen, sondern bloß von der Ueberschreitung dieses Gesetzes, vom Andershandeln, zu verstehen sey. In der N. Biblioth. d. sch. W. B. *VII*, S. 47, wird hingegen die Lessingische Deutung dieses Gesetzes, und der Worte Aelian's gerechtfertigt, weil das εις το χειρον offenbar dem εις το κρειττον entgegengesetzt sey. Und freilich findet sich von dem sehr flachen Sinne, den Riedel dieser Stelle gab, keine Spur, so bald man die ganze Verbindung der Worte genauer ansieht. Scheffer bemerkt bei dieser Stelle, daß Vossius (de Graphice, §. 17.) sie von der Anständigkeit oder Unanständigkeit des Inhalts verstehe; er selbst aber nimmt sie von der Kunst, und deren größern oder geringern Vollkommenheit. Kühn glaubt, es liege beides darin; und führt zur Erläuterung die Stelle des jüngern Plinius an: (L. V. ep. X.) Ut pictores pulchram absolutamque faciem raro, *nisi in pejus*, effingunt, ita ego ab hoc archetypo labor et decido. Dieß *in pejus* kommt mit dem εις το χειρον völlig übereìn; und in eben dem Sinne braucht es Horaz, L. II. Ep. 1. v. 263:

— — ac neque ficto
*In pejus* vultu proponi cereus usquam,
Nec prave factis decorari versibus opto.

Beide Stellen kommen auch der Lessingischen Erklärung sehr zu Statten.

*d*) Die Erklärung, welche L. von der Stelle beim Plinius giebt, scheint mir die natürlichste und wahrscheinlichste zu seyn; denn daß die Mahlerei auf Leinewand lange vorher bekannt und üblich gewesen sey, leidet wohl keinen Zweifel. Dr. Ernesti nahm in s. Archäologie die Worte: incognitum ad hoc tempus, nur bloß von den Römern; und so auch Hr. Rambach in s. Gesch. d. Mahlerei unter den Griechen, (S. s. Versuch e. Lit. Hist. S. 86.) der eine ähnliche Stelle des Plinius anführt, wobei man gleichfalls nicht an die erste Erfindung, sondern nur an die erste Einführung unter den Römern denken müsse: (L. XXXV. c. 1.) Coepimus et lapidem pingere; hoc Claudii principatu inventum. Indeß ist hier nicht sowohl von der Färbung der Steine überhaupt, sondern von der Nachahmung der natürlichen Farben des Marmors durch die Kunst die Rede, worauf man vielleicht ehedem noch nicht verfallen war.

e) Sollten nicht die Worte Petron's von der hieroglyphischen Schrift der Aegypter, die anfänglich noch bloß Mahlerei, nachher aber Abkürzung derselben war, und zuletzt in Buchstabenschrift überging, zu verstehen seyn? Petron scheint mir nichts anders sagen zu wollen, als: die Mahlerei, die anfänglich das einzige Mittel war, Gegenstände dem Auge sinnlich und erinnerlich zu machen, habe sehr durch Einführung der Schriftzüge verloren, die ursprünglich nichts, als abgekürzte Mahlerei waren. Gonsalo de Salas meint hingegen, es sey von einer leichtern Art, die Mahlerei zu lehren, die Rede. Diese hätte aber doch wohl eher zur Aufnahme und Verbreitung, als zur Abnahme dieser Kunst beigetragen! —— Die Schrift des Fonseca y Figueroa de Pictura veteri, die de Gonsalas, als schon zum Druck vollendet, anführt, muß doch wohl herausgekommen seyn, weil Jöcher sie unter seinen Schriften aus des Antonio Spanischer Bibliothek mit anführt; auch steht sie in des Hrn. v. Murr Biblioth. de Peint. p. 155, ohne daß jedoch Zeit und Ort des Drucks nachgewiesen würden.

Jac. Manilli. Er hat eine Beschreibung der Villa Borghese zu Rom 1650. 8. herausgegeben, wovon Sigb. Haverkamp eine lateinische Uebersetzung verfertigte, die P. Burmann dem vierten Theile des achten Bandes des *Thesauri Italiae* einverleibt hat. — So sorgfältig Manilli in dieser Beschreibung gewesen ist, so hat er doch drei sehr merkwürdige Antiken, die sich in dieser Sammlung befinden, nicht mit angeführt. S. Winkelmann, Gesch. d. K. Vorr. S. XIV.

Manilli war Bettmeister, oder Garderobeinspektor auf dieser Villa, wie er in der Zuschrift an Joh. Bapt. Borghese selbst sagt.

Die Beschreibung selbst ist ziemlich kurz und trocken; die alten und neuen Kunstwerke werden selten mehr als namhaft gemacht. Doch hat er die vornehmsten alten Inschriften mitgetheilt, worunter sich einige befinden, die beim Gruter nicht vorkommen. Dagegen aber führt auch M. andre verstümmelt an, die man dort vollständiger antrift, wie Haverkamp dieses bei seiner Uebersetzung fleißig angemerkt hat.

Mannichmal scheint dieser jedoch im Uebersetzen zweifelhaft gewesen zu seyn, in welchem Falle er die italiänischen Worte mit beifügt; manchmal behält er auch diese letztern bei, ohne sie zu übersetzen. Z. E. S. 8. „Hortus secretus, qui *de' Melangoli* dicitur." In der Anmerkung setzt er zwar hinzu: Ita, credo, adpellantur mala Medica et Citrea; allein nicht ganz richtig; denn mala Medica oder Citrea heissen Citronen; *Melangoli* aber Aurantia, Pomeranzen. Noch mehr irrt er sich S. 12 mit dem Worte *rabbesco*, welches er durch picturam hieroglyphicam übersetzt. Es ist so viel als *arabesco*, groteskes, arabeskes Laubwerk, in dergleichen dort beim Manilli Gryphe geflochten waren. Es müßte denn seyn, daß H. hier des Pignorius Meinung im Sinne gehabt hätte, welcher die Arabesken von der alten ägyptischen Mahlerei herleitet. — Auch giebt er mehr als Einmal das Italiänische *risalto*, ein vorspringender Theil an einem Gebäude, durch excessus, da man es doch gewöhnlich, obgleich nicht im bessern Latein, protractio nennt. — Was S. 60, granitus *dell'*

*Elba* für eine Art des Granits sey, weiß ich eben so wenig, als Haverkamp.

S. auch oben unter B. Villa Borghese.

Das italiänische Original dieser Beschreibung hat den Titel: Villa Borghese, fuori di Porta Pinciana, descritta da *Jacomo Manilli* Romano, Guardarobba di detta Villa. In Roma, 1650. 8. pp. 175. — Manilli bestimmte diese Beschreibung, wie er in der Zueignungsschrift sagt, zum Gebrauch der Fremden, und zugleich zur Aufbewahrung des Andenkens der vielen Merkwürdigkeiten der Kunst, an welchen diese Villa so reich ist. Gegenwärtig möchte sie aber freilich nicht mehr den Fremden zur Anleitung dienen können, da Herr v. Ramdohr, der in seinem mehrmals angeführten schätzbaren Werke, B. 1. S. 311 ff. eine geschmackvolle Beschreibung dieser Villa giebt, selbst von der Volkmannischen, im zweiten Bande der Nachrichten von Italien, S. 861 ff. erinnert, daß sie durch die neuern Einrichtungen beinahe unbrauchbar geworden sey.

Die drei Antiken, welche Winkelmann in diesem Buche vermißt, sind: die Ankunft der Penthesilea beim Priamus; die abbittende Hebe;

und ein schöner Altar, an dem Jupiter auf einem Centaur reitet.

Die zuletzt berührte Stelle steht im Original S. 162: Sopra due finestre, che stan da i lati della porta, son poste sù piedestalli quadri di pietra, due Guglie piccole *di granito dell' Elba.* Wahrscheinlich von der Insel Elba.

---

Marbodus. Bischof zu Rennes in Bretagne, in der ersten Hälfte des zwölften Jahrhunderts. Seine Werke hat Beaugendre mit den Werken seines Zeitgenossen, des Erzbischofs von Tours, Hildebertus, zu Paris 1708 in Folio herausgegeben. Er erhält eine Stelle in meiner Litteratur bloß wegen seines *Liber Lapidum*, eines Gedichts in lateinischen Hexametern, worin er sechzig Edelsteine nach ihren Eigenschaften und Kräften beschreibt. Es ist zuerst unter verschiedenen andern Werken des Marbodus 1524 zu Rennes, *Redonis*, apud Joannem Maçé, Bibliopolam, jussu Yvonis Redonensis Episcopi, gedruckt worden; und das einzige Exemplar, welches Beaugendre von dieser Ausgabe noch auftreiben konnte, ist in der Bibliothek des Mazarinischen Kollegii zu Paris. Hierauf ist es Friburgi, 1531, cum scholiis *Pictorii Willigensis* herausgekommen; und wiederum 1539, cum commentariis *Alardi Amstelodamensis*. Endlich fügte es Gorläus im J. 1695 seiner Daktyliothek bei. Die Ausgabe des Beaugendre ist aus der Vergleichung verschiedner Handschriften entstanden, und hat einige noch ungedruckte Zusätze gleichen Inhalts, auch eine alte französische Uebersetzung in Versen, welche B. aus einer Handschrift *S. Victoris* genommen, der er ein Alter von 600 Jahren zuerkennt, und die also mit dem Verfasser gleichzeitig, oder doch fast gleichzeitig seyn würde.

Gesner sagt in seiner Bibliothek, daß dieses Gedicht vom Vincentius, vom Albertus, und andern dergleichen Schriftstellern, unter dem Namen eines *Liliarii* oder *Lapidarii* angeführt werde; auch wohl unter dem Namen des Evax; nicht zwar, als ob Marbodus den Zunamen Evax geführt hätte, wie Baläus und Pitsäus vorgeben, sondern weil es anfängt: Evax rex Arabum etc. (S. oben den Art. Evax.)

Marbodus sagt selbst, daß sein Gedicht nur ein Auszug aus dem größern Werke des Evax sey:

Hoc opus excipiens dignum componere duxi
Aptum gestanti forma breviore libellum,
Qui mihi praecipue paucisque pateret amicis.

Warum soll man ihm nicht glauben, daß ein altes Werk unter dem Namen des Evax vorhanden gewesen sey? Warum soll er allein diesen ganzen Betrug geschmiedet haben?

Unter den übrigen Gedichten des Marbodus hat Beaugendre vieles mit unterlaufen lassen, welches Marbodus eben so wenig gemacht hat, als ich; z. E. das Epigramm auf einen Neidischen, welches sich anfängt:

Rumpitur invidia quidam, carissime Juli,
Quod me Roma legit, rumpitur invidia. *etc.*

Dieß ist ganz aus dem Martial; (L. IX. ep. 99.) nur daß die Zeilen, in welchem Martial von dem jure trium liberorum spricht, welches ihm Titus und Domitian geschenkt hatte, weggelassen sind, die sich freilich auf einen Bischof nicht recht paßten.

Die Schriftsteller, welche vom Marbodus Nachricht ertheilen, findet man in *Saxii* Onomast. Lit. T. II. p. 201 f. nachgewiesen, wozu man noch die Hist. Lit. de la France, T. X. p. 343, hinzu setzen kann. Er wird bald Marbodus, bald Marbodeus, bald auch, aber am unrichtigsten, Merobaudes, genannt. Dieser letztere war ein andrer, und einer der spanischen Scholastiker. Unser Marbodus wurde ums J. 1035 geboren, und starb im J. 1123. Die zu Rennes besorgte erste Ausgabe seiner Werke soll einige Gedichte, auch das von den Edelsteinen, und sechs Briefe enthalten. Die Ausgabe des Gedichts vom Piktorius, die noch in eben dem Jahre zu Paris nachgedruckt wurde, hat als Anhang ein kurzes Gedicht des Piktorius selbst, unter dem Titel: Querela; quod inter lapides pretiosos molaris lapis taceretur. In den Anmerkungen ist viel Gutes, besonders zur Spracherläuterung. Eine zweite Ausgabe von Piktorius hat den Titel: Dactyliotheca, und ausser jenem Anhange noch ein Gedicht de cote; Basil. 1555. 8. und diese ist zu Braunschweig, 1740. 8. wieder abgedruckt worden. Auch findet man dieß Gedicht bei des Cornarius Ausgabe des Macer de Materia

Medica; Francof. 1540. 8. Denn einige haben es dem Macer beigelegt, und es für dessen fünftes Buch gehalten. — Die Ausgabe des Beaugendre von dem Gedichte des Marbodus weicht von der des Piktorius auch darin ab, daß dieser die ein und sechszig Abschnitte, in welche das Ganze getheilt ist, anders, nämlich alphabetisch, ordnete, oder sie vielleicht so geordnet vorfand, und daß in dieser letztern das Gedicht den Titel: *Enchiridion*, hat. Aus der sehr alten, vom Beaugendre beigefügten, französischen Uebersetzung, oder vielmehr Umschreibung, will ich doch den Anfang zur Probe mittheilen:

*Evax fut un multe riches Reis.*
*Lu regne tint des Arabais.*
*Mult fut de plusiurs choses sages.*
*Mult aprist de plusiurs langages.*
*Les sept arts sut, si en fut maistre.*
*Mult fut poischant et de bon estre.*
*Grans tresors ot d'or e d'argent,*
*E fut larges a tuite gent.* etc.

---

Mathematik. Ich habe verschiedne Beispiele angemerkt, in welche lächerliche Fehler witzige Köpfe verfallen, wenn sie ganz und gar nichts von der Mathematik wissen. Eins davon kommt im Gil Blas vor, (L. II. ch. 4.) wo Gil Blas bei dem Doktor Sangrado ist, und unter ihm praktisirt. Sangrado schickte ihn zu den Kranken, die er selbst nicht besuchen wollte, unter der Bedingung, ihm drei Viertheile abzugeben. Gil Blas thut das auch, und sagt; J'avois lieu d'être content de mon partage, puisqu'ayant dessein de retenir toujours le quart de ce que je recevois en ville, et touchant encore le quart du reste, c'étoit, si l'Arithmétique est une science certaine, la moitié du tout, qui en révénoit. Die Arithmetik wäre eine sehr ungewisse Wissenschaft, wenn das wahr wäre. Es war gar nicht möglich, daß Gil Blas auf diese Weise die Hälfte von dem ganzen Verdienste bekommen konnte.

---

Johannes Matthäus. Man hat von ihm ein kleines Buch: *De Rerum Inventoribus*; und er lebte zu Anfange des sechzehnten

Jahrhunderts. Seine Schrift war der bloße Grundriß zu einem größern Werke; und *Augustus Justinianus*, Episcopus Nebiensis, gab es zuerst zu Paris im J. 1520 heraus. Zu Hamburg ist es 1613 mit dem Gedichte des Antonius Sabellikus de rerum et artium inventoribus in Oktav wieder aufgelegt worden. Matthäus war aus dem Gebiete von Luna gebürtig. Von diesem seinem Geburtslande sagt Justinian in der Vorrede: *Luna* Hetruriae urbs est, olim et portus nobilitate, et se ipsa celebrata, nunc vero ruinarum tantum magnitudine conspicua, in quibus quotidie effodiuntur marmorea complurima monumenta, quae facile testentur, quanta alias fuerit. Portus autem, qui natura, non etiam arte positus est, sua in dignitate usque ad hunc diem perseverat, Lunae solum nomine in Veneris, aut in Sancti Venerii, ut quibusdam placet, commutato. — Matthäus hatte auch ein Werk *de Mulieribus claris* hinterlassen, welches Giustiniani gleichfalls herausgeben wollte. Ich weiß aber nicht, daß es geschehen wäre. Im Jöcher finde ich dafür seine Gedichte angeführt, die Joh. Auratus 1576 zu Paris soll herausgegeben haben.

Das Gedächtniß des Matthäus verdient in meiner Litteratur erhalten zu werden, weil ich ihm verschiedne Nachrichten von Erfindungen zu danken habe. Auch ist er älter, als Polydorus Vergilius und Sardus, welche über eben diesen Gegenstand geschrieben haben. Diese haben sich auch nur, so viel ich mich erinnere, auf die Erfindungen der Alten eingeschränkt, da hingegen Matthäus auch verschiedne Erfindungen der Neuern mit beibringt, die ich an ihrem Orte ausgezogen habe. (S. z. B. Blaserohr, Ballon, Mühlen, Lichter, *Auripelles*, und mehrere Artikel.) — Es wäre zu wünschen, daß er überall seine Währmänner angegeben hätte. Manches ist mir daher bei ihm sehr zweifelhaft; und bei manchen Dingen hat er sich in den Namen geirrt, oder sie sind falsch gedruckt.

Die Schrift des Matthäus de Rerum Inventoribus ist unvollendet, wie Giustiniani in der Zuschrift sagt, die Paris, 1520, datirt ist.

ist. Sie ist auch durchgehends nur mehr entworfen, als ausgeführt, und besteht aus 24 kurzen Kapiteln, denen in der Hamburger Ausgabe noch zwei Kapitel aus *Wimphelingii* Epitoma German. über die Erfindung der Schießgewehre und der Buchdruckerei beigefügt sind. — Bei dieser Gelegenheit will ich nur noch *Theod. Janssonii ab Almeloveen* Rerum Inventarum Onomasticon, Amst. 1684. 8. in Erinnerung bringen, welches nicht nur viel vollständiger ist, als die Sammlung des Matthäus, sondern auch dadurch brauchbarer und vorzüglicher, daß es bei den Angaben der Erfindungen die Quellen besser nachweist.

---

Medaillen. Daß auch die Alten Medaillen oder Schaumünzen gehabt haben, welche nicht im Umlauf waren, sondern als Kunstwerke und Denkmäler von den Liebhabern aufbewahrt wurden, beweist L. 28 ff. de usufr. Numismatum aureorum vel argenteorum veterum, quibus pro gemmis uti solent. Aber ganz falsch ist es, alle kupferne Münzen mit den Bildnissen der Kaiser, wie Erizzo

(Discorso sopra le Medagl. degli antichi) will, zu solchen Medaillen zu machen.

Ob die *sigillaria*, oder *munera sigillaritia*, indeß in solchen Medaillen bestanden haben, möchte ich nicht so geradezu mit Rinken (S. 17) und Savot (Disc. sur les Med. ant.) behaupten; und eben so wenig, daß die Imagines Imperatorum, welche an den signis cohortium hingen, solche Schaumünzen gewesen sind.

In dem Kabinet des Königs von Frankreich ist ein goldner Posthumius, der zwölf Dukaten wiegt; und in dem kaiserlichen zu Wien ein goldner Gratianus, der funfzig Dukaten schwer ist, wie Rink ebendas. anführt. — Die kupfernen Schaustücke aber sind ungleich häufiger; doch ist auch von ihnen keine ganze Kaiserfolge zu machen. Die seltensten darunter sind die vom August, und die häufigsten die vom Hadrian.

Es ist wohl ausgemacht genug, daß die alten Griechen und Römer ausser den gangbaren Münzen auch Medaillons, oder Schaumünzen gehabt haben, wenn sichs gleich nicht mit

Zuverlässigkeit bestimmen läßt, ob, und in wie fern auch diese letztern ehedem in Umlauf gebracht sind. Man sehe darüber die Reflexions sur le Caractère & sur l'Usage des Médaillons antiques, par Mr. *Mahudel*, in der Hist. de l'Acad. des Inscr. éd. d'Amst. T. IV. p. 414 ff. Ihre nächste Bestimmung war vielleicht, Probemünzen (testimonia probatae monetae) zu seyn, oder Geschenke bei feierlichen Gelegenheiten abzugeben; und die *missilia*, welche die römischen Kaiser bei den öffentlichen Spielen unter das Volk warfen, scheinen wohl allerdings dergleichen Schaumünzen gewesen zu seyn; die *sigillaria* hingegen waren vielmehr Geschenke von kleinen Bildern und Statuen. Die an den Fahnen der römischen Cohorten befindlichen kleinen Schilde (clypei signorum; auch pilae, nach dem Isidor;) auf welchen anfänglich die Bildnisse der Götter, und nachher seit dem August die Bildnisse der Kaiser standen, waren wohl freilich ihrer ersten Bestimmung nach keine Münzen; doch scheinen ihrer einige in die neuern Münzsammlungen mit gekommen zu seyn. — Das vornehmste Abzeichen der Schaumünzen ist wohl in der über das gewöhnliche hinaus gehenden

Größe, Schwere und Kunst des Gepräges zu suchen; denn das von manchen angegebne Kennzeichen, die Weglassung der Buchstaben S. C. auf den römischen Schaustücken, ist nicht durchaus zutreffend. — Die kupfernen Denkmünzen sind gewöhnlich am größten, und am schönsten gearbeitet. Zuweilen sind sie von zweierlei Metall; der innere Theil Kupfer, und der Ring, oder die Einfassung Bronze; oft auch umgekehrt. Vor dem Hadrian finden sich ihrer nicht viele; mehrere aber von diesem Kaiser bis auf den Posthumius; und wieder nach diesem letztern sehr wenige. — Uebrigens giebt es wenige römische Medaillons, deren Gepräge man nicht auf den kleinern, gangbaren Münzen wiederholt fände, welches bei den griechischen der Fall nicht ist. Auch sind jene ungleich dicker, als diese. — Selbst in den reichsten Münzsammlungen findet man immer nur wenige eigentliche Medaillons; nur die Königin Christina von Schweden war so glücklich, ihrer dreihundert zu besitzen; und in der so reichen, und in ihrer Art einzigen Münzsammlung des Königs von Frankreich sollen sich jetzt sogar an die zwölfhundert befinden. — Die kupfernen Schaustücke vom August sind allerdings sehr selten, und werden in England mit 10 Pf. Sterl. bezahlt. — Vergl. Essay on Medals, p. 96. 293.

---

Mediceische Venus. Ein französischer Schriftsteller, den Winkelmann anführt, hat sie mit einer Habichtsnase gebildet finden wollen. S. von der Nachahmung Griech. Werke, S. 124; wo aber die Anführung des *Journal des Savans* unrichtig ist.

Winkelmann führt dieß Urtheil aus einem Buche an, das den Titel hat: Nouvelle Division de la Terre par les differentes espèces d'hommes; und bezieht sich dabei auf das Journal des Sav. l'an 1604, Avr. p. 152. Freilich aber war im J. 1604 noch an kein Journ. des Sav. gedacht. Aber es verlohnt sich der Mühe nicht, die es kosten würde, diese Nachweisung zu berichtigen.

---

Meilenzeiger. *C. Gracchus* primus instituit, ut miliaria lapidibus signarentur. Dieses finde ich beim Matthäus (de rer.

invent. p. 21.); aber auf wessen Zeugniß sagt er es?

Es ist Plutarch, der in dem Leben des Cajus Gracchus (Vit. Parallel. ed. *Bryan.* Vol. IV. p. 389.) dieser Veranstaltung mit folgenden Worten gedenkt: Προς δε τουτοις διαμετρησας κατα μιλιον ὁδον πασαν (το δε μιλιον ὀκτω σταδιων ὀλιγον ἀποδει) κιονας λιθινους σημεια του μετρου κατεστησεν. ἀλλους δε λιθους ἐλαττον ἀπεχοντας ἀλληλων ἑκατερωθεν της ὁδου διεθηκεν, ὡς ειη ῥᾳδιως τοις ἱππους ἐχουσιν ἐπιβαινειν ἐπ' αὐτων, ἀναβολεως μη δεομενοις. d. i. „Er ließ ausserdem auch die ganze Landstraße „nach Meilen ausmessen, davon jede beinahe „acht Stadien enthält, und setzte, zur Bezeich„nung des Maaßes, steinerne Säulen. Auch „ließ er andre Steine hier und da in kleinern „Zwischenräumen an den Landstraßen errichten, „auf welchen die Reitenden, die keine Bediente „bei sich hatten, um ihnen aufzuhelfen, desto „bequemer zu Pferde steigen konnten." — Daß der Kaiser August auf dem römischen Markte einen Hauptmeilenzeiger errichten ließ, ist bekannt. Auch giebt es noch verschiedne Ueberreste von solchen, gewöhnlich mit Inschriften versehenen, columnis milliaribus. S. z. B. die Explication d'une Colonne milliaire trouvée près de Soissons, in der Hist. de l'Acad. des Inscr. éd. d'Amst. T. II. p. 379; und die Erklärungen von zwei andern, ebendas. S. 383, und T. V. p. 217.

---

*Menisci*. De *Meniscis*, seu circulis Christi et sanctorum capitibus apponi solitis, v. *Ciampinus*, Vett. Monumentt. Cap. XIV. quorum originem accersit cum *Pignorio* et *Kirchero* a gentilibus, qui Caesaribus, Heroibusque aliis hac ipsa nota divinitatem adscripsere; rejecta *Salmuthi* sententia, meniscos erroribus pictorum tribuente, qui tegumenta ad avium stercora submovenda statuis superimposita in pictis etiam imaginibus adhibuerint.

Woher die obige Stelle genommen ist, weiß ich nicht sogleich anzugeben. Die hieher gehörigen Worte des Ciampini aber sind am angef. Orte folgende: Quod vero antiqua Christiana pietas Sanctorum capita hujusmodi radiantibus lineis insignire studuerit, sive in statuis, sive in picturis, opinantur nonnulli, non ex eo ortum esse, quod veteres doctrinam, vitae excellentiam, et gloriae typum, in saxis tabulisque posteritati consignare voluerint; sed antiquarum potius statuarum exemplo, quibus opificum studio addebantur *lunulae* quaedam seu patellae, ob longe alienam caussam, nempe ut supra capita aptatae, contra avium sordes et stercora pro tegumento inservirent. Aperte id innuit *Aristophanes* in *Avibus*:

> Ἢν δε πȣ δειπνητε, περηγορειωνας ὑμιν πεμψομεν.
>
> Ἢν δε μη κρινητε, χαλκευεσθε μηνισκȣς φορειν,
> Ὥσπερ ἀνδριαντες.

In der Folge beruft sich Ciampini auf den Pignorius, Kircher, u. a. m.; auch auf alte Münzen und andre Kunstwerke, wo dergleichen Glorien und Strahlenkronen vorkommen. Kircher nämlich (T. II. *Oedip. Aegypt.* Cl. 7. p. 87 f.) leitet den Gebrauch eines solchen Zirkels, zur Andeutung der Gottheit und größern Heiligkeit, von den Aegyptern her.

---

Metastasio. In seiner Jugend hieß er Trapassi. — Mir hat Finazzi erzählt, daß die *Didone Abbandonata*, die 1725 zuerst zu Venedig aufgeführt wurde, gewissermaßen die eigne Geschichte des Metastasio gewesen sey, die er mit der Romanina, der berühmtesten damaligen Sängerin in Italien, gehabt hatte. Die Romanina hatte sich in ihn verliebt, und als M. nach Wien berufen wurde, wollte sie ihm, einige Zeit darauf, dahin folgen. Metastasio aber besorgte, daß sie ihm unangenehme Händel in Wien machen, und dort seinem Rufe nachtheilig werden möchte, indem sie mit einem gewissen Poeten und Musikus, Bulgarelli, verheirathet war, und wirkte bei Hofe einen Befehl aus, der ihr unterwegs entgegen geschickt wurde, und ihr verbot, das kaiserliche Gebiet zu betreten. Die Romanina wurde darüber rasend, und wollte sich in der ersten Wuth das Leben nehmen, verwundete sich auch die Brust mit einem Federmesser. Die Wunde war zwar nicht tödtlich; sie starb aber doch nicht lange darauf aus Gram und Verzweifelung. Dem ungeachtet vermachte sie dem Metastasio die Hälfte ihres ansehnlichen Vermögens, und die andre Hälfte ihrem Manne.

Aber M. weigerte sich, das Vermächtniß anzunehmen, und machte dem Manne ein Geschenk damit.

Die erste Oper, von Metastasio gearbeitet, sagte mir Finazzi, sey die alte Oper *Siface* gewesen, von der er die Worte umgeschmolzen habe. Sie ist aber nie unter seinen Werken gedruckt worden. Auch habe ihm Bulgarelli bei seinen ersten Opern viel geholfen. Das Subjekt des *Siface* ist ungefähr das nämliche mit dem Essex.

Dieser große, und in seiner Art einzige Operndichter starb zu Wien, d. 12. April, 1782. Von seinen Lebensumständen lieferte Herr von Retzer eine Skizze, die einzeln in eben dem Jahre, und auch im Deutschen Museum, 1783 Febr. S. 118 ff. gedruckt wurde. S. auch J. A. Hiller, über Metastasio und seine Werke; Leipz. 1786. gr. 8.; und am ausführlichsten die Vita dell' Abate *Pietro Metastasio*, scritta dall' Avvocato *Carlo Cristini*, die zuerst im ersten Bande der zu Nizza besorgten Ausgabe seiner Werke, und hernach auch in dem 1787 erschienenen vierzehnten Bande der hekannten Turiner Edition abgedruckt ist. Gravina, der ihn als Knaben zu sich nahm und erzog, veranlaßte die Vertauschung seines Geschlechtsnamens Trapassi mit dem gleichbedeutenden Griechischen, Metastasio. In seiner Jugend war er einer der fertigsten Improvisatoren. Cristini führt das Trauerspiel *Giustino* als die erste dramatische Arbeit an, welche M. unter Gravina's Aufsicht schon in seinem 15ten Jahre verfertigte. Die *Didone Abbandonata* aber wurde erst im J. 1724, nach der Musik des Domenico Sarri zu Neapel, nicht zu Venedig, zuerst aufgeführt, und eben daselbst in dem nämlichen Jahre zuerst gedruckt; und die Romanina selbst sang darin die Rolle der Elisa mit dem größten Beifall. Die obige Anekdote ist also dahin zu berichtigen, daß diese Sängerin, wie auch Mattei in seiner Lobschrift auf Jomelli sagt, dem Dichter die schönsten Situationen in dieser Oper an die Hand gab, z. B. die der Eifersucht in der 14ten und 15ten Scene des zweiten Akts. Mattei beruft sich dabei auf das Zeugniß der Prinzessin di Belmonte, unter deren Schutz und durch deren Beförderung diese Oper entstand. Erst im folgenden Jahre, 1725, wurde sie zu Venedig gegeben, wohin man die Bulgarelli als erste Sängerin berufen hatte, wohin ihr auch Metastasio folgte, und wo er das schöne Sonett an die Damen von Venedig schrieb, um ihr Mitleid gegen die arme Elisa aufzufodern. Man findet es in der Turiner Ausgabe, T. VI. p. 433; und es schließt sich mit dem Terzet:

Mi basta sol, che in riveder divisa
Dal Frigio pellegrin la Tiria figlia,
Dica alcuna di voi: povera Elisa!

Erst im folgenden Jahre, 1726, wurde die alte Oper *Siface*, auf Bitte des Kapellmeisters Porpora zu Venedig, vom M. umgearbeitet, so, daß sie fast völlig seine Arbeit wurde, und Quadrio sie ihm schlechthin beilegte. Man hat sie jetzt im 13ten Bande der Turiner Ausgabe, S. 1 ff. mit abdrucken lassen. Bald darauf ging Metastasio mit der Bulgarelli und ihrem Manne nach Rom, wo sie mit den Angehörigen des M. nur Eine Haushaltung führten. Im J. 1729 erhielt er den Ruf nach Wien, da ihn sein Vorgänger, Apostolo Zeno selbst, dem Kaiser vorgeschlagen hatte, mit einem Jahrgehalt von 3000 Gulden. Es kostete dem M. sehr viel Kampf, sich so ganz von seinen bisherigen angenehmen Verhältnissen loszureissen. Die Romanina foderte ihn indeß selbst auf, den Antrag anzunehmen; aber erst im J. 1730 ging er nach Wien. Cristini gedenkt mit keinem Worte des Vorhabens jener Sängerin, ihm dahin zu folgen, noch der geheimen Veranstaltungen des M., dieß zu verhindern, noch ihrer darauf erfolgten Verzweifelung. Vielmehr giebt er aus den Briefen des Dichters Beweise von seiner Untröstlichkeit über ihren Tod, und erzählt gleichfalls, daß sie ihm die Hälfte ihres ansehnlichen Vermögens vermacht habe, welche aber M. mit der rühmlichsten Großmuth ausschlug, und mit der andern Hälfte ihrem Manne abtrat.

Finazzi, der diese nur halb wahren Anekdoten dem sel. L. erzählte, war ein Kastrat und Komponist, der sich in und um Hamburg aufhielt. Man hat von ihm Fünf Italiänische Oden (von Metastasio) mit Melodien; Hamb. 1754. kl. fol. — Hagedorn hat seinen Namen in seinem Schwätzer aufbehalten, den er unter andern sagen läßt:

„Finazzi singet gut; doch ich kann besser singen.“

Agostino Metelli. Ein Bologneser, und einer der berühmtesten Frescomahler. Er starb zu Madrit 1660. — „Fù egli, sagt Malvasia von ihm, (Felsina Pittrice, T. II. p. 414.) il primo inventore di quelle Perspettive, che per non voler regolare con tanta stitichezza d'un solo punto, volle chiamare *Vedute*, che poi sono state seguite dal *Santi*, dall' *Alborefci*, e più, e con maggior applicazione, e fortuna dal *Monticelli*, tutti suoi allievi.

Auch am spanischen Hofe hat Metelli, nach dem Berichte des Malvasia, vieles al Fresco gemahlt, wohin er mit dem Angelo Michele Colonna berufen wurde. Vorzügliche Stärke besaß er in der sogenannten Ornament- oder Verzierungs-Perspektiv, und in Architekturgemählden. In dieser Art hat man auch einige radirte Blätter von ihm; auch hat sein Sohn, Giuseppe Maria, und Francesco Curti verschiedne seiner Zeichnungen geätzt, von dem man viele radirte Blätter hat, über welche Basan in s. *Dictionn. des Graveurs* nachzusehen ist.

Miniatur-Mahlerei. Il dipingere a pinto di penello piccole imagini sopra la carta pecorina. So erklärt sie Lana; er hat aber Unrecht, wenn er sagt, daß in dieser Art von Mahlerei: non ci serviamo di biacca, mà facciamo, che l'istesso candore delle carte senza toccarlo serva di biacca. Wenigstens thun das die Miniaturmahler jetzt nicht mehr; weil die Weisse des Elfenbeins oder des Pergaments mit der Zeit gelb wird, und die meisten Oerter niedrig bleiben würden gegen das Uebrige, wo die Farbe aufliegt.

Einer von den berühmtesten ältern Meistern in dieser Kunst ist Giulio Clovio, welcher 1578 starb. Sein vornehmstes Werk ist ein Breviarium in der königlichen Kunstkammer zu Neapel. — Zu Lana's Zeiten war auch der Padre Giov. Battista *della Religion de' Servi* sehr berühmt, von dem L. sagt, er habe den Clovio noch übertroffen. Diesen finde ich beim Füeßlin nicht.

Von Giulio Clovio, genannt Macedo, von dem Vasari (T. III. p. 849.) und aus ihm Füeßlin Nachricht giebt, wurde im J. 1498 zu Grisone in Slavonien geboren, und war ein Schüler des Giulio Romano. Das oben gedachte Brevier mahlte er im J. 1546 für den Kardinal Alessandro Farnese; und Vasari lobt es ungemein, besonders wegen einiger Figuren in Michel Angelo's Manier, und wegen der schicklich gewählten Einfassungen mit Grotesken. Albert Dürer stach nach seinen Arbeiten. Er starb zu Rom in dem oben angeführten Jahre. — Von dem P. Giov. Battista, dessen Zuname nicht angegeben wird, kann ich keine weitere Nachweisung geben.

---

Misogyn. Ich habe dieses Stück verfertigt, als ich die Fragmente Menander's studirte, und fand, daß er diesen Charakter in einem Stücke behandelt habe, welches Phrynichus την καλλιϛην των κωμῳδιων τȣ ἑαυτȣ nennt. Menander's Misogyn aber scheint ein noch verheiratheter Mann gewesen zu seyn, den alles ärgert, was seine Frau thut, und der weder an ihr, noch an irgend einer Frau in der Welt etwas Gutes wahrnehmen kann. Besonders ärgerte ihn ihr Aufwand, selbst der, den sie in Opfern und gottesdienstlichen Handlungen machte. Einem solchen Manne eine fromme, andächtige Frau zu geben, war ein Meisterzug von Menander. Er hatte ihm den Namen Simylos gegeben, wie aus den Fragmenten beim Stobäus erhellt. Aus einem derselben scheint mir noch zu erhellen, daß Simylos seine fromme Frau aufs Aeußerste gebracht habe, so, daß sie ihn zu verklagen schwört, wenn man nämlich die Worte beim Priscian:

— — — Ὀμνυμι
Σοι τον ἡλιον, ἠ μην ποιησειν γραφην
Σοι κακωσεως,

„Ich schwöre dir beim Sonnengott, daß ich „dich Injurien belangen will!" der Frau in den Mund legen kann, wie man es denn mit aller Wahrscheinlichkeit darf. Denn κακωσεως δικη oder γραφη heißt eigentlich actio uxorum in viros, parentum in liberos, pupillarumque in curatores pro injuria accepta. Ja zu dieser Klage scheint es sogar wirklich gekommen zu seyn, nach einem Fragmente im Suidas in dem Worte Παραστασις:

Ἑλκει δε γραμματιδιον ἐκει σε διθυρον
Και παραστασις.

„trahit te illuc diploma et drachma depositi." Jenes γραμματιδιον διθυρον, quod duas plagulas habet, scheint die schriftliche Vorladung gewesen zu seyn; und παραστασις bedeutet die depositionem drachmae ab iis, qui de re privata inter se disceptarent.

Die wenigen Fragmente, die uns noch aus Menanders Misogyn übrig sind, den ich in *Fabricii* Biblioth. Gr. L. II. c. XXI. unter den verloren gegangenen Lustspielen dieses Dichters nicht mit angeführt finde, stehen in den von le Clerc (Amst. 1709. gr. 8.) herausgegebenen *Menandri* et *Philemonis* Reliquiis, p. 122 ff. Phrynichus (in Ecl. Attic.) sagt davon: Τι και τουτῳ Μενανδρος την καλλιστην των Κωμῳδιων των ἑαυτου κατεκηλιδωσεν, ειπων, τι *etc.* Le Clerc bemerkt bei dieser Stelle: *Menander* multo melius sciebat, quae et ubi usurpandae essent voces, quam sexcenti Atticistae, qualis *Phrynichus* et alii. — Die längste und vornehmste Stelle, die den mißvergnügten Simylos charakterisirt, findet sich beim Stodäus, Tit. LXIX. Hier wird zwar der Name des Stücks nicht genannt; aber bei eben diesem Schriftsteller, Tit. CVIII. werden vier Verse aus dieser Stelle wiederholt, und dem Μισο-γυνης beigelegt.

---

*Tabulae* MITHRIACAE. Ausser den dreien, welche Gronov den Gemmen des Agostino beigefügt hat, und die auch Tho. Hyde seiner Historiae Religionis veterum Persarum einverleibt hat, findet man noch drei andre in des Philipp a Turre Monumentis Veteris Antii (Romae, 1700. 4.), wovon die eine, welche auch die Acta Eruditorum (a. 1701. p. 264.) daraus mittheilen, nicht lange vorher bei Anzo ist gefunden worden.

Von dem Dienste des Mithras, und desselben Aehnlichkeit mit dem *Taurobolio*, ist van Dalen in s. Abhandlung von diesem Opfer nachzusehen. (Dissertt. Amst. 1702. 4.)

Ich habe des a Turre Monumenta Veteris Antii selbst vor mir, worin er mit der darin erläuterten Inskription des M. Aquilius die tabulam Solis Mithrae verbindet, und im zweiten Theile, S. 157 ff. ausführlich de Mithra, ejusque tabulis symbolicis, handelt. (Man vergleiche damit *Bergeri* Spicilegium Antiquitatis, p. 97 ff. und *Jo. Vignolii* Diff. de Columna Antonini, p. 174 f.) Von mehrern ähnlichen Tafeln s. ebendas. S. 159. Phil. a Turre fand ihrer acht, alle an andern Orten, als sie von den dort angeführten Schriftstellern nachgewiesen wurden. Er giebt sich viele Mühe, die darauf befindlichen symbolischen Vorstellungen einzeln zu erklären, und sie alle auf die Hervorbringung und Erhaltung der Welt hinzudeuten. Auch sucht er zu zeigen, daß man den Mithras ehedem in der Gegend von Antium oder Speläum gottesdienstlich verehrt habe. Eben da, wo die Bruchstücke der von ihm vorzüglich beschriebenen und erklärten Tafel gefunden wurden, trift man noch verschiedne Höhlen an; und Porphyrius (p. 263) bemerkt: ubicunque Mithram agnoverunt gentiles, eidem deo specubus sacra faciebant. Die dabei üblichen Opfergebräuche werden von ihm Kap. *V.* erläutert, und im folgenden Kapitel handelt er von den diesem Gotte gewidmeten Festen. Zuletzt zeigt er die Verbreitung dieses Dienstes in den römischen Provinzen. — Das Uebrige in dem Werke des a Turre betrift den Belenus, und andre aquilejische Gottheiten, und die *coloniam Forojuliensem.* (Er selbst war aus Friaul gebürtig.) Noch sind einige damals bei Rom entdeckte Fragmente von Inschriften der *fratrum ambarvalium* beigefügt.

Ueber das Taurobolium, einem der Cybele geweihten Opfer, s. auch umständlich die Explication d'une Inscription antique, où sont décrites les particularités des Sacrifices appellés *Tauroboles*, par Mr. *de Boze*, in den Mem. de l'Acad. des Inscr. éd. d'Amst. T. IV. p. 111 ff.

---

**Modisten.** So hießen vor Alters, besonders zu Nürnberg, diejenigen, die sich einer zierlichen Handschrift beflissen, und darin Unterricht ertheilten, dergleichen in der ersten Hälfte des sechszehnten Jahrhunderts Johann Neudörffer war, aus dessen Schule ganz Deutschland mit Schönschreibern versorgt wurde. S. Doppelmayr, S. 201.

Frisch, in seinem Wörterbuche, erklärt das Wort Modisten durch Musikanten und

Sänger, und führt dazu Merkel's Bericht von der Magdeb. Belagerung an, wo die Stelle vorkommt: „Nach der Absolution sind zu dem „Magdeburgischen Gesandten der Kaiserl. Maj. „Cantores und Modisten in die Herberge ge„kommen, und sich fröhlich erzeigt.“ Eben diese Bedeutung giebt auch, nach Frisch, Hr. Oberlin im Scherzerischen Glossarium davon an. Herr Adelung hat dieß Wort gar nicht aufgenommen, vermuthlich, weil er es nicht für hochdeutsch erkannte. Denn es scheint freilich mehr ein oberdeutscher Provinzialausdruck, oder auch selbst nur ein Modewort in der Umgangssprache gewesen zu seyn. Sehr alt wäre es auch wohl nicht, wenn es von dem Worte Mode herkäme, das selbst im Deutschen erst spätern Ursprungs ist; obgleich Modisten zunächst von dem Lateinischen *modus* abgelenkt zu seyn scheint. Doppelmayr erklärt es am angef. O. so: „Die Modisten wurden „zu den vorigen Zeiten diejenigen benennet, „welche sich, um die Handschriften zu verbes„sern, und solche zierlicher darzugeben, bemü„het.“ Der von ihm dort, seinen Lebensumständen nach, angeführte Johann Neudörffer, der ältere, machte sich durch seine

Schönschreiberei in Nürnberg um das J. 1538 berühmt, und ließ im J. 1544 eine kurze Anweisung zur Schreibekunst in Quart, und im Jahr 1549 eine größere in Folio, in sieben Gesprächen, drucken. Sein Enkel, Anton Neudörffer, gab beide wieder in seiner Schreibekunst, Nürnberg, 1601. 4. heraus. Seine Methode war durch Albrecht Dürer's regelrechte Verbesserung der Versalbuchstaben veranlaßt worden, wovon gleichfalls Doppelmayr, Th. I. S. 153 f. nachzusehen ist. Neudörffer genoß in der Folge von den Kaisern Karl *V.* und Ferdinand *I.* viel Gnade, und erhielt die Würde eines Comes Palatinus. Die Namen seiner vornehmsten, fast durch ganz Deutschland zerstreuten, Schüler nennt Doppelmayr in der Note (*f.*) S. 201 seiner Histor. Nachricht von den Nürnbergischen Mathematicis und Künstlern; Nürnb. 1730. fol.

---

Monier. Der Verfasser einer Geschichte der Kunst, die ich noch nicht kenne, die aber das nicht leistet, was sie verspricht. (S. Winkelmann's Gesch. d. K. Vorr. S. X.)

Dieß, freilich ziemlich dürftige und wenig befriedigende Buch ist zu Paris 1698. 8. unter folgendem Titel herausgekommen: Histoire des Arts qui ont raport au Dessein, divisée en trois Livres — — par *P. Monier*, Peintre du Roi et Professeur à l'Académie Roiale de Peinture et Sculpture. Es wird darin, sehr summarisch, vom Ursprunge der Zeichnenkunst, Mahlerei, Bildhauerei, Baukunst und Kupferstecherkunst, von ihrem Fortgange und Verfall, und ihrer Wiederherstellung gehandelt. Es entstand diese Schrift aus den von Monier in den monatlichen Versammlungen der Pariser Kunstakademie gehaltenen Vorlesungen, unter welchen er diese historischen Abhandlungen von den theoretischen über die Umrisse, die Perspektiv, die Anatomie, und die Bewegungen der Muskeln, aussonderte. — Jöcher gedenkt dieses Monier nicht; auch d'Argensville hat ihn in seinen Lebensbeschreibungen der Mahler (Th. IV. der deutschen Uebers. S. 128) nur im Vorbeigehen als einen Schüler des Sebastian Bourdon genannt. Umständlicher aber wird seiner beim Felibien (T. IV. p. 404.) erwähnt, woraus auch Füeßli seine Lebensumstände im Artikel Mosnier genommen hat. Er war der Sohn eines gleichfalls geschickten Mahlers Jean Mosnier, und starb zu Paris im J. 1703. Unter andern zeichnete er nach den Gemählden des Nik. Poussin vier historische Landschaften, die von St. Baudet gestochen sind.

---

Edward Moore. Er ist Verfasser des englischen Trauerspiels, *The Gamester*, der Spieler. Ich kann zeigen, daß dieses Stück aus Hill's *Fatal Extravagance*, und beide aus der *Yorkshire-Tragedy* genommen sind; und gleichwohl finde ich, daß zu der Zeit, da Moore's Spieler (im J. 1753) zu London herauskam, ebendaselbst eine kleine Schrift erschien: *The Gamester*, a true Story, on which the new Tragedy of that name is founded; translated from the Italian. 8. Und die Verfasser des *Monthly Review* eben dieses Jahrs, S. 146, sagen gleichfalls, daß Moore den ganzen Plan, und fast alle Charaktere aus gedachter Geschichte genommen habe. Ist es möglich, daß die Engländer ihre eignen Werke so wenig kennen?

Man weiß, daß die *Yorkshire-Tragedy* eins von den sieben Schauspielen ist, welche Shakspeare'n nur zweifelhaft beigelegt werden, obgleich keines darunter wohl so viel Anschein der Aechtheit hat, als dieses. Ich habe darüber im dreizehnten Bande meines Deutschen Shakspeare, S. 431 ff. umständlicher gehandelt, und ebendas. S. 436, bemerkt, daß Moore höchst wahrscheinlich die erste Idee zu seinem Spieler daraus entlehnt habe. Auch findet man dort, und so auch im *Companion to the Playhouse*, angemerkt, daß Hill eben dieß vermeintlich Shakspearische Stück zur Grundlage seines Trauerspiels: *The Fatal Extravagance*, gemacht habe, welches im J. 1720 zuerst unter dem vorgeblichen Namen Joseph Mitchell's erschien, dem sein edelmüthiger Freund, Aaron Hill, durch den Vortheil der dritten Vorstellung aus einer dringenden Geldnoth half. Es wurde hernach unter Hill's dramatischen Werken mit abgedruckt. — Bei dem allen könnte doch wohl die in dem oben gedachten Pamphlet ins Englische übersetzte italiänische Novelle, wenn sie alt genug dazu ist, die ursprüngliche Quelle beider Schauspiele, des von Shakspeare und Moore, gewesen seyn.

Der letztre ist übrigens durch seine, auch ins Deutsche übersetzte Fables for the female sex bekannt; auch hat er noch zwei, mit nicht sonderlichem Beifall aufgenommene Lustspiele, *The Foundling*, und *Gil Blas*, geschrieben.

---

Mühlen. *Mola aquaria* inventum est recens. Sed *mola ventaria*, ut arbitror, recentior esse creditur. Nam antiqui, ni fallor, molis asinariis et manuariis tantum utebantur. *Matthaeus, de rer. invent.* p. 38.

Da also ein Italiäner des sechszehnten Jahrhunderts schon ausdrücklich der Windmühlen gedenkt, ist es da wohl glaublich, daß man zur Zeit des Tasso noch keine Windmühlen in Italien sollte gehabt haben? Gleichwohl sagt Tasso in einem Briefe, in welchem er eine Vergleichung zwischen Frankreich und Italien anstellt, es ausdrücklich. In dem Briefe nämlich, der in dem *Journal Encyclopédique, Oct.* 1768 zuerst, und zwar nur in einer französischen Uebersetzung, erschienen ist, unter der Aufschrift: L'Italie comparée à la France, par *le*

*Tasse*, Auteur de la *Jerusalem Delivrée*; morceau recemment decouvert et traduit. Die Stelle selbst ist diese: Je ne dois pas omettre un avantage, que la France sait tirer des vents par les moulins, qu'ils font agir; avantage, dont est privée l'Italie, qui n'a que des moulins à eau. — — Doch, dieser ganze Brief scheint mir eine Erdichtung, und das Werk eines Franzosen zu seyn. Denn sonst hätte sichs wohl der Mühe verlohnt, ihn in der italiänischen Sprache selbst mitzutheilen.

Wenn folgende Stelle beim Dante in s. *Amoroso Convivio*: (Vineg. 1531. 8.) fol. 45. b. „esso Sole gira il mondo intorno giù alla terra, overo al mare, *come una mola*, della quale non paia più che mezzo lo corpo suo;" von einer Windmühle zu verstehen ist; so bewiese sie, daß man dergleichen in Italien schon im dreizehnten oder wenigstens im vierzehnten Jahrhunderte gekannt habe.

**Musik.** 1. Herr Bach, welcher hier in Hamburg Telemann's Stelle erhalten hat, ist beständig ein besondrer Freund von diesem gewesen; doch habe ich ihn gleichwohl sehr unpartheiisch, in Vergleichung mit Graun, von ihm urtheilen hören. Telemann, sagt er, ist ein großer Mahler, wovon er besonders in einem seiner Jahrgänge, welcher hier der Zellische heißt, ganz ausnehmende Beweise gegeben hat. Unter andern führte er mir eine gewisse Arie an, worin er das Erstaunen und Schrecken über die Erscheinung eines Geistes ganz unnachahmlich ausgedrückt habe, so, daß man auch ohne die Worte, welche höchst elend sind, gleich hören könne, was die Musik wolle. Aber Telemann übertrieb auch nicht selten seine Nachahmung in das Abgeschmackte, indem er Dinge mahlte, welche die Musik gar nicht mahlen sollte. Graun hingegen hatte einen viel zu zärtlichen Geschmack, um in diesen Fehler zu fallen; aber die Hut, auf der er desfalls beständig stand, machte auch, daß er selten oder gar nicht mahlte, und sich meistentheils mit einer lieblichen Melodie begnügte.

2.

*Jesus Heriloneus*, *Tharbini* filius, poëta et musicus, primus de musica librum scripsit; schreibt Joh. Matthäus de rer. invent. p. 29. — Dieses soll heissen: *Lasus Hermionensis*, welcher ein Zeitverwandter des Xenophanes war, wie man aus dem Plutarch *de vitioso pudore* sieht, und des Simonides, wie Aristophanes in den Wespen anzeigt.

3.

Bach klagt über den jetzigen Verfall der Musik. Er schreibt ihn der komischen Musik zu, und sagte mir, daß Galuppi selbst, der einer von den ersten komischen Komponisten ist, und sich jetzt in Petersburg befindet, von wo er aber zurück erwartet wird, weil er alt und reich genug ist, daß ihm, sage ich, Galuppi selbst versichert habe, der Geschmack an der komischen Musik verdränge sogar die alte gute Musik aus den Kirchen in Italien. Er selbst habe eine von seinen komischen Symphonien *) in einer Kirche zu Rom gehört, der man einen geistlichen Text untergelegt hatte. Eine wesentliche Eigenschaft

*) Vermuthlich eine von seinen komischen Arien.

der komischen Musik ist es, daß sie fast nichts als Allegro's hat, und die Adagio's gänzlich verbannt; kaum daß sie noch dann und wann ein Andante erlaubt.

4.

Perrault in seiner Abhandlung *de la Musique des Anciens* (Par. 1680. 12.) ist ohne Zweifel der erste, welcher den Alten die vielstimmige Harmonie (harmonie composée de plusieurs parties,) abspricht, und zu zeigen sucht, daß alles, was sie von der Symphonie sagen, von dem Gesange *à l'unison ou à l'octave* zu verstehen sey. Doch weiß ich nicht, ob sich nicht Stellen bei den Alten finden sollten, welche dieser Meinung zu widersprechen scheinen. Eine solche glaube ich z. B. beim Plutarch περι πολυφιλιας gefunden zu haben: Ἡ μεν γαρ περι ψαλμυς και φορμιγγας ἁρμονια δι' ἀντιφωνων ἐχει το συμφωνον, ὀξυτησι και βαρυτησιν ἀμωσγεπως ὁμοιοτητος ἐγγινομενης. „Nam concentus quidem ille, qui numeris musicis et citharis efficitur, sonorum consensum ex iis, quae dissona sunt, habet, quod acutis et gravibus similitudo quaedam interveniet." Man merke hier auf das δι᾽ ἀντιφωνων ἐχει το συμφωνον. Ich weiß nicht, ob man das von Stimmen sagen könnte, die nur in der Höhe und Tiefe von einander unterschieden wären. Aber das Folgende sagt noch mehr, wo Plutarch die Harmonie der Freundschaft dieser musikalischen Harmonie entgegen setzt: της δε φιλικης συμφωνιας ταυτης και ἁρμονιας ὐδεν ἀνομοιον ὐδε ἀνωμαλον, ὐδε ἀδολον ἐιναι μερος, ἀλλ᾽ ἐξ ἁπαντων ὁμοιως ἐχοντων, ὁμολογειν και ὁμοδοξειν και ὁμοβυλειν και συνομοπαθειν, ὡσπερ μιας ψυχης ἐν πλειυσι διῃρημενης σωμασι. „At vero hic amicitiae concentus atque haec consonantia nullam partem dissimilem aut inaequalem aut discrepantem habere vult, sed ex pari omnino habitu in sermonibus, in opinionibus, in consiliis, in effectibus consentiri; perinde ac si unus animus in plura corpora esset divisus." — Das ἀδολον kann hier nicht Statt haben, wie auch Stephanus anmerkt, welcher ἀπῳδον dafür liest, von ἀπᾳδειν, in

cantu

cantu discurrere. — Nun frage ich: wenn alle die verschiedenen Stimmen nur oktavenweise verschieden gewesen wären; würde diese musikalische Harmonie nicht eben so vollkommen gewesen seyn, als Plutarch die Harmonie der Freundschaft zu seyn verlangt? Nach dem Gegensatz aber, welchen er zwischen beiden macht, muß das ἀνομοιον, ἀνωμαλον und ἀπῳδον μεϱος, welches bei der Harmonie der Freundschaft nicht Statt finde, bei der Harmonie der Musik Statt gefunden haben; und es ist mir schwer zu begreifen, wie das Musik *all' unisono* könne gewesen seyn.

1.

Hr. Prof. Engel hat in seiner vortreflichen Abhandlung über die musikalische Mahlerei (Berl. 1780. 8.) die Fragen überaus gründlich und scharfsinnig beantwortet: was in der Musik Mahlen heisse? was für Mittel diese Kunst dazu in ihrer Gewalt habe? was sie durch diese Mittel zu mahlen im Stande sey? und was sie mahlen, und nicht mahlen solle? Vornehmlich zeigt er sehr schön, daß es die Pflicht des Tonkünstlers, und dem Hauptzwecke der Tonkunst gemäß sey, nicht sowohl den Gegenstand selbst, der die Empfindung erregt, als vielmehr die dadurch erregte Empfindung und Leidenschaft selbst, zu schildern und nachzuahmen. Allerdings überließ sich Telemann, dieser in seiner Art immer höchst verehrungswürdige und ungemein fruchtbare Kirchenkomponist, oft der musikalischen Mahlerei der Gegenstände allzusehr; und nicht bloß hörbarer Gegenstände, sondern zuweilen auch solcher, wo der Ausdruck durch Töne die Aehnlichkeit des sinnlichen Eindrucks nur sehr schwach, nur durch entfernte Ideenverknüpfung, und gemeiniglich nur auf eine zu gekünstelte und gespielte Art, erreichen kann. Sogar auf geistige und übersinnliche Begriffe dehnte er manchmal diese Nachahmung aus. So erinnere ich mich z. B. daß er mehrmals die Falschheit der Gesinnungen durch falsche Quinten oder durch Dissonanzen auszudrücken gesucht hat. Aber dieß war bei ihm eine fast unzertrennliche Folge von der bis zum Ueppigen großen und ergiebigen Fruchtbarkeit seiner Erfindungskraft; und er scheint mir unter den Tonkünstlern fast eben das geworden zu seyn, was Ovid unter den Dichtern war.

2.

Vom Lasus, aus Hermione, einer Stadt im Peloponnes im Königreiche Argos, der um die 58ste Olympiade, ungefähr 548 J. v. Chr. G. berühmt war, sehe man *Dr. Burney's* History of Music, Vol. I. p. 447; und Hrn. Forckel's Allg. Gesch. d. Musik, B. I. S. 358. Vergl. *Fabricii* Bibl. Gr. Vol. I. p. 102, wo in der Note mehrere von ihm handelnde Schriftsteller nachgewiesen werden. — Lasus wird fast allgemein für den ersten gehalten, der über die musikalische Theorie schrieb; er war aber auch ausübender Tonkünstler. Von seinen Schriften ist nichts mehr übrig; und von denen griechischen Schriftstellern über die Musik, wovon wir noch etwas besitzen, ist Aristoxenus der älteste.

3.

Bach's Klage über den Nachtheil, welchen der überhand genommene Geschmack an der komischen Musik der Aufnahme der ernsthaften geschaft hat, ist nur allzu gegründet. Besonders ist der Geschmack an der komischen Oper, auch an unsern deutschen Höfen, dem Geschmack an der ernsthaften sehr nachtheilig geworden; ob es gleich mehrere Ursachen des Verfalls der letztern giebt, welche man von Arteaga in seinem sehr lesenswürdigen Werke, Le Revoluzioni del Teatro Musical Italiano, T. II. III. Cap. 12—15, zergliedert und beredt beschrieben findet.

4.

Man findet die Gründe für und wider die Meinung, daß die Alten schon den Kontrapunkt gekannt, und folglich vielstimmige Musik gehabt haben, vom Dr. Burney in seiner von mir (Leipz. 1781. 4.) übersetzten Abhandlung von der Musik der Alten, Abschn. VIII, S. 130 ff. am kürzesten und übersehbarsten gegen einander gestellt. Vergl. Hrn. Forkel's Allgem. Gesch. d. Musik, B. I. S. 389 ff. — Perrault war jedoch nicht der erste, welcher der alten Musik die Harmonie absprach; sondern das thaten schon vor ihm Glariani, Salinas, Bottrigari, Artusi, Cerone, Kepler, Mersenne, und Kircher *).

*) Hr. Forkel erinnert S. 392, daß schon am Ende des funfzehnten, und zu Anfange des sechszehnten Jahrhunderts die musikalischen Schriftsteller auf diese Sache aufmerksam gewesen, und daß Franchinus Gafor der erste sey, welcher derselben in seiner zu Mailand 1496 gedruckten Practica Musicae utriusque cantus gedenkt.

Nur war die Folgerung, welche sie daraus zogen, nicht immer so nachtheilig für die Musik der Alten, als die Folgerungen Perrault's, der sie beim Mangel vielstimmiger Harmonie, und mit Recht, für weit unvollkommener hielt, als die Musik der Neuern. Manche, z. B. Mersenne, und selbst Rousseau, haben vielmehr zum Nachtheil der vielstimmigen Harmonie aus diesem Mangel, mehr scheinbare, als treffende Gründe hergeleitet. S. Dict. de Musique, art. *Harmonie*, wo er, aus jenem Grunde, geradehin behauptet: que toute notre harmonie n'est qu'une invention gothique & barbare, dont nous ne nous fussions jamais avisés, si nous eussions été plus sensibles aux véritables beautés de l'Art, & à la Musique vraiment naturelle. Unstreitig eins der auffallendsten musikalischen Paradoxen, deren überhaupt in Rousseau's Wörterbuche nicht wenige vorkommen. Wenngleich übrigens die Streitfrage über die Vielstimmigkeit der alten Musik nicht mit völlig einleuchtender Gewißheit zu entscheiden steht, so ist doch wohl unstreitig die größte Wahrscheinlichkeit auf der Seite derer, die sie leugnen; und es kommt hauptsächlich darauf an, die Wörter: συμφωνος, ὁμοφωνος, ἀντιφωνος, u. s. f. wenn sie von den Tönen gebraucht werden, richtig zu verstehen, und so, wie sie die alten Musiker selbst, z. B. Gaudentius, erklären. (S. Dr. Burney's angef. Abh. S. 153 ff.) Auch das Wort Harmonie selbst bedeutete bei den Griechen nicht, wie bei den Neuern, Zusammenstimmung, sondern Folge mehrerer Töne, und also das, was wir jetzt Melodie nennen, da dieß letztre Wort hingegen das Rhythmische in der Tonfolge bezeichnete. Die Töne, welche bei den Griechen ἀντιφωνος hießen, waren, wie sich aus jenen Erklärungen und mehrern Stellen deutlich genug ergiebt, gleichartige Töne in der Oktave; und selbst die erste Stelle, welche L. aus dem Plutarch anführt, ist davon ein neuer Beweis; denn es ist da von den zusammenstimmenden höhern und tiefern Tönen dieser Art die Rede, wo aus den ἀντιφωνοις das συμφωνον entsteht, da, wie es scheint, die höhern Töne der Zither, und die tiefern der Menschenstimme beigelegt werden. Und wenn man in der zweiten Stelle auch die Leseart des Stephanus annimmt; so ist sie doch wohl eben so zu erklären; und Plutarch schreibt der Freundschaft eine noch innigere Harmonie, eine noch nähere Zusammenstimmung und völligere Gleichheit zu, als in der Musik selbst diejenigen Töne mit einander haben, die zwar an sich die nämlichen, aber doch durch die Verschiedenheit der Oktaven in einer gewissen Unähnlichkeit und Entfernung von einander sind.

## N.

Natter. Sein System ist: das Schlechteste für das Aelteste zu halten; welches aus dem, was er über die dritte und sechste Kupfertafel vorbringt, zu erweisen ist. (Winkelmann, von der Fähigkeit der Empfind. des Schönen, S. 7.)

„Eben so falsch, fährt Winkelmann „fort, ist dessen Urtheil über das vermeintlich „hohe Alter der Steine auf der achten bis zur „zwölften Platte. Er geht hier nach der Ge„schichte, und glaubt, eine sehr alte Begeben„heit, wie der Tod des Othryades ist, müsse „auch einen sehr alten Künstler voraussetzen."

Daß Natter in seinem Werke die Feder nicht selbst führen können, ist ohne Zweifel die Ursache, daß verschiedne Stellen ziemlich dunkel sind. Aber warum konnte er sie nicht selbst führen? Warum schrieb er nicht in seiner Muttersprache?

Herr **Deschamps**, der sie führte, hat nicht einmal immer als ein Gelehrter gut geschrieben, geschweige als ein Kunstverständiger. Wie nachlässig er in seinen Anführungen ist, habe ich an der Stelle des **Plinius** in den **Antiquarischen Briefen** gezeigt. Nicht weit davon sagt er: Dans la suite les Grecs, ayant porté la *Lithographie* en Italie. **Lithographie** für **Steinschneidekunst** habe ich nirgend gefunden; das Wort kann auch das nicht heissen.

Ich weiß, daß man auch eine englische Uebersetzung von diesem Werke hat. Diese müßte ich zu Rathe ziehen, um aus verschiednen Stellen klug zu werden, die mir im Französischen ganz unverständlich sind; z. E. *Préf.* p. XXXV: Il est vrai que ces sortes de ciseaux &c.

**Natter**, sage ich in den **Antiquarischen Briefen**, war überzeugt, daß die Alten ihre Geheimnisse gehabt haben. Er bemerkte z. B. an einer alten Paste (die er lange für

einen Onyx gehalten); deren Oberfläche bläulich, und deren Grund schwarz war, daß das Tiefe in dem Schnitte schwarz schien, obschon die blaue Lage noch viel tiefer ging, und das Instrument also nicht bis auf die schwarze Lage gereicht hatte. Er schloß also daraus: que l'un de ces Artistes avoit quelque sécret pour noircir sa gravure en páte, que l'autre n'avoit pas. (*Préf.* p. XXXVIII.) — Desgleichen glaubte er, daß alte Künstler das Geheimniß gehabt hätten, die Karneole und Onyxe klar und rein zu machen. (*ibid.*) Je suis aussi dans l'opinion, que quelques graveurs anciens possedoient le sécret, de *rafiner* & de *clarifier* les Cornalines & les Onyx, vû la quantité prodigieuse de cornalines fines & mal-gravées, que les Anciens nous ont transmises; tandis qu'à présent à peine en trouve-t-on une entre mille, qui ait le même feu. Il y a encore d'autres raisons plus fortes & plus convaincantes en faveur de cette conjecture; mais je laisse aux Curieux à les déviner,

en attendant que je trouve une autre occasion de les leurs communiquer.

Es ist wahr, die ganze Absicht seines Werks ging dahin, zu zeigen, daß die alten Künstler sich ungefähr eben der Methode müssen bedient haben, als die neuern. Dem ungeachtet erkannte er auf alten Steinen Spuren von diesen ganz unbekannten Instrumenten. (*Préf.* p. XXVIII.) Un graveur entendu & exercé y découvrira mille traits, mille beautés de détail imperceptibles pour tout autre que pour lui. Il appercevra la marche & l'effêt de tous les outils que l'on y aura emploiés, non seulement de ceux qui nous sont connus, mais même de ceux dont on ignore aujourd'hui la construction & la forme, mais dont l'opération ne laisse pas d'être sensible à un homme de métier. — Natter hatte das Instrument, womit die Wappenschneider Parallellinien schneiden, darunter bemerkt, und sagt, Hr. Guay, den er dieses Instrument lehrte, ob er es gleich nicht mit hat stechen lassen, würde es leicht auch darin entdeckt haben, wenn er sich die Mühe gegeben hätte, die Haare eines alten guten Kopfes zu kopiren; ohne daß er nöthig gehabt hätte, ein neues dazu zu erfinden. Wäre es also sehr unwahrscheinlich, wenn man annähme, daß Natter mehr solche Instrumente, deren Spuren er auf alten Steinen gefunden, wieder erfunden und gebraucht hätte?

Wie weit die Figur in den Stein mit dem bloßen Rade zu fertigen sey, sieht man Tab. II. fig. 2. Nämlich bloß nach den gröbsten Vertiefungen, die schlechterdings noch keinen Gliedern ähnlich sehen: après quoi l'on y emploie des outils plus petits & plus taillans, pour l'achever selon la capacité de l'Artiste. Was also gerade bei dieser Kunst die Hauptsache ist, kann mit dem Rade nicht vollendet werden, sondern erfodert kleinere schneidende Werkzeuge, in deren Gebrauch allein die wahre Geschicklichkeit des Artisten beruhet.

Natter giebt auf der dritten Kupfertafel seines Traité de la Méthode antique de graver en pierres fines, *etc.* (Lond. 1754. fol.) drei ägyptische Gemmen, deren Arbeit von keiner sonderlichen Schönheit ist, bei denen er aber doch, so wie bei der Gemme Taf. VI, auf das frühere Alter ihrer Verfertigung nicht sowohl aus der schlechten Zeichnung der Figuren, als vielmehr aus dem noch sehr Unbehülflichen in dem Mechanischen des Schnitts, zu schliessen scheint. Denn auf diesen letztern Umstand nahm er durchgehends am meisten Rücksicht.

In dem, was er über die achte bis zur zwölften Kupfertafel, und besonders bei der eilften und zwölften Gemme sagt, die beide den Tod des Othryades vorstellen, finde ich gleichfalls nichts, was den ihm von W. gemachten Vorwurf verdient hätte.

Lithographie könnte, der Etymologie nach, freilich wohl so viel heissen als Steinschneidekunst, in so fern γϱαφειν, wie bekannt, ursprünglich nicht vom Schreiben sowohl, als vom Zeichnen, Mahlen, und jeder Art bildlicher Darstellung gebraucht wurde. Auch kommt das Französische *graver* vielleicht von jenem griechischen Worte her. Aber der Sprachgebrauch will es nun einmal, und es ist auch unstreitig der Analogie gemäßer, daß man unter Lithographie nichts anders versteht, als Kenntniß und Beschreibung der Steine, bloß in Rücksicht auf ihr Materielles.

Der englische Text von Natter's Werke hat sich sehr selten gemacht, weil N kein englisches Exemplar unter zwei Guineen verkaufen wollte, und, als er dazu nicht Liebhaber genug fand, alle noch vorräthige Abdrücke verbrannte.

In der Stelle der Vorrede, S. XXXV, erscheinen freilich die ciseaux auf einmal, ohne daß ihrer vorher erwähnt wäre; und man erräth erst aus der Folge, daß sie es waren, die Herr Siries aus einer Komposition, woraus er ein Geheimniß machte, verfertigt hatte.

Von den letztern Bemerkungen hat Lessing schon verschiedenes in s. Antiquar. Briefen benutzt. S. vornehmlich Th. I. Br. 27 und 34.

Ueber Natter's Lebensumstände und Künstlerverdienste haben wir, so viel ich weiß, noch nichts ausführlichers, als was in Hrn. Büsching's Gelehrten Abhandlungen aus und von Rußland, St. I. S. 207—220, und in eben desselben Gesch. und Grunds. d. sch. K. und W. St. II. §. 48. 49. gesammelt ist. Denn was Klotz, der einmal seine Lebensbeschreibung ankündigte, in den Actis Literariis, Vol. I. p. 228, über ihn gesagt hat, ist sehr unbedeutend, obgleich Füeßlin u. a. darauf verweisen.

Nero. Zu meiner Tragödie von ihm könnten das Lemma seyn, die nämlichen Worte, welche einer von den Umstehenden ihm zurief:

Usque adeone mori miserum est!

Seines Vorsatzes, den Tod des Nero als Trauerspiel zu bearbeiten, dessen auch in der Vorrede zum zweiten Bande seines Theatral. Nachlasses, S. XXIX, gedacht wird, erwähnte L. zum öftern gegen mich; und, so viel ich mich erinnere, hatte ihn Nath. Lee's wildes, obgleich nichts weniger als verwerfliches Stück, *Nero Emperor of Rome*, zuerst auf diesen Stoff geleitet.

---

Daniel Neuberger. Célèbre Potier d'Augsbourg, qui avoit trouvé l'invention de donner à la cire la dureté du fer, aussi bien que la couleur. (v. *Journ. des Savans*, a. 1684, p. 47; und Sandrart in s. Mahlerakademie.

Im Journ. des Sav. wird Neuberger aus dem Sandrart angeführt, der in seiner Teutschen Akademie der edlen Bau- Bildhauer- und

Mahlerei-Künste (Nürnb. 1675. fol.), 1ster Hauptth. Th. II. B. III. S. 350, von ihm sagt: „Es wollte die edle Sculptura uns auch in „Teutschland einige, und zwar sonderlich den „Daniel Neuberger, erwecken, dessen Va- „ter auch wohl in Wachs bossiren, desgleichen „zierliche Bilder und Historien machen, und „also seinem Sohn einen guten Grund und An- „fang zeigen können, damit sein schöner Geist „ferners zu mehrerer Erfahrenheit durch einigen „Fleiß kommen und steigen möchte. Seine „Wissenschaft aber bestand erstlich darin, in zu- „gerichtetem Wachs alle denkwürdige Figuren „aufs allergeistreichste mit vielen Historien, „Feldschlachten, darinnen oft etliche hundert „Bilder ganz nett und vollkommen, also vorzu- „stellen, daß vorhin niemals dergleichen Ueber- „fluß und Fertigkeit in Wachs gesehen worden. „Neben dem erfand er auch die Art, sein Wachs „auf allerlei Weise, wie es die Natur erfoderte, „zu koloriren, daß es dem abgebildeten Men- „schen ganz und gar in allem ähnlich war; auch „sogar die Metalle und Edelgesteine mit ihrer „Farbe, Schein und Glanz repräsentirte, daß „man es oft für wahrhafte Steine selbst gehal- „ten, wie denn viele Potentaten und Künstler

„solche für wahrhafte angesehen, ja sogar in „eben dem Gewichte befunden." — Sandrart führt hierauf verschiedne Arbeiten dieses Künstlers, besonders für Kaiser Ferdinand *III.* an, z. B. eine äußerst natürliche Abbildung dieses Kaisers, mit einem darin angebrachten Uhrwerke. Auch wird die Neuberger'n eigenthümliche Verfahrungsart beim Bossiren von S. beschrieben. — — In des jüngern Herrn von Stetten musterhafter Kunst- Gewerb- und Handwerksgeschichte der Reichsstadt Augsburg (Augsb. 1779. 8.) wird S. 439 dieser Künstler gleichfalls sehr rühmlich erwähnt. Er war aus Augsburg gebürtig, und lebte daselbst, bis ihn die Zeiten des dreißigjährigen Krieges vertrieben; und nun ging er nach Wien, wo er starb. Hr. v. St. führt eine merkwürdige Arbeit von ihm aus dem Stammbuche des Optikers Cuno an, nämlich einen Moses, in Wachsfarben gemahlt, und, nach 125 Jahren, noch frisch und wohl erhalten, hinter welchem die Worte stehen: von Wachs, ohne Pinselstrich gemalt von Daniel Neuberger dem jüngern. 1654. — Ein Beweis, daß er schon Versuche gemacht habe, die enkaustische Mahlerei wieder herauszubringen. Auch seine Tochter, Anna

Felicitas,

Felicitas, trieb eben diese Kunst sehr weit, und lebte, nach ihres Vaters Tode, in Regensburg. Man sehe von ihr Sandrart, Hauptth. II, S. 80; Keyßler's Reisen, Br. 94; und Füeßlin's Allgem. Künstlerlexikon, wo auch Daniel's Bruder, Ferdinand Neuberger, erwähnt wird.

---

Nicolaus. Der berühmte Wassertaucher, von dem ich, in meiner Sammlung über das Heldenbuch verschiednes angemerkt habe. Joh. Matthäus (de Rer. Invent. p. 40.) gedenkt seiner auch. Er redet von der Zeit der sicilianischen Vesper, und der Entstehung des Ordens der Flagellanten, und setzt hinzu: Hoc etiam tempore in Sicilia vir fuit Nicolaus piscis, Messanensis, qui vitam in mari duxit, nec diu extra aquas esse poterat. Hic multa de maris secretis patefecit hominibus, post matris execrationem hanc inhumanam vitam sortitus.

Lessing hatte, als er in Berlin lebte, zu einem Kommentar über das Heldenbuch schon eine Menge Materialien gesammelt. Unglücklicherweise nahm sie sein Bedienter für unnütze Papiere, und verbrauchte sie eine Zeitlang in der Stille zu Haarwickeln für seinen Herrn. Als dieser es entdeckte, war der größte Theil schon unwiederbringlich verloren; und, so viel ich weiß, ist wenig, oder vielleicht nichts mehr davon, unter seinem Nachlaß befindlich. — Zu welcher Stelle des Heldenbuchs L. jene Anmerkungen über den Wassertaucher Nicolo oder Colas angebracht habe, weiß ich nicht anzugeben. Man nannte ihn gewöhnlich *le Poisson Colas*, weil er fast mehr unter als über dem Wasser lebte. S. Journ. des Sav. a. 1677, p. 116, bei der Anzeige von *Jo. Pecklini* de Aëris et Alimenti Defectu et Vita sub Aquis. Kilon. 1676. 8.

---

Niellum. Eine Art von Gravüre, oder, wenn man will, von Email, von der ich noch keinen rechten Begrif habe, ob ich schon Werke davon gesehen; z. E. bei Hrn. Balemann in Hamburg das Portrait eines kaiserlichen Generals, aus dem dreissigjährigen Kriege, in einem gehöhlten Thaler. — Die Italiäner nennen diese Arbeit lavoro di Niello, und die Franzosen Nellure. Vigenere in seinen Anmerkungen über die Bilder des Philostratus, soll die Art, wie dabei verfahren wird, beschreiben, wie ich aus einem Artikel des Caseneuve in dem französischen Wörterbuche des Menage sehe. Jener muthmaßt daselbst, ohne Zweifel sehr richtig, daß das Wort von *niger*, *nigellus*, herkomme, und *nellure* gleichsam so viel sey, als *nigellatura*, und *neller* so viel als *nigellare*. Aber er geht zu weit, wenn er darum in dem Testamente des Abts Leodebodus, der unterm Klothar, dem Vater des alten Dagobert, lebte, und welches Testament Helgaud, ein Mönch des Klosters Fleury, in seiner Geschichte des Königs Robert anführt, anstatt: scutellas deauratas, quae habent in medio cruces *niellatas*, will gelesen wissen: *nigellatas*. Das Wort ward nun einmal so gesprochen und geschrieben, auch wenn man Lateinisch sprach und schrieb. Hieraus sieht man auch, daß *croix nillée*, als ein Kunstwort der Heraldik (beim Menage unter dem Art. *nillée*,) weder so viel heißt, als annillée, gleichsam annihilée, in der Bedeutung von klein, zart; noch auch von *nille*, le fer de moulin, qui ſoutient la meule ſuperieure, herkommt, ſondern wirklich ein Kreuz, nach gedachter Art gearbeitet, bedeuten muß.

Zu Anfang des ſechszehnten Jahrhunderts war Franceſco Francia, ein Goldſchmied und Mahler von Bologna, in dieſer Art von Arbeit ſehr berühmt, deſſen auch Camillo Leonardi gedenkt. (S. ſ. Artikel.) — Ob aber das wahr ſeyn mag, was Leonardi daſelbſt ſagt, daß dieſe Kunſt zu nielliren eine neue Erfindung ſey, und bei den Alten ſich keine Spur davon finde?

Ich habe eine Ahnung, daß es vielleicht die Enkauſtik der Alten iſt! — Wenn ich die Sache näher unterſuche, muß ich Bulenger de Pictura et Statuaria Veterum, L. II. Cap. V. VI. zu Rathe ziehen, wo die Stellen aus dem Vigenere lateiniſch überſetzt ſind.

War, wie oben angeführt, zur Zeit des Leodebodus, der, wenn er unterm Klothar lebte, in der erſten Hälfte des ſiebenten Jahrhunderts gelebt haben muß, das Nielliren schon bekannt; so ist es sehr wahrscheinlich, daß diese Kunst sich von frühern Zeiten herschreibt. Sie wird keine Erfindung dieser dunkeln und barbarischen Zeiten gewesen, sondern von Griechen und Römern abgekommen seyn.

In *Bulengeri* de Pictura, Plastice, Statuaria, Libris II. (Lugd. 1627. 8.) Cap. V. VI. p. 113 ff. wird de Smalto, seu Encausto (von der Email-Mahlerei) gehandelt; und aus dem Kommentar des Viguère über seine französische Uebersetzung der Philostrate das hieher Gehörige lateinisch übersetzt. Vom Nielliren wird daselbst, S. 121 f. folgende Beschreibung mitgetheilt: „*Nellura* quae vulgo dicitur, hoc modo fit: sume tibi unciam unam argenti, duas aeris purgatissimi, tres plumbi. Liquato argentum et aes in eodem vase, ut confundantur; tum plumbum addito, et carbone moveto, ut plumbum spuma liberetur, et tria illa metalla in unum corpus transeant. Vas terreum pugni magnitudine sulphure vivo semiplenum, quod in pulverem triveris, habeto, et in id metalla illa mixta fusaque injicito, et os vasis obturato argilla, et linteolo; et omnia commoveto, manibus usus, donec refrigescat, ut omnia in unam massam transeant. Vase fracto massam illam funde, et liqua in calice aurariae fusurae injecto borace, et fusionem iterato, donec massa fracta tibi placeat. Haec est *nellura*, quae auro et argento tantum adhibetur, quam e verbis Gallicis *Vigineri* latinam tibi dedi." — Boulenger sucht, nach dem Vignère, in dem angeführten sechsten Kapitel zu zeigen, daß das Emailliren den Alten schon bekannt gewesen, und ihr *encaustum* gewesen sey. Er beruft sich deswegen auf eine Stelle beim Philostratus (L. I. Icon.), und auf eine andre beim Plinius, L. XXXIV. c. 17: „Plumbum album incoquitur aeris operibus Galliarum invento, ita, ut vix discerni queat ab argento, eaque *incoctilia* vocant." — Bei dem allen scheint doch das neuere Nielliren nichts anders zu seyn, als ein auf Silber aufgetragnes Email. Ob und in wie fern die Alten sich schon auf diese Kunst verstanden haben, und ob und in wie fern sie mit ihrem *encaustum* einerlei sey, verdiente allerdings eine nähere Untersuchung.

Du Fresne in s. Glossar. Latin. med. aevi, erklärt das Wort *nigellum* durch Encaustum Nigrum, vel subnigrum, ex argento et plumbo confectum, quo cavitas sculpturae repletur, und beruft sich dabei auf den Vasari, Kap. 33. Er setzt hinzu: Italis *Niello*; Gloss. Vett. *Nigellum*, μελανιον; und führt verschiedne Beispiele aus Schriftstellern des Mittelalters an. Auch hat er die Wörter, nigellatus und *niellatus*, die er durch nigello distinctus erklärt. Bei diesem letztern führt er gleichfalls die Stelle aus dem Leodebodus an, und fügt hinzu: Idem videtur quod *Noelli* nostratibus, wozu er vier Beispiele aus alten französischen Ritterromanen giebt.

Vermuthlich hatte Lessing, als er den obigen Artikel niederschrieb, die Wolfenbüttelische Handschrift des Theophilus Presbyter, aus welcher er das frühere Zeitalter der Oehlmahlerei entdeckte, und die er im sechsten Beitrage z. Gesch. u. Litt. abdrucken ließ, noch nicht aufgefunden, oder doch noch nicht genau durchgesehen. Denn sonst würde er darin auf das 27ste, 28ste und 31ste Kapitel des dritten Buchs gerathen seyn, welche den ganzen Prozeß des Niellirens beschreiben, und de nigello, und de imponendo nigello handeln. Die Beschreibung davon ist noch umständlicher, als die von Vignere, und stimmt in der Hauptsache damit überein. Hier würde er auch gefunden haben, daß *nigellare* mit *denigrare*, der Ableitung und Bedeutung nach, einerlei ist, und daß Theophilus dieß leztre Wort von dem Zwecke der Arbeit mehr als Einmal braucht. Hr. Prof. Leiste sagt in der Vorrede des angef. Beitrages, S. 13, es sey ihm nicht bekannt, ob noch irgendwo ein solches schwarzes Email (nigillum) aus ⅔ Silber und ⅓ Kupfer, ⅛ Blei und Schwefel, gemacht werde, auch kenne er das Gummi Barabas nicht, womit es, nach dem 28sten Kap. auf die Gefäße gebracht wird, die schwarz emaillirt werden sollen. Ist es vielleicht der Borax, dessen Vignère gedenkt?

---

ΝΟΜΟΣ. Als ein musikalisches Kunstwort, heißt *νομος* nicht bloß ein Stück auf der Zither, zu welchem gesungen werden kann; so, wie es beim Suidas erklärt wird: *νομοι καλȣνται ὁι μȣσικοι τϱοποι, καθ᾽ ȣ̔ϛινας ᾀδομεν*· und weiter hin: *νομος, ὁ κιθαϱῳδικος τϱοπος της μελῳδιας*. Sondern es wird eben sowohl von Stücken auf andern Instrumenten gebraucht, zu welchen nicht gesungen wird; z. E. von der Trompete, beim Polyänus, L. V. c. 16. 4. wo es vom Prammenes heißt: χρησαμενος τῳ νομῳ της σαλπιγγος ὑπεναντιον, indem er dasjenige Stück, mit welchem sonst zum Angriffe geblasen worden, seinen Soldaten zum Zeichen des Rückzuges, und umgekehrt, machte. Jenes heißt νομος ἐπικελευςικος, und dieses ἀνακλητικος.

Vossius sagt in s. Institut. Poët. L. III. c. 13. §. 4: „Νομος vocatur velut norma quaedam, et lex canendi." Und diese allgemeine Bedeutung scheint dieß Wort auch wirklich gehabt zu haben, wenn man es als musikalisches Kunstwort brauchte; so, daß es auch in der musikalischen Poesie, wie am Ende alle Poesie der Griechen war, vorzüglich in der lyrischen, eine Strophe, einen Absatz bedeutete, welchen man auch ehedem selbst im Deutschen ein Gesetz nannte. Die Einkleidung der Gesetze in Poesie und Gesang, welche bei den ältesten Griechen gewöhnlich war, scheint freilich wohl zu der ersten Anwendung dieses Wortes Gelegenheit gegeben zu haben, wie selbst Aristoteles, Problemat. f. 19. bemerkt; obgleich Plutarch die Gesetzlichkeit und Unveränderlichkeit derer Lieder, die νομοι hiessen, als den Grund dieser Benennung angiebt. Und eben diese festgesetzte Melodie scheint hernach immer der Nebenbegrif bei derselben geblieben zu seyn. Nach der Verschiedenheit der Veranlassungen, und der begleitenden Instrumente, erhielten sie hernach verschiedne Namen. — Burette hat in seinen Reflexions sur la Symphonie des Anciens, und in seinen Remarques sur le Dialogue de *Plutarque* sur la Musique, im XIten, XIIIten und XIVten Bande der Mémoires de l'Acad. des Inscr. (éd. d'Amst.) diese Materie umständlich abgehandelt. Vergl. Forkel's Allgem. Gesch. d. Musik, B. I. S. 212 ff.

---

Nothhemde. Indumentum quoddam lineum, factum in indusii formam, quod germanice vocant Nothhemde, h. e. *indusium necessitatis*. Eo quicumque amictus esset, invulnerabilis reddebatur, neque illi obesse poterat vel ferrum, vel gladius, aliudve telum, vel glans plumbea tormentis emissa. Neque solum prodesse militibus credebatur, sed parturientium utero applicatum dolores sedabat et partum facilem procurabat. Id nebatur, texebatur et consuebatur a virginibus impollutis *nocte natalis Christi*, hoc modo: *etc.* — — Es verdrießt mich, das Uebrige abzuschreiben, nämlich aus dem Boissard, de Divinatione, p. 55. Das Lächerlichste ist, daß diese unbefleckten Jungfrauen bei ihrer Arbeit den Teufel zu Hülfe rufen mußten. Wenn der Teufel dem Hemde die Kraft verleihen sollte, so, dächte ich, könnten es auch wohl befleckte Jungfern weben und nähen.

Frisch giebt von diesem Worte folgende Erklärung: „Noth-Hemd, indusium magicum, war vor Alters ein zauberisches Hemd, das die abergläubischen Kriegsleute anlegten, weil keine Kugel oder Stoß durchgehen sollte; auch legten die Gebährenden dergleichen Hemde an.“ Und Hr. Adelung: „ein ehedem sehr übliches abergläubisches Hemd, welches nicht nur fest machen, sondern auch in Kindesnöthen liegenden Weibern die Geburt erleichtern sollte.“

Nymphäum. Nymphen. Das alte von Holstein beschriebne Gemählde, Nymphäum, ist, nach Winkelmann's Vorrede zur Gesch. d. Kunst, S. XXII, durch Nachlässigkeit, wie man vorgiebt, verdorben, und wird nicht mehr gezeigt.

*Nymphae* braucht Ovid (Ep. Heroid. I. v. 27.) auch von verheiratheten Frauenspersonen:

Grata ferunt Nymphae pro salvis dona maritis;

wenn anders die Stelle so von ihm ist, und nicht vielmehr, wie Heinsius vermuthet, *nuptae* gelesen werden muß.

Der Commentariolus in veterem picturam Nymphaeum referentem ist mit drei andern Abhandlungen des Lukas Holstenius zuerst zu Rom, 1676, fol. dann als Anhang zu seinen Notis et Castigationibus posthumis in *Stephani Byzantini* Εθνικα, s. de Urbibus, L. B. 1684, fol. und zuletzt in *Graevii* Thes. Antiqq. Rom. T. IV. p. 1800 s. mit dem dazu gehörigen Kupfer abgedruckt, wo diese kleine Abhandlung nur zwei Seiten füllt. Jenes alte Gemählde fand sich beim Aufgraben zum Bau des Pallastes Barberini, und war, als Holsten es beschrieb, noch in der dortigen Sammlung von Antiken. Alex. Donatus glaubte, es sey auf diesem Platze das alte Kapitol von Numa erbaut worden, und hielt das Gemählde für eine Anspielung auf Jupiter's und Numa's Geschichte. H. aber macht es sehr wahrscheinlich, daß es ein Nymphäum, oder eine den Nymphen geweihte Grotte, vorstelle.

Die vom Heinsius glücklich genug vermuthete Leseart wird wenigstens nicht durch die Wolfenbüttelischen Handschriften der Heroiden Ovid's bestätigt, deren Vergleichung der sel. Heusinger im dritten Lessingischen Beitrage zur Geschichte und Literatur mittheilte.

## O.

Obsidianisches Glas. Hr. Klotz sagt, daß die Alten die Zusammensetzung (oder den Glasfluß, in welchen sie die geschnittenen Steine abgegossen,) *vitrum obsidianum* genannt hätten. (Von geschn. Steinen, S. 58.) — Welche Unwissenheit! Nicht jeden, sondern nur den, welcher ad similitudinem lapidis, quem in Aethiopia invenit Obsidius, nigerrimi coloris, aliquando et translucidi, (*Plin.* XXXVI, 67.) zubereitet war. Nicht jede alte Glaspaste ist aus vitro obsidiano, sondern nur die schwarzen sind vielleicht davon.

„Eine Sache, fährt er fort, die zu vielen Untersuchungen, Widersprüchen und Irrthümern Gelegenheit gegeben hat.“ — Falsch! Nicht das vitrum obsidianum, sondern der lapis obsidianus, die gemma obsidiana, hat dazu Gelegenheit gegeben. Was diese letzte eigentlich sey, darüber wird gestritten; nicht aber, was jenes, welches eine schwarzgefärbte Glasart war, zur Nachahmung des obsidianischen Steins. Klotz kann also auch nicht einmal die Abhandlung des Caylus, die er so sehr rühmt, vom obsidianischen Steine, gelesen haben.

Unter den von Hrn. Meusel übersetzten Abhandlungen des Grafen Caylus zur Geschichte und zur Kunst, B. I. (Altenb. 1768. 4.) ist gleich die zweite, S. 14—57, deren Original im 30sten Bande der Mem. de l'Acad. des Inscr. befindlich ist, eine Untersuchung einer Stelle des Plinius, die von dem obsidianischen Steine handelt. Dieß ist die oben angeführte Stelle. Der Graf Caylus vergleicht die verschiednen Meinungen der Ausleger darüber, besonders des Salmasius, der den Stein ὄψιανος, woraus die Griechen Spiegel verfertigten, darunter versteht. Diese Meinung widerlegt der Graf, und sucht zu erweisen, daß der obsidianische Stein vollkommen mit einer Glasart übereingestimmt habe, welche sehr schwarz, bisweilen durchsichtig ist, aus den feuerspeienden Bergen hervorkommt, und zu Peru unter dem Namen des gallinazischen Steins bekannt ist. Wegen seiner Aehnlichkeit mit einer Gattung von metallischer Verglasung könnte man ihn auch Eisenschlacke von feuerspeienden Bergen nennen. C. führt zugleich die von einem geschickten Chemiker, Roux, gemachten Versuche an, dem mit Schwefel gekochten Glase die Härte eines Steins zu verschaffen.

---

*ODIUM THEOLOGICUM*. Diesen Ausdruck, glaub' ich, hat Menage zuerst gebraucht, und den Haß der Gelehrsamkeit darunter verstanden. (S. *Menagiana*, T. I. p. 320, édit. de Paris, 1694.) „J'avois dit avant l'Auteur de la Critique de l'Histoire du Calvinisme, que la haine d'érudition est implacable. Je l'appelle *Odium theologicum.* — Ob Mosheim in seiner Rede *De Odio Theologico* diesen Umstand bemerkt?

Es scheint doch, daß der Ausdruck, *odium theologicum*, für unauslöschlichen, unversöhnlichen Haß, schon vorher üblich gewesen war, und daß Menage ihn nur auf den Haß der Gelehrsamkeit anwandte, ohne diesen überhaupt so benennen zu wollen. Er setzt hinzu: Les Italiens disent que celui qui offense, ne pardonne jamais: *Chi offende, non perdona mai.* Tacite en rapporte la raison: C'est, dit-il, que les causes de la haine sont d'autant plus violentes, qu'elles sont injustes: *Odii caussae acriores, quia iniquae*, u. s. f. — In Mosheim's Programm, De Odio Theologico, (Goetting. 1747. 4.) wird jener Stelle des Menage nicht gedacht, und überall der Ursprung dieses Ausdrucks nicht untersucht. Zwar führt er folgende Stelle aus dem Briefe an, womit der fromme, sanfte Melanchthon sich selbst, wenig Tage vor seinem Ende, über den ihm bevorstehenden Ausgang aus dieser Welt zu beruhigen suchte: „Discedes

a peca peccatis, liberaberis ab aerumnis *et a rabie Theologorum.*" Aber hier ist doch jener sprichwörtlich gewordne Ausdruck wenigstens nicht buchstäblich gebraucht, den Mosheim übrigens gerade so, wie Menage, erklärt: „Intelligunt, ut arbitror, vehementem inprimis, insatiabilem, et modi omnis finisque nesciam libidinem illis nocendi, qui vel modice ab opinionibus, in quas juravimus, abeunt, vel fortunis, honoribus et commodis nostris insidiantur, aut abire et insidiari videntur."

---

Ohrbergen. So könnte man, glaub' ich, nicht unfüglich das Griechische ἀμφωτίδες, die sich die Athleten umbanden, um ihre Ohren vor den Schlägen zu bergen, übersetzen, nach der Analogie von Halsberge, dem Theile der alten Rüstung, welcher den Hals in Sicherheit setzte.

Dergleichen Ohrbergen rieth Xenokrates, nach dem Plutarch, (*de Audit.* p. 38. Ed. Xylandr.) lieber den Kindern, als den Athleten umzumachen, um sie vor übeln Reden zu bewahren, wodurch ihre Sitten verdorben würden, anstatt, daß die Schläge bei diesen nur die Ohren verletzten. — Ich schließe hieraus, daß die ἀμφωτιδες, wie natürlich, auch das Gehör müssen benommen haben; und darin bestand vielleicht der zweite Nutzen für die Athleten, um sich durch das Geschrei, welches die Zuschauer um sie her machten, nicht zerstreuen zu lassen.

Spuren von diesen Ohrbergen scheint man in dem nicht zu finden, was *Winkelmann* von den zerschlagenen und zerquetschten Ohren der Pankratiasten, in der Vorrede zu s. *Versuch einer Allegorie*, anmerkt. Entweder diese Ohrbergen müssen also spät seyn erfunden worden, oder die Pankratiasten müssen sich ihrer nicht bedient haben, sondern nur die Athleten.

Die ἀμφωτιδες, welche auch ἀντωτιδες und περιωτιδες hießen, welches *Lessing* überaus glücklich durch *Ohrbergen* übersetzt, waren nur bei der πυγμικη, oder dem *Faustkampf*, üblich; vielleicht auch nur bei der Vorübung auf denselben in den Gymnasien, welche, wegen der Kugeln oder Bälle, die man dabei in der

Hand hatte, σφαιρομαχια hieß. — Winkelmann in der Vorrede zum Versuch einer Allegorie, S. VII, nimmt selbst an, daß man dergleichen ἀμφωτιδες, die, wie er hinzusetzt, von Erz waren, erst in spätern Zeiten eingeführt habe. — Mit dem, was Winkelmann ebendas. über die gequetschten und geschwollenen Ohren der Pankratiasten sagt, vergleiche man die Erinnerungen des Hrn. Hofr. Heyne in s. zweiten Samml. Antiquar. Aufsätze, S. 253.

---

Oper, die Hamburgische. Die erste Hamburgische Oper ist von 1678, (s. Gottsched's Vorrath zur Gesch. d. dramat. Dichtk. S. 238;) und heißt: Der erschaffene, gefallene, und aufgerichtete Mensch. Verschiedne Jahre vorher waren schon zu Dresden, zu Halle, zu Würtemberg, zu Wien, Opern aufgeführt worden, ja gar auch zu Koppenhagen eine deutsche schon 1663, betitelt: Die Waldlust. (Ebendas. S. 216.)

Die allegorischen deutschen Singspiele, welche durchaus in einem gleichen Sylbenmaße abgefaßt sind, und weder Recitative noch Arien haben, schreiben sich gar nicht von der italiänischen Oper her; wie z. E. Harlekin's Hochzeit, und andre solche Singestücke in Ayrer's Opere Theatrico.

Von den ersten Unternehmern und Spielern der Hamburgischen Opern habe ich noch zur Zeit nichts erfahren können; ausser daß mich der Rektor Müller versichert, ein gewisser Rathsherr allhier habe die Entreprise davon gehabt, und sie wären an eben dem Orte, wo jetzt das neue Theater auf dem Gänsemarkte steht, aufgeführt worden.

Hiernächst unterzogen sich der Direktion derselben der Herr von Ahldefeld, ein Holsteinischer von Adel, dessen Güter in der Nähe von Hamburg lagen, und der meistens in der Stadt lebte, nebst dem englischen Residenten Wich. In dem Patrioten soll eine Satire auf diese Herren und ihre Theaterverwaltung stehen, unter dem Namen Haskarl, eines damaligen elenden deutschen Komödianten. Diese soll die Schwester von Wich, eine Frau des damaligen hiesigen englischen Predigers

Thomas, welcher nachher Erzbischof (von Canterbury, denk' ich,) geworden, weil sie mit ihrem Bruder unzufrieden gewesen, geschrieben, Herr Weichmann aber ins Deutsche übersetzt haben. Auf diese Satire wollte die Entreprise durch ein Vorspiel, genannt die Baßgeige, antworten lassen, in welchem sie Brockes, Telemann und Weichmann, die sie für die Urheber jener Satire hielt, sehr anzüglich mitnahm; besonders Telemann, wegen seiner Frau, die ihm nicht Farbe hielt, sondern einen schwedischen Offizier liebte. Allein es kam zu früh aus, und die Aufführung wurde vom Rathe untersagt. Diese Baßgeige hatte Prätorius gemacht, welcher damals als Poet für das Hamburgische Theater arbeitete. Dieser Johann Philipp Prätorius ist hernach Professor Juris zu Trier gewesen, und hat verschiedne juristische Werke geschrieben.

Die Hamburgische Oper muß im J. 1736 in den elendesten Umständen gewesen seyn, wie ich aus dem Schreiben eines Schwaben an einen deutschen Freund in Petersburg, von dem gegenwärtigen Zustande der Oper in Hamburg (1 Bogen 4.) sehe. Lamprecht steht als Name des Verfassers auf meinem Exemplar beigeschrieben; und sonach müßte es Dreyer wohl in seine Sammlung der Lamprechtischen Werke gebracht haben. Damals war die Oper gänzlich unter italiänischer Direktion, obgleich die Madam Kaiser noch dabei, und wirklich auch noch die vorzüglichste Sängerin war. Verzierungen und Tänze waren abscheulich; und die übrigen Sängerinnen waren Madam Monza und ihre Tochter; beide höchst elend, und die letzte noch dazu fürchterlich häßlich, obgleich sehr verliebt. Die Bühne war aber auch höchst leer, und das ganze Theater bestand aus drei bis vier deutschen Italiänern.

Die Hamburgischen Opern, die ich gedruckt selbst durchblättert habe, sind nach der Zeitordnung folgende. Ich will daraus anmerken, was zur Geschichte derselben gehört:

1698. Der aus Hyperboreen nach Cimbrien überbrachte güldene Apfel. Ein allegorisches Stück auf die Vermählung des Herzogs zu Holstein,

Friedrich, mit der schwedischen Prinzessin, Hedwig Sophie. Eine gelehrte Vorrede zeigt, nach dem Rudbeck sowohl, als mit eignen Gründen und Zeugnissen, daß man Hyperboreen, Hesperien, den Atlas, und was zu dieser Fabel mehr gehört, nirgend anders als in Schweden suchen müsse, und macht die Anwendung dieser alten Fabel auf den feierlichen Fall. Diese Vorrede ist völlig nach Christ. Heinr. Postel's Geschmack; und also wird auch das Stück von ihm seyn. Die Vorreden, pflegte er zu sagen, schreibe er zu seinem, und die Singspiele zu andrer ihrem Vergnügen. Auch finde ich dieses Stück in dem Verzeichniß der Postelischen Opern und Werke, welches Weichmann in der Vorrede zum Wittekind giebt, ihm wirklich zugeeignet. Dieser Postel hatte schon 1688 für das Hamburgische Theater Opern zu machen angefangen; und sein erstes Stück war die heil. Eugenia, oder die Bekehrung der Stadt Alexandria zum Christenthum.

1699. Die Verbindung des Herkules mit der Hebe; bei der Vermählungsfeier des damals römischen Königes Joseph mit der Braunschweigischen Prinzessin Wilhelmine Amalie. Auch dieses Stück hat eine gelehrte Vorrede über die Fabel vom Herkules und der Hebe, und verräth also Posteln als Verfasser.

— — Noch ein Stück in eben dem Jahre auf eben dieses Fest: Die Wiederkehr der güldnen Zeit.

1700. *La Forza della Virtù*, oder: Die Macht der Tugend; aus dem Italiänischen übersetzt.

1701. Störtebecker und Jödge Michaels, erster und zweiter Theil. Gottsched hat diese beiden Stücke erst unter dem Jahre 1707; sie sind aber bereits 1701 gedruckt und aufgeführt worden. Beide auf dem Titel genannte waren Seeräuber, die ehedem bei einem Grafen von Friesland in Diensten gestanden, und von den Hamburgern endlich ertappt und hingerichtet wurden. Aus dieser Oper hat man hernach ein

Stück gemacht, welches sich noch lange auf dem Theater erhielt. Der Hamburgische Bürgermeister, unter dem sie hingerichtet wurden, hieß Simon, und der Syndikus, Uetrecht. Es muß lustig ausgesehen haben, wenn beiden unterm Schalle der Pfeifen und Trommeln die Köpfe abgeschlagen, und vorne auf zwei Pfähle gesteckt wurden.

1702. Der königliche Prinz *Regnerus*. Aus der dänischen Geschichte entlehnt. Seine Stiefmutter verfolgte ihn so, daß er Kuhhirte werden mußte; eine schwedische Prinzessin, der das Orakel geweissagt hatte, daß sie ihren Gemahl im Walde suchen solle, nimmt sich seiner an, und erhebt ihn auf den Thron.

— — *Berenice*.

— — Penelope, oder Ulysses, andrer Theil. Der erste ist, nach Gottsched's Angabe, gleichfalls in diesem Jahre aufgeführt worden.

1704. Der gestürzte und wieder erhöhte Nebukadnezar. Es muß vortreflich gewesen seyn, den Nebukadnezar, in ein wildes Thier verwandelt, mit Adlersfedern und Klauen bewachsen, unter vielen andern Thieren zu sehen, und brummen zu hören.

1705. Die römische Unruhe, oder, die edelmüthige Oktavia. Diese Oper ist von Barthold Feind. Aus der Vorrede sieht man, daß Postel kurz vorher gestorben war; daß Hunold den Nebukadnezar gemacht habe, so wie vorher schon eine Oper, Salomo; daß eben um diese Zeit auch Bressand gestorben ist, der für das Braunschweigische Theater gearbeitet hatte; daß der Kapellmeister Kaiser ein Werk über die Opern und Kantaten schreiben wollen, und daß die Komposition der gegenwärtigen Oper vom ihm gewesen ist. „Dieses ist nunmehro, sagt Feind, „das 31ste Singspiel von seiner Arbeit; „worüber ich mich desto mehr wundre, „weil die Italiäner von ihrem Palaroli „in Venedig als ein unerhörtes Mirakel „ausrufen, daß er bereits 18 Opern kom-

„ponirt; worauf jedoch sein Brunnen auch „dermaßen erschöpft worden, daß er nun„mehr nichts als Kirchenstücke setzt."

1706. *La Fedeltà Coronata*, oder, die gekrönte Treue. Die Geschichte des Abdolonimus, welcher, aus einem Gärtner, König in Sidon wurde. Die Musik von Kaiser. Es war seine 33ste Oper.

— — Der Durchlauchtige *Secretarius*, oder, Almira, Königin in Castilien, gleichfalls von Kaiser in Musik gesetzt. Almira muß früher aufgeführt seyn, als das vorige Stück, und sonach die 32ste Oper dieses Komponisten seyn.

1707. Der angenehme Betrug, oder, der Carneval von Venedig. In diesem Stück kommt auch eine Trientje, ein niedersächsisches Dienstmädchen, vor, welches in diesem Dialekte verschiedne Scenen hat, und Lieder singt.

Ein Verzeichniß deutscher Opern, aus Gottsched's nöthigem Vorrathe zur Gesch. der deutschen dramatischen Dichtkunst gezogen, findet man in Hrn. Marpurg's histor.

krit. Beiträgen zur Aufnahme der Musik, B. III. S. 277 ff. S. 462 ff. und B. IV. S. 419 ff. Ihr Anfang gehört ohne Zweifel schon ins sechszehnte Jahrhundert; und noch in diesem wurden die meisten Singspiele verfertigt, welche Jakob Ayrer's *Opus Theatricum* enthält, das zu Nürnberg, 1618. fol. herauskam. Gottsched setzt die Verfertigung derselben zwischen 1570 und 1589. Diese Stücke wurden indeß durchgehends nach einerlei Melodie abgesungen. Als die erste förmliche deutsche Oper sieht man gewöhnlich die im J. 1627 zuerst am Dresdner Hofe aufgeführte Schäferoper, Daphne, an, deren Verfasser, wie bekannt, Martin Opitz ist, der auch acht Jahre hernach sein Singspiel, Judith, bekannt machte. Das Stück, die Waldlust, mehr Maskerade als Oper, wurde im J. 1663 aus dem Dänischen übersetzt.

Von den Hamburgischen Opern findet man das vollständigste Verzeichniß in Mattheson's Wochenschrift, der Musikalische Patriot, die zu Hamburg 1728. 4. herauskam, St. XXII—XXIV; und Herr Marpurg hat daraus in seinem Verzeichnisse die dahin gehörigen Nachrichten entlehnt. Ich selbst besitze eine von dem ehemaligen verdienstvollen Syndikus

Klefecker in Hamburg gemachte Sammlung Hamburgischer Opern, in acht starken Quartbänden, die vielleicht eine der vollständigsten in ihrer Art ist, und vom J. 1678 bis 1748 geht. Das erste Stück darin ist die von allen für die erste in Hamburg aufgeführt gehaltne Oper: Der Erschaffene, Gefallene, und Auffgerichtete Mensch. Das Jahr 1678, in welchem sie gespielt seyn soll, ist dabei nicht ausdrücklich bemerkt. Der Text soll von einem Richter, und die Musik von Theil gewesen seyn. Die Oper, Orontes, welche Dr. Burney in s. Musikalischen Reise als die erste Hamburgische Oper angiebt, ist die zweite, und ihre Worte waren von eben dem Richter, und dem nachherigen Hamburgischen Prediger Elmenhorst, der im J. 1688, da er schon Prediger war, einen Bericht von Operspielen, zu ihrer Vertheidigung herausgab. Ich finde jedoch in demselben nichts, wodurch sich die Geschichte der ersten Entstehung und Einrichtung der Hamburgischen Oper aufklären ließe; ausser, daß E. in seiner Zuschrift an den Hamburgischen Senat und das Oberalten-Kollegium sagt: „Als vor „wenig Jahren E. Hochedler Rath dieser guten „Stadt zulässig befunden, daß, wie sonsthin in

„Prosa die Komödien — — gespielet, also zu „gemeiner Anständigkeit und billiger Gemüths-„erquickung musikalische oder Singespiele auf „dem Theatro würden vorgestellet, welches „nachmals das löbl. Collegium der Herren „Oberalten, auf erlangte Notifikation, ihm „wohlgefallen lassen; folgbar Einem Wohlehrw. „Ministerio solches angezeiget, u. s. f." — Es möchte also wohl ausser denen Nachrichten, die sich in Mattheson's Musikalischem Patrioten, in den drei angeführten Blättern finden, über die erste Beschaffenheit des Hamburgischen Opern-theaters, und dessen Unternehmer, wohl wenig aufzutreiben seyn. Der Hamburgische Rathsherr, dessen der Rektor (Joh. Sam.) Müller gegen Lessing als des ersten Unternehmers gedachte, war ohne Zweifel Gerhard Schott, der als vornehmster Stifter des Hamb. Operntheaters anzusehen ist, und auf dessen Tod eine besondre Oper: Der Tod des großen Pans, im J. 1702 verfertigt wurde. — Manches dahin gehörige findet sich auch in Mattheson's Grundlage einer Ehrenpforte, in den Lebensbeschreibungen derer, die für jene ältere Oper komponirten. — Das Schreiben an den Patrioten, welches im 38sten Stücke desselben steht, ist nicht in Haskarl's Namen abgefaßt, sondern von einem Hexameter unterzeichnet, der sich für einen Schauspieler von der Truppe jenes Direktors ausgiebt, dem seine Frau mit einem Theile seiner Habseligkeiten entlaufen sey, und dadurch Zwist und Trennung der nun in Schulden steckenden Mitglieder veranlaßt habe. Der Brief enthält den Entwurf eines auf Pränumeration zu druckenden Heldengedichts, die Baßgeige, in der Manier von Boileau's *Lutrin*, in vier Gesängen, wovon der ganze Plan mitgetheilt wird. Haskarl und seine Frau sollen die Hauptpersonen seyn, und die Haupthandlung ihr Zank über eine Baßgeige, welche die letztre für ihren Liebhaber gekauft, und ihr eifersüchtiger Mann an einen seiner Freunde verschenkt hatte. Wie viel in diesem Plan satirische Anspielung sey, läßt sich jetzt nicht mehr beurtheilen. Sonst findet man im Patrioten ein ganzes Blatt, nämlich das 25ste, zum Lobe der Oper.

Vom Jahre 1736 finde ich in meiner Sammlung nur eine einzige Oper: Die rachbegierige Liebe, oder, Orasia; mehrere aber vom Jahr 1737, in welchem die Hamburgische Opernbühne einen neuen Direktor erhielt, der den Schauplatz mit einem Prolog der Musen eröfnete. Die nachherigen Opern sind fast alle italiänisch, meistens von Metastasio, mit gegenüber gedruckter deutscher Uebersetzung. — Unter der Zuschrift der im J. 1740 aufgeführten *Ipermnestra* hat sich Angelo Mingotti als Direktor unterzeichnet, und so noch bei ihrer Wiederholung im J. 1746. — Den Namen der Kaiser und ihrer Tochter, als Sängerinnen, finde ich noch unter den Personen eines Prolog's von 1743.

Die Lücken in Lessing's obigem Verzeichnisse auszufüllen, und es auf ähnliche Art weiter fortzusetzen, würde mich hier zu weit führen, obgleich diese unsre ältern Singspiele, besonders von Seiten der Subjekte, mehr Aufmerksamkeit verdienen, als man bisher darauf verwandt hat. Selbst das, was Hr. Wieland in s. Briefen über die Alceste (T. Merkur, v. J. 1773.) hierüber sagte, scheint diese Aufmerksamkeit nicht sehr angeregt zu haben. Hier also nur noch ein paar kleine Bemerkungen.

Zu der Oper, der güldne Apfel, war die Poesie allerdings von Postel, und die Musik von Kaiser. Von jenem ist auch der Text zum Herkules und Hebe. Die Wiederkehr

Verkehr der güldnen Zeit ist von Bressand, der vornehmlich für die Wolfenbüttelische Oper schrieb. (S. Adelung's Zus. zum Jöcher.) Eben dieser übersetzte die *Forza della Virtù*, welche mit einer neuern Oper, Anagilda, gleichen Inhalts ist. — Die Oper vom Störtebecker soll einen gewissen Hotter zum Verfasser gehabt haben. Der Bürgermeister, unter dem die Hinrichtung geschah, hieß Simon Uetrecht; daraus machte der Verfasser zwei Personen, welches er am Schluß des zweiten Theils entschuldigt. Im J. 1783 lieferte Herr d'Arien eine neue Bearbeitung dieses Subjekts in einem Trauerspiele, welches auch in Hamburg aufs Theater gebracht wurde, aber sich nicht lange erhielt. — Von der Penelope hieß der erste Theil: Circe, oder, Ulysses; beide Theile sind von Bressand. — Im Nebukadnezar ist die Scene freilich possierlich genug, wo ihn seine Geliebte, eine Medische Prinzessin, unter den wilden Thieren antrift, und er alle ihre Anreden nur mit seltsamen Gebehrden und viehischem Brummen beantwortet. — Von Feind wurde noch in eben dem Jahre 1705 die Lukretia aufgeführt, die Kaiser gleichfalls in Musik setzte, der wohl von allen

Komponisten die meisten Opern, nämlich über hundert, schrieb.

Scheibe, in seinem Kritischen Musikus, St. 77, setzt das Ende der eigentlichen Hamburgischen Opern ins Jahr 1737, und erzählt den Verfall derselben umständlich. Die Kaisern und Monza, vorher ein Schneider, hatten zuletzt die Direktion, die aber, weil sie in Schulden geriethen, nur sehr kurz dauerte. Hernach spielte die Neuberische Gesellschaft eine Zeitlang auf dem dortigen Operntheater, ging aber bald darauf nach Petersburg; und zuletzt wurden wieder italiänische Opern unter Mingotti's Direktion aufgeführt, die aber im J. 1748 wieder scheinen aufgehört zu haben.

---

Opitz. Daß die vortrefliche schweizerische Ausgabe des Opitz durch die Dazwischenkunft der elenden Trillerischen ins Stecken gerathen, ist ein wahrer Verlust für die deutsche Litteratur. Ihr größter Vorzug besteht darin, daß ihre Besorger eine Menge den Sinn völlig verstümmelnder Fehler, welche sich in die letztern Ausgaben eingeschlichen hatten, durch

Gegeneinanderhaltung mit den ersten Originalabdrücken verbessert haben. Wenn sie nur immer die nämliche Aufmerksamkeit angewandt hätten! Eine Stelle, wo es nicht geschehen ist, fällt mir eben jetzt in die Augen, da ich die Schäferei von der Nymphe Hercynia wieder durchlaufe. „An der Wand,“ sagt der Dichter unter andern, bei Beschreibung der Grotte dieser Nymphe, „waren unterschiedne „Historien mit Muscheln und kleinen Steinen, „und zwar so künstlich, eingelegt, daß wir hin„zugingen, und es mehr für eines Apollens „Werk, als für sonst etwas, ansahen.“ — Für eines Apollens? — Es muß unfehlbar heissen Apellens. Denn der Dichter will sagen, daß man diese eingelegten Kunststücke eher für ein feines Gemählde, als für sonst etwas, hätte ansehen sollen. Und so liest auch wirklich die erste Ausgabe von 1630 zu Brieg in Quart, welche die Schweizer sonst zum Grunde gelegt zu haben sich rühmen.

Ich darf wohl nicht erst bemerken, von welcher Ausgabe des Opitz hier die Rede sey. Und doch ist sie, bei aller ihrer Schätzbarkeit, dadurch, daß sie unvollständig blieb, und nur der erste Theil davon herauskam, fast so sehr in Vergessenheit gerathen, daß sie wohl einer besondern Anzeige bedarf. Es ist nämlich die von Breitinger und Bodmer, die sich nur mit den Anfangsbuchstaben nannten, zu Zürich, 1745. gr. 8. angefangne Ausgabe jenes so ehrwürdigen Dichters; und das auf den Titel gesetzte Motto aus dem Horaz:

> Sic honor et nomen divinis vatibus atque
> Carminibus venit,

würde noch mehr zugetroffen haben, wenn sie wäre vollendet worden. Gottsched, und hernach Gebauer, gingen vorher schon mit der Idee um, den Opitz herauszugeben; und als das nicht geschah, kündigte Triller die seinige an. Von dieser hoften die Schweizer in der Vorrede, es würde bei ihrer Präexistenz im Meßkatalog bleiben; allein sie erschien wirklich im J. 1746, sogleich in vier Bänden, und hinderte, ihrer elenden Veranstaltung und Verstümmelungen des Textes ungeachtet, den Absatz und Fortgang der Zürcher Edition, die auch durch die hinzugefügten, meistens sehr lehrreichen, Anmerkungen schätzbar ist, und wohl einer Vollendung würdig wäre, die ihr aber ihre würdigen Urheber nun, leider! nicht mehr geben können. — Die beste vollständige Ausgabe vom Opitz ist nun immer noch die Amsterdammer, 1646, 12. Diese hat in obiger Stelle auch die Leseart: „Apollens.“

---

Orkus. Bei den Lateinern heißt dieß Wort so viel als Pluto; im Griechischen aber bedeutet ὅρκος so viel als Eid; und in dieser Bedeutung ist es bisher von allen Gelehrten in der zweiten Zeile der Goldnen Sprüche des Pythagoras genommen worden. In dem Gentleman's Magazine vom Mai 1768 finde ich aber einen kleinen Brief, dessen Verfasser anderer Meinung ist, und glaubt, daß diese Zeile von keinem Ausleger bisher gehörig sey verstanden worden.

„Das sieht Jedermann, sagt er, daß die „fünf ersten Zeilen von den Pflichten gegen die „Götter und Menschen handeln; und zwar ge„gen die Götter, Anfangs gegen die höhern, „und hernach gegen die geringern; in Ansehung „jener, erst gegen die himmlischen, und sodann

„gegen die unterirdischen Götter; welche Ord„nung auch in Ansehung der Götter vom ge„ringern Range ist beobachtet worden."

„Alles dieses ist methodisch, und des Ver„fassers so edler Gesinnungen würdig. Und „wenn das so ist, so kann man sich nicht genug „wundern, wie der erste Uebersetzer den Eid „mit unter die zu verehrenden Götter mengen „konnte, indem er ὅρκος durch *juramentum* „übersetzte, da er es durch *Plutonem* hätte „übersetzen sollen."

Um diese ziemlich unwahrscheinliche Erklärung der Worte: και σεβȣ ὅρκον, beim Pythagoras, anzunehmen, müßte doch wohl erst erwiesen werden, daß dieß Wort auch bei irgend einem andern griechischen Schriftsteller den Pluto bedeute, wovon ich wenigstens kein Beispiel finde. Es war ausserdem noch zweifelhaft, ob das lateinische Wort mit dem griechischen das nämliche sey. Orcum quem dicimus, sagt Festus, ait *Verrius*, ab antiquis *Uragum*, quod etiam *u* literae sonum pro *o* efferebant, et pro *c*, *g* literae formam usurpabant.

**Orpheus.** Unter den Schriften, welche unter dem Namen dieses Dichters noch vorhanden sind, ist auch ein Gedicht περι λιθων, in welchem Theodamas, der Sohn des Priamus, redend eingeführt wird, als den Orpheus in den wunderbaren Kräften der Steine unterrichtend. Dieser Orpheus kann also auch der alte Orpheus, welcher, nach dem Suidas, elf Menschenalter vor dem trojanischen Kriege lebte, gar nicht einmal seyn sollen. Ja, Tzetzes giebt diesem Orpheus auch eine ganz andre Mutter, Namens Menipa, anstatt daß der alte Orpheus ein Sohn des Oeagrus und der Kalliope war. S. Gesner's Noten, S. 303.

Beim Stobäus wird dieses Gedicht vielmehr dem Onomakritus, als dem Orpheus, zugeschrieben; und auch Suidas sagt, daß dem alten thrazischen Orpheus ein Gedicht περι λιθων γραφης, das den Titel Ὀγδοηκοντάλιθος (de octoginta lapidibus agens) gehabt, zugeschrieben worden, dessen Verfasser aber Onomakritus gewesen sey. Dieß Gedicht aber kann das nicht seyn, welches wir jetzt noch haben, weil es theils nicht von der Skalptur der Steine handelt, und dann auch lange nicht von achtzig, sondern kaum von zwanzig Steinen.

Von einem neuern Dichter untergeschoben ist es offenbar; weil zu den Zeiten des trojanischen Krieges die Edelsteine gewiß wenig oder gar nicht bekannt waren, und ihrer Homer sonst gewiß gedacht hätte, wenn er der damaligen Kostbarkeiten erwähnt.

Auch verräth es eine Philosophie, die für diese Zeiten viel zu allgemein und systematisch ist. Z. E. was dem Palamedes gegen Philoktet in den Mund gelegt wird (unter *Ophites*, v. 61—75;): „daß die Erde den Menschen gegen jedes Uebel ein Hülfsmittel gewähre:“

'Αυτη γαια μελαινα πολυκλαυτοισι βροτοισι
Τικτει και κακοτηκα και αλγεος αλκαρ εκαστε.

„daß die Erde die Erzeugerin aller Steine sey:“

'Εκ γαιης δε λιθων παντων γενος, ἐν δ' ἀρα τοισι
Καρπος ἀπειρεσιον και ποικιλον — —

welches ganz in dem Sinne des Theophrast gesagt zu seyn scheint, nach welchem die Mineralien aus dem Wasser, die Steine aber aus der Erde erzeugt werden: ὑδατος μεν τα μεταλλευμενα· γης δε λιθος τε και ὁσα λιθων περιττοτερα. Ferner: „daß es eben so viel Steine als Pflanzen gebe:"

— — ὁσσαι βοτανοι, τοσσοι λιθοι,

welches mit einer andern Hypothese der neuern Naturalisten übereinkommt, nach welcher eine jede Pflanze ihr eignes Insekt habe.

Es ist so gut als völlig ausgemacht, daß diejenigen Gedichte, die wir noch unter dem Namen des Orpheus haben, gewiß nicht von dem bekannten thrazischen Orpheus, obgleich immer schätzbare Reste des frühern Alterthums sind. Die Schriften, worin darüber nähere Untersuchungen angestellt sind, findet man vom Hrn. Hofr. Harleß in s. Introd. in Hist. Lingu. Gr. p. 15 nachgewiesen. Das Gedicht von den Steinen ist selbst seines Zeitalters wegen verdächtig, wegen der vielen darin vorkommenden abergläubischen Ideen von der Zauberkraft der Steine. Auch findet sich darin eine Anspielung auf eine Verordnung des Kaisers Konstantinus, die, wenn sie nicht eingeschaltet ist, das Gedicht erst in die zweite Hälfte des vierten Jahrhunderts setzen würde. S. vornehmlich die einzelne Ausgabe dieses Gedichts: Περι Λιθων, de Lapidibus, Poëma Orpheo a quibusdam adscriptum, gr. et lat. ex ed. *J. M. Gesneri*, recensuit notasque adjecit *Tho. Tyrwhitt;* Lond. 1781. 8.

---

Lorenzo Ottone. (S. unter Lorenzetto.) Er war ein Schüler des Ercole Ferrata; und von ihm ist eine stehende heilige Anna im Pantheon, die nebst der Madonna des Lorenzetto eben daselbst, dem heil. Andreas von Fiamingo, und der Religion von le Gros, in der Kirche al Giesu, von Winkelmann für die schönsten Figuren neuerer Bildhauerei erkannt werden. (Von Empf. d. Sch. S. 12.)

Weder Venuti, noch Richardson, noch Hr. v. Ramdohr, gedenken der Statue der heil. Anna von Lorenzo Ottone, oder vielmehr Ottoni, besonders. Füeßlin führt von ihm an, daß er im J. 1691 ein Mitglied der Akademie St. Lukas zu Rom gewesen sey, und daß man in verschiednen römischen Kirchen Arbeiten von ihm finde, unter andern die Statue des Apostels Tadbeus in der Kirche St. Johann von Lateran. Diese letztre erwähnt auch Hr. v. Ramdohr, Th. III, S. 281, unter den daselbst befindlichen zwölf Statuen aller Apostel, von welchen er aber sagt, daß sie auf der seligen Stufe der Mittelmässigkeit stehen, die durch keine ausgezeichnete Vorzüge und Fehler das Auge besonders anzieht oder beleidigt. Uebrigens hatte auch dieser Ottoni mit einer Menge andrer Künstler, welche größtentheils von Füeßlin unter dem Artikel Alignini genannt werden, Antheil an den 140 steinernen Statuen, welche die berühmten beiden Säulengänge an der Peterskirche zu Rom zieren, und wozu Bernini die Zeichnungen verfertigte.

---

Orgel. Von wem, und wann sie erfunden, ist unbekannt. Der gewöhnlichen Meinung nach aber soll sie Papst Vitellianus ums J. 660 in die Kirchen eingeführt haben.

Worauf gründet sich also Navarrus, wenn er (de Orat. et horis canonicis, c. 16.) versichert, daß zur Zeit des Thomas von

Aquino, also um 1274, noch keine Orgel in der Kirche gewesen sey?

Er gründe sich aber worauf er wolle; so ist es doch gewiß, daß die Orgel schon früher eingeführt worden. Denn schon Theophilus lehrt Orgelpfeifen machen; und er lehrte nichts, was nicht damals schon dem Gebrauche der Kirche geheiligt war.

Freilich wohl mag die Orgel, welche Konstantinus *VI.* Kopronymus ums Jahr 742 dem Könige Pipin schickte, noch unförmlich genug gewesen seyn. Von ihr ist die Stelle beim Lambertus Schafnab. unter dem Jahre 758 nachzusehen, woraus Aventinus und Marianus Skotus ihre Nachrichten ohne Zweifel genommen haben.

Ueber die Erfindung der Orgeln, und ihre erste Einführung in die Kirchen hat man viele, und zum Theil mühsame, obgleich nicht ganz befriedigende Untersuchungen angestellt; und selbst das so allgemeine Wort, organum, welches ein jedes Instrument bedeuten kann, hat manche Mißdeutungen, und vermeinte frühere Auffindungen ihres Daseyns veranlaßt. Von den Schriftstellern, die theils historisch, theils theoretisch, über die Orgeln geschrieben haben, findet man in J. Adelung's Anleitung zur musikal. Gelahrtheit, (Erf. 1758. 8.) S. 337 ff. ein ziemlich vollständiges Verzeichniß; und in den Hannöverischen Gelehrten Anzeigen v. J. 1754 steht St. 91 f. eine historische Untersuchung der Kirchenorgeln, worin sich das Meiste hieher gehörige, obgleich ohne kritische Würdigung, beisammen findet. Hawkins hat in seiner General History of the Science and Practice of Music, (Lond. 1776. 5 Voll. 4.) Vol. I. p. 398 ff. und an mehrern Orten, die das Register des fünften Bandes nachweist, verschiedne merkwürdige Alterthümer der Orgeln gesammelt; und am neuesten hat Dr. Burney in s. General History of Music die davon noch vorhandenen Nachrichten mitgetheilt. Aus ihm will ich hier nur einige der vornehmsten Umstände kurz berühren.

Die hydraulische, oder Wasserorgel ist, wie bekannt, sehr alt, und vom Vitruv (L. IX. c. IX.) beschrieben. Man sehe darüber Dr. Burney, Vol. I. p. 512. — Hier aber ist nur von unsern gewöhnlichen Windorgeln die Rede; und von ihnen findet sich die früheste Spur in einem Sinngedichte der griechischen Anthologie, (L. I. c. 86. 8.) welches Dr. B. mittheilt, und welches dem Kaiser Julian dem Abtrünnigen beigelegt wird, der in der zweiten Hälfte des vierten Jahrhunderts lebte. Die darin gegebne Beschreibung kommt wirklich mit der Einrichtung unsrer Orgeln ziemlich überein. Zur Zeit Kassiodor's, im Anfange des sechsten Jahrhunderts kamen die Wasserorgeln fast ganz ab, und man führte Windorgeln mit Blasebälgen ein, die mit der Hand niedergedrückt wurden. Dem Papst Vitalianus, im siebenten Jahrhunderte, wird die erste Einführung der Orgeln in die Kirchen zu Rom beigelegt; und nach Frankreich soll die erste Orgel von Konstantinopel aus als ein Geschenk von dem Kaiser Konstantinus Kopronymus im J. 757 an den König Pipin gesandt seyn; so, daß man also in Griechenland wohl gewiß die erste Erfindung der Windorgel, wie der Wasserorgel, zu suchen hat. In einem berühmten römischen Missal aus dem zehnten oder eilften Jahrhundert, welches unter den Barberinischen Handschriften Nro. 1854 befindlich ist, stehen die Worte: „Hic canere incipit clericus cum organis." Und nach Mabillon und Muratori wurden die Orgeln sowohl in Italien, als in Frankreich, England und Deutschland, im zehnten Jahrhunderte sehr gewöhnlich.

Lambertus Schafnaburgensis, der um die Mitte des eilften Jahrhunderts lebte, bemerkt in s. Hist. Germanor. (s. *Struvii* Scriptt. Rer. Germ. T. I. p. 310.) beim Jahre 756: „Organa primum missa sunt Pipino ex Graecia." — Marianus Skotus, der noch in eben dem Jahrhunderte lebte, scheint doch den Lambert von Schaffenburg nicht abgeschrieben zu haben, ob er gleich in seiner Chronik (s. *Struv.* T. I. p. 633.) nichts weiter hierüber sagt, als bei dem J. 757: „Organum primitus venit in Franciam, missum Pipino regi a Constantino imperatore de Graecia." — Eben so wenig möchte Aventinus diese Nachricht aus jenen beiden genommen haben, die in s. Annal. Boior. (Ingolst. 1554. fol.) p. 300, so lautet: „Munera Imperatoris, quae a legatis deferebantur, erant instrumentum Musicae maximum, res adhuc Germanis et Gallis incognita; Organon adpellant. Cicutis ex albo plumbo compactum est, simul et follibus inflatur, et manuum pedumque digitis pulsatur." Nur scheint Aventinus in diese Erzählung die Beschreibung der Orgeln, wie sie zu seiner Zeit waren, willkührlich hinein gebracht zu haben. Im achten Jahrhundert hatten sie schwerlich schon diese ganze Einrichtung; wenigstens ist die Erfindung des Pedals gewiß viel neuer. Sie wird gemeiniglich erst ins Jahr 1480 gesetzt, und einem Deutschen, Bernhard, beigelegt, der sich lange zu Venedig aufhielt. S. *M. Anton. Cocc. Subellici* Rhapsod. Hist. Ennead. VIII. „Sixti V. Pontificis tempore musicae artis virum, omnium, qui unquam fuerunt, sine controversia praestantissimum, plures annos Venetiae habuerunt, cognomento Teutonem. Primus hic in Organis auxit numeros, ut et pedes quoque juvarent concentum funiculorum attractu."

Der Theophilus, dessen Lessing oben erwähnt, ist Theophilus Presbyter, in dessen Diversarum Artium Schedula das letzte Kapitel (L. III. c. 76.) de Organis handelt, und zur Verfertigung der Orgelpfeifen Anleitung giebt. S. die Lessing. Beiträge z. Gesch. u. Litt. a. d. Wolfenb. Bibl. St. VI. S. 422 ff.

---

P.

## P.

Papirius. „Der vermeinte Papi„rius mit seiner Mutter, eine Gruppe in der „Villa Ludovisi, stellt vielmehr die Phädra „und den Hippolytus vor." Winkelmann, Gesch. d. K. Vorr. S. XII. — Hat Winkelmann diese Entdeckung zuerst gemacht, oder Webb?

Hingegen findet Havercamp, in der Vorrede zum Manilli, den Papirius in einer Statue, die M. für einen jungen Nero ausgiebt: Puerum ipsum, Patricium, cujus aetas maturo oris silentio nobilitata fuit, dependente ad pectus bulla, expressit *Perrierius* Tab. XL. *Neronis* puerilem imaginem frustra cernis vocari a nostro,. p. 39. F.

Winkelmann ist nicht der erste, der diese Gruppe für Phädra und Hippolytus nahm; sondern schon Maffei war der erste, der bei der Abbildung derselben in s. Racc. n. 63. dieß Subjekt darin muthmaßte. Nicht aber Webb, sondern H. H. Füeßlin, in seinem vor Webb's

Untersuchung des Schönen in der Mahlerei (Zürich, 1766. 8.) befindlichen Schreiben an den Uebersetzer, S. LXXI, trat dieser Vermuthung bei, und setzte hinzu, daß er sich dieselbe fast mit völliger Gewißheit zu behaupten getraue; wovon er auch verschiedne Gründe beifügt. Winkelmann aber, der am angef. O. diese Deutung gleichfalls annahm, änderte in der Folge seine Meinung, und hielt diese Gruppe für Orest und Elektra. Dieß könnte sie auch, wie Hr. v. Ramdohr (Th. II S. 205) bemerkt, schon eher vorstellen, weil nicht die Zärtlichkeit zweier Liebenden, sondern eher brüderliche oder kindliche Zärtlichkeit in dem Ausdruck der Gesichtszüge sichtbar ist. Uebrigens ist hier die Deutung sehr willkührlich, und sie ist daher auch so verschieden ausgefallen; sogar hat man oft beide Figuren für männliche gehalten. So nimmt z. B. Sandrart sie für den Aurel und Lucius Verus; und Perrier schlechtweg für zwei sich umarmende Brüder. Uebrigens hat Hr. v. R. eine nähere Prüfung angestellt, wie viel an diesem Kunstwerke wahrscheinlich antik, und wie viel daran neu und ergänzt sey.

Der junge Römer in der Villa Borghese, mit der Bulla vor der Brust, wird noch immer ein junger Nero genannt, wie ich bei Hrn. v. Ramdohr, Th. I. S. 317 sehe; freilich wohl eben so willkührlich, als ihn Havercamp für einen jungen Papirius nahm. Beim Perrier heißt er doch nur *Puer Patricius*.

---

Pasquin. Bernini hat den Pasquin für die schönste aller alten Statuen gehalten. Was Winkelmann hierüber sagt, s. Gesch. d. Kunst, Vorrede, S. XII.

Von dem Ursprunge dieses Namens finde ich eine merkwürdige Stelle in *Gresseri* Itinerario (Basil. 1624. 8.) p. 229, worin zugleich die zuverlässigste Nachricht davon nachgewiesen wird: „Pasquillus sartor Romanus, atque adeo pontificius, mira in reprehendendis aulicorum, Cardinalium, ipsorum quin etiam Pontificum, vitiis libertate et impunitate, occasionem dedit aulicis literatis, ut scripta quaelibet famosa, incerto auctore edita, in Pasquillum referrent.

Eo mortuo cum prope tabernam ejus in Parione ſtatua marmorea gladiatorio habitu effoſſa eſſet, et eodem loci in via publica erecta, populari joco Pasquillus appellari coepit, quod illic ob dicacitatem notiſſimus magiſter Pasquinus habitaſſet. Vulgi ludum aulicorum confirmavit auctoritas, et qui viva voce hominum mores publice inſectatus erat, mortuus ſola memoria ſua Epigrammatophori munus ſubiit, cum ſtatuae huic ſcripta maledica omnis generis noctu affigerentur, quae a loco ipſo Pasquilli nomen ſibi vindicarunt. Haec *Antonius Tibaldus* Ferrarienſis ſenex honeſtiſſimus a ſe Romae viſa teſtatus eſt; cujus narrationem *Ludovicus Caſtelvetrus* Mutinenſis ſuis in hymnum *Annibalis Cari* animadverſionibus inſeruit, ut ex non vulgata hiſtoria Pasquilli munus eſſe probet, politica tantum, non literaria; eaque non obſcura et levia, ſed gravia et manifeſta errata; non plebejorum, ſed clariſſimorum hominum; non erudita, ſed populari lingua, inceſſere: quod ſartor

ille Pasquinus, in notissimis tantum ob hominum splendorem et rerum atrocitatem factis, plebeja hac maledicentia fuerit usus."

Von der Statue, oder vielmehr dem Torso Pasquino, aus weissem Marmor, der zu Rom an der Ecke des Pallastes Orsini steht, findet man eine Abbildung in Sandrart's Akademie, Th. I. lit. *i*. Sandrart sagt, sie werde für das Bild eines Ringers, oder des Mars, oder irgend eines Soldaten gehalten; andre haben sie sogar für einen Alexander genommen. Er führt von der Entstehung des Namens die bekannte Geschichte an, die auch, der Hauptsache nach, in der obigen lateinischen Stelle enthalten ist, nur daß hier Pasquin ein Schneider, und sonst gewöhnlich ein Schuhflicker heißt, wenn anders sartor nicht auch dieß leztere bedeuten kann. Venuti in s. Descr. Topogr. delle Antichità di Roma, T. I. p. 81, bemerkt, daß sie auf der Stelle, wo jezt der Pallast Orsini steht, sey gefunden worden, und nennt sie il bel Torzo, detto volgarmente di *Pasquino*, così celebre, e che veramente non rappresenta, che un soldato; e forse ancora questa Statua sarà stata un' ornamento del Circo. — Herr v. Ramdohr, Th. III. S. 368, sagt über das von Winkelmann gerügte Urtheil des Bernini: „Wenn B., wie man behauptet, gesagt hat, daß dieser Sturz das schönste Ueberbleibsel des Alterthums sey, so ist dieß wahrscheinlich auch nur ein witziger Einfall, im Geschmack des Pasquino, auf die Vorliebe des Michel Angelo zu dem berühmten Torso di Belvedere. Inzwischen, Verdienst hat das Stück immer; nur muß die Maaße nicht übertrieben werden. Es ist zu sehr beschädigt, um mit Zuverlässigkeit darüber zu urtheilen." Auch er hält die Hauptfigur für einen Krieger, der seinen verwundeten Kameraden aus der Schlacht wegbringt; und Fea in s. italiän. Uebers. der Winkelmann. Gesch. d. K. sagt, T. I. Pref. p. 26, der verstorbene Abbate Visconti habe darin den Menelaus mit dem Leichname des Patroklus bestimmt wieder erkennen wollen.

Die Schrift des Castelvetro, in welcher die Originalerzählung vom Pasquin vorkommen soll, habe ich nicht auftreiben können. Ohne Zweifel ist es die: Ragione di alcune cose segnate nella Canzone di Annibale Caro: *Venite all' ombre de' gran Gigli d'oro;* die im J. 1560 zu

Venedig gedruckt wurde. Die Streitigkeit, welche durch Castelvetro's nicht einmal durch den Druck bekannt gemachte, sondern nur einem Freunde auf sein Verlangen schriftlich mitgetheilte Kritik über eine Ode des Caro auf das königl. Haus Frankreich, entstand, ist in der poetischen Literargeschichte der Italiäner berühmt genug. Caro und seine Freunde rächten sich dafür an dem Castelvetro auf eine wahrhaftig unmenschliche Art, spielten ihn der Inquisition in die Hände, deren Verdammungsurtheil ihn zur Flucht nöthigte, und seinen Tod beförderte. Man sehe über die darüber gewechselten Schriften Muratori's Lebensbeschr. des Castelvetro vor seinen zu Bern (Venedig) 1627. 4. von Argelati herausgegebenen Opere Varie Critiche, p. 24 ff. *Crescembeni* Storia della Volger Poesia, T. II, p. 431 ff.; und *Fontanini* Bibliot. dell' Eloquenza Ital. ed. d'*Apost. Zeno*, T. II. p. 71 ff. — Auch findet man das vornehmste davon in Niceron's Leben des Castelvetro erzählt.

---

Pembrokisches Kabinet. Zu Wilton in England. Die Statuen dieses Kabinets hat Carry Creed auf vierzig Blättern in gr. 4. aber schlecht, geätzet. Vier davon werden einem alten griechischen Meister, Kleomenes, beigelegt; über welches, und andre betriegliche Vorgeben dabei, Winkelmann spottet. Gesch. d. K. Vorrede, S. XIV.

Eine Beschreibung von Wilton, und den dortigen Sammlungen von Alterthümern und Kunstsachen, findet sich in einem englischen Buche, das den Titel hat: Six Week's Tour. (S. *London-Magazine*, April, 1768.) Von der Statue der Venus in dem Vorhofe heißt es: it is the same as was set up before the temple of *Venus Genetrix*, by *Julius Caesar*. Das glaube sonst einer!

Eine Abnehmung vom Kreuze von Albrecht Dürer daselbst wird sehr gelobt: it consists of eleven figures of the most capital expression. The bloody body of Christ is wonderfully painted. — It is by far the greatest work I have seen of this master's, and which ranks him with the greatest of painters.

Von der in ihrer Art äusserst schätzbaren Gräfl. Pembrokischen Antiken- und Gemähldensammlung, die an Menge und Schönheit ausser Rom und Florenz schwerlich ihres Gleichen hat, und zu Wiltonhouse in der Grafschaft Wiltshire befindlich ist, giebt es mehrere Beschreibungen. Die erste gab ein Italiäner, Gambarini von Lukka, zu London 1731. 8. heraus. In eben dem Jahre noch erschien ein englisches Verzeichniß der dortigen Kunstwerke von Cowdry, die zu Florenz, 1754, 12. ins Italiänische übersetzt wurde. Von den Münzen erschien 1746, fol. ein besondres Verzeichniß, Numi Pembrokiani betitelt; und von den Statuen lieferte Carrey Creed 70 Blätter in 4. in Perrier's Manier geätzt. Die bekannteste Beschreibung ist die von James Kennedy, die 1758. 8. zuerst gedruckt wurde, und von der ich die im J. 1774 gelieferte sechste Ausgabe vor mir habe. In eben diesem Jahre machte Kennedy auch eine größere Beschreibung in Quart unter eben dem Titel, wie jene kleinere bekannt, die vor dieser nichts weiter voraus hat, als 25 Kupfer von den merkwürdigsten Stücken, und eine vorangesetzte Nachricht von dem ersten Sammler derselben, Thomas

Grafen von Pembroke, der zu Anfange dieses Jahrhunderts das Beste aus den Sammlungen der Kardinäle Richelieu und Mazarin, des Prinzen Giustiniani, des Grafen Arundel und Valetta, zusammen kaufte. Mit grösserer Einsicht und Kritik aber, als Kennedy's Arbeit, ist folgende Nachricht von dieser Sammlung geschrieben; die von allen die beste ist: *Aedes Pembrokianae*; or a Critical Account of the Statues, *etc.* — — of Wilton-House, formed on the Plan of *Spence's* Polymetis — — By *Richardson*; Lond. 1774. 8. — Auch in der von L. angeführten Six Week's Tour, p. 159 ff. in dem Buche, The English Connoisseur, Vol. II. p. 118, u. a. m. findet man Nachrichten von dieser Kunstsammlung. S. auch Dr. Volkmann's Neueste Reisen durch England, Th. I. S. 477 ff. Nach seiner Angabe besteht die ganze Sammlung gegenwärtig aus 56 Statuen und Gruppen, 173 Büsten, einer Menge von Basreliefs, Altären, Vasen, Sarkophagen, Gemählden, u. s. f. und füllt nicht weniger als achtzehn Zimmer.

Es ist nicht bloß eine Statue der Venus, sondern eine 13½ Fuß hohe Säule von ägyptischem weissen Granit, worauf eine Statue der

Venus befindlich ist. Alle oben angeführte Beschreibungen, den einzigen Richardson ausgenommen, nennen dieß Kunstwerk als das erste und vornehmste, und geben vor, die Säule habe ehedem in Rom vor dem Tempel gestanden, den Julius Cäsar der Venus Genetrix weihte; die alte Statue sey zwar noch darauf befindlich gewesen, aber sehr beschädigt, und der Graf Arundel, der ehedem diese Säule besaß, habe die gegenwärtige Statue, nach den Maaßen und Verhältnissen der alten geformt, darauf setzen lassen.

Richardson, wie gesagt, ist der einzige unter den Beschreibern dieser Sammlung, der in seinem oben angezeigten Werke diesem Vorgeben widerspricht. Evelyn, sagt er, der diese Säule zu Rom für den Grafen Arundel kaufte, wurde mit jenem Vorgeben von den italiänischen Antiquaren hintergangen, die ihn versicherten, Cäsar habe diese Säule und Statue aus Aegypten mitgebracht, wo sie der morgenländischen Göttin Astarte, die mit der griechischen Venus einerlei gewesen, sey errichtet worden. Dieß letztre zu bestätigen, berief man sich auf eine an der Säule befindliche Inschrift, die man beim Kennedy u. a. nachsehen kann. Richardson erinnert dagegen: daß der Granit nicht ägyptisch, nicht roth noch schwarz, sondern italisch, weißlich mit kleinen schwärzlichen Flecken sey; daß die Säule höchst wahrscheinlich zu einem kleinen römischen Tempel gehört habe; daß die Inschrift gewiß sey untergeschoben worden, wie man aus den Schriftzügen sehe, und daß sich daraus das Wort Astarte nicht anders als äußerst gezwungen herausbringen lasse. Hiezu kommt noch, daß Astarte bloß eine syrische, nicht eine ägyptische Göttin war. Bei dem allen erkennt R. diese Säule, ihrer vorzüglichen Schönheit wegen, für ein schätzbares Denkmal der alten Baukunst. Die Base und das korinthische Kapital sind modern. Die Statue der Venus ist von Blei; und sie hat eine niedergebogne, bescheidne Stellung. Auch dieß stimmt mit der antiken Vorstellungsart der Venus Genetrix nicht überein, von welcher man Larcher's Mémoire sur Venus (Par. 1775. 8.) p. 227 ff. und Heynen's Antiquar. Aufs. I. S. 131 und 160, nachsehen kann.

Von Albrecht Dürer's Abnehmung vom Kreuz s. *Kennedy's* Description, p. 99. Die eilf darauf befindlichen Figuren sind: Christus, Maria, Joseph von Arimathia, zwei Männer,

Johannes, Maria Magdalena, Maria des Kleophas, Nikodemus, und noch zwei Mannsfiguren. Die Größe des Gemählbdes wird nicht angegeben.

---

Franz Perrier. Von seinen Statuen, die, so viel ich weiß, keine Erklärung bei sich haben, unter denen er auch nicht angiebt, wo die Originale zu finden sind, hat Havercamp in der Vorrede zum Manilli (*Burmann.* Thes. Ital. T. VIII. P. IV.) verschiedene nachgewiesen.

Die Sammlung besteht aus hundert Blättern in kl. fol. von ihm selbst gezeichnet und gestochen, und zu Rom 1638 herausgegeben. Auf diesen hundert Blättern befinden sich die vorzüglichsten Werke der alten Bildhauerkunst in und um Rom, deren verschiedene von mehr als Einer Seite vorgestellt sind. Der einzige Moses von Michel Angelo (Nr. 20.) ist von neuern Werken darunter, als ein Stück, wie es im Index heißt, vetustatis miraculis annumerandum.

Unter den Blättern selbst steht keine Erklärung, sondern zum Schlusse ist ein Index beigefügt, welcher die nämlichen Namen der Statuen mit dem Orte, wo sie sich befinden, enthält. In demselben aber steht manches, was ganz ohne Grund ist. Z. E. von dem Centaur, auf welchem ein kleiner Amor reitet, in der Villa Borghese, heißt es: ejusdem opificis, cujus et Laocoon. Also des Agesander, oder eines seiner Gehülfen. Aber woher weiß man das? Aus einer Unterschrift des Centaurs? oder aus der Aehnlichkeit der Arbeit? — Nr. 13 soll der Kaiser Kommodus seyn, als Fechter vorgestellt. Aber Gronov und Smid nennen ihn weit schicklicher einen Antäus. S. des letztern Scena Trojana.

Die Sammlung des Perrier hat keinen besondern Titel, sondern bloß ein geätztes Frontispiz, wo auf dem Fußgestelle des Wappens des Marquis von Montfort, eine Zuschrift an diesen in lateinischen Versen, und darunter *Franciscus Perrier*, mit der Jahrzahl 1638 steht. Unmittelbar unter dieser: Romae, superiorum permissu; aber ganz unten: à Paris, chez la veufve de deffunct Perier, u. s. f. Die Blätter sind von ihm selbst gezeichnet und radirt; aber nur unter dem ersten, dem Laokoon, steht der ganze Name des Künstlers; unter den folgenden das Monogramm F B, d. i. *Franciscus Perrier Burgundus*, wie es auch Christ S. 183 deutet. Man sehe über ihn den Artikel beim Füeßlin, S. 492 der Folioausgabe. Beim Hrn. von Murr (Biblioth. de Peint. p. 214.) finde ich noch eine durch van Dalen und Peter Schenk, zu Amsterd. 1702, fol. besorgte Ausgabe, und eine Römische, 1645, fol. angeführt; auch Figures antiques dessinées à Rome, par *Fr. Perrier*, Paris, 8vo, 20 Blätter.

---

Perspektiv. Eine Art von Prospekten, in welchen die Perspektiv nicht so genau beobachtet ist, nennen die Italiäner Vedute; und Metelli war ihr Erfinder.

Lambert hatte den Anfang von dem gesehen, was ich im ersten Theile der Antiquarischen Briefe von der Perspektiv der Alten gesagt hatte, und schrieb an Hrn. Nicolai auf einem Zettel darüber: „Die Probebogen „sind ihres Verfassers und des Lesens würdig. „Die Untersuchung über die Perspektiv, ihren „ersten Erfinder, u. s. f. könnte lehrreich und „wichtig werden. Hr. L hat unstreitig Recht. „Euklid's optische Schriften würden damit „angefüllt seyn, wenn die Erfindung nicht viel „neuer wäre. Albrecht Dürer, ein Deut„scher, hat eigentlich das Eis gebrochen, un„geachtet vor ihm Piedro del Borgo etwas „darin versuchte. Roger, Baco und Porta „waren nahe dabei."

Agostino Metelli, geb. zu Bologna, 1609, war als Frescomahler berühmt, und starb zu Madrid im J. 1660. — Malvasia (Felsina Pittrice, T. II. p. 414.) sagt von ihm: „Fù egli primo inventore di quelle Prospettive, che per non voler regolare con tanta stitichezza d'un solo punto, volle chiamare *Vedute*, che poi sono state seguite dal *Santi*, dall' *Alboresi*, e più, e con maggior applicazione e fortuna dal *Monticelli*, tutti suoi allievi." Uebrigens weiß man, daß jetzt die Italiäner das Wort *Vedute* eben so allgemein brauchen, als die Franzosen *Vues*,

und

und wir Aussichten oder Prospekte. Wie es scheint, mahlte Metelli mehr auf den Effekt, als mit ängstlicher Anhänglichkeit an die Regeln der Perspektiv, die beim Frescomahlen, besonders an Plafonds, ihre eigne Anwendungsart haben, wobei Genie und Geschmack gewiß eben so sehr, als Studium, wirken.

---

Petron. Die Litteratoren sind uneinig, wem die Anmerkungen über den Petron eigentlich zuzuschreiben sind, die sich in der Goldastischen Ausgabe zu Frankf. a. Mayn, 1610. 8. unter dem Namen Georg Erhard's befinden. Denn dieser Georg Erhard ist ein Pseudonymus; und die Verfasser der Hist. Litt. de la France (T. I. P. I. p. 204.) drücken sich sehr falsch aus, wenn sie von gedachter Ausgabe sagen: Une autre à Francfort sur le Mein, avec les observations de divers Savans. On l'attribue à *George Erhard*; qui s'y est caché sous un nom emprunté. Das heißt, G. Erhard habe sich unter einem erborgten Namen versteckt.

Erhard ist vielmehr dieser erborgte Name selbst; und sie haben sagen wollen, daß entweder M. Casp. Lundorp, oder Goldast darunter verborgen liege.

Jenes versichert Joh. Pet. Lotichius; dieses aber war des Daumius Vermuthung, die er in einem Briefe an den Placcius äußerte. (S. des letztern Theatr. p. 256, de Script. Pseudon.) Jenes haben Colomesius, Baillet, Fabricius, Jöcher, u. a. nachgeschrieben, und es ist die allgemeine Meinung geworden; dem ungeachtet halte ich dieses für gegründeter. Worauf sich Daumius selbst gegründet habe, weiß ich nicht; genug, ich gründe mich auf folgendes:

Erstlich heißt es in der Ueberschrift des poetischen Kompliments, welches Joh. Ph. Pareus der Ausgabe vorangesetzt hat: Ad *Goldastum*, cum *Pet onii Arbitri* Satyricon in lucem ederet, ſuis aliorumque notis caſtigatum. — *Suis* notis; also sollen doch Goldastische Noten bei dieser Ausgabe seyn. Welche aber könnten es seyn, wenn es nicht die Erhardischen wären? Es ist wahr, Goldast wird darin selbst verschiedentlich angezogen, und hin und wieder nicht ohne Ruhm. (Als, p. 527, eleganter *Goldaſtus*; p. 540. 601. 605. 629. u. s. w.) Aber dieses ohne Zweifel nicht sowohl aus Eitelkeit, als vielmehr, um desto leichter glauben zu machen, daß Erhard und Goldast zwei verschiedne Personen wären.

Zweitens zeigt sich in den Erhardischen Noten eine große Belesenheit in den Schriftstellern der mittlern Zeiten, und besonders in den alten deutschen Dichtern des schwäbischen Jahrhunderts. Von wem aber ist diese wohl eher zu vermuthen, als von Goldast? Oder vielmehr, wer anders, als Goldast, hatte den Gebrauch dieser damals so unbekannten Schätze?

Es ist so gut als ausgemacht, daß die angeführte Ausgabe des Petron, und die dabei unter dem Namen Geo. Erhard befindlichen Noten, von keinem andern, als von Goldast, sind. Auch sagt Placcius am angef. Orte nur, daß Lotich die vor dieser Edition befindlichen ὁμολογουμενα s. Elogia, testimonia et judicia de

Petronio dem Lundorp vindicirt habe. Auch irrt Lessing sich, wenn er den Fabricius unter diejenigen setzt, welche diese Ausgabe Petron's dem Lundorp beilegen. Er eignet sie vielmehr geradehin dem Goldast zu, und führt als Beweise davon gleichfalls die vor der Ausgabe stehenden Glückwünsche des Pareus und Althus an; ausserdem aber noch einen, auch von Burmann gebrauchten, und ohne Zweifel noch bündigern Grund, daß nämlich in der Stadtbibliothek zu Bremen unter den dort befindlichen Goldastischen Handschriften eine Menge von Anmerkungen über den Petron aufbewahrt werden, unter welchen alle diese unter dem Namen Erhard's jener Ausgabe beigefügte, und noch weit mehrere, vorkommen. S. *Fabricii* Biblioth. Lat. L. II. c. XI. — Uebrigens ist diese Ausgabe in der Folge Lugd. 1618. Francof. 1621. 8. und Genevae, 1629. 4. wiederholt worden. Fabricius beschreibt ihre Einrichtung umständlich.

---

Oktavius Petrucius. Aus Fossombrone; soll zuerst den Druck musikalischer Noten erfunden haben. Ich lerne dieses aus

einem Buche, wo man es schwerlich suchen sollte: aus des *Thomae Actii* Forosemproniensis de Ludo Scacchorum in legali methodo tractatu, welcher zu Pesaro 1583 in 4. gedruckt, und auch dem Oceano Juris mit einverleibt ist. Dieser Actius lehrte die Rechte um diese Zeit zu Pesaro; und sein Werk beschreibe ich an einem andern Orte. (S. Schachspiel.) Da nun, wo er von der Erfindung jenes Spiels handelt, (Quaest. III.) gedenkt er §. 8. der Ehre, welche ehedem den Erfindern überhaupt erwiesen worden, und sagt: Unde inventores alicujus rei olim inter deos collocabantur, ut tradit *Vincentius Castellanus*, doctissimus praeceptor meus in humanioribus literis, in suo opusculo de nobilitate civitatis Forosempronii; quod servatur in archivo civitatis praedictae, ubi refert, *Octavium Petrucium* Forosempronianum adeo valuisse ingenio et usu, ut primus omnium excogitarit rationem ad imprimendas plumbo notas musices; quae res postea magnum mortalibus omnibus attulit commodum. Von dem Drucke der musi-

kalischen Noten ist doch wohl hier unstreitig die Rede. Denn obschon die Worte allenfalls auch von der Art und Weise zu verstehen seyn könnten, die Noten in zinnerne oder bleierne Tafeln zu stechen, und so abzudrucken; so würde dieses doch nur eine sehr kleine Erfindung des Petrucci gewesen seyn, von der es sich schwerlich der Mühe verlohnt hätte, so viel Aufhebens zu machen.

Nun wäre zu untersuchen, wann dieser Ottavio Petrucci gelebt habe, und wer er gewesen sey. Ob ein Buchdrucker, oder sonst ein Künstler oder Gelehrter. Auch ist, so viel ich weiß, das Werk des Castellanus, de Nobilitate civitatis Forosempronii, nie gedruckt worden. Bis ich also dieses erfahre, will ich mir auf allen Fall die alten Drucke anmerken, in welchen sich musikalische Noten finden. Z. E. Flores Musice omnis cantus Gregoriani. Impressum Argentinae per *Jo. Pryss*, 1488. 4. (W. B. 399. 7. Th. 4.) — Musices non inutile Compendium. Impressum Venetiis, 1498. 4. per *Jo. Bapt. Sessam*. (69. Quodl. 4.)

Um den hier berührten Gegenstand, die Erfindung des Notendrucks, besser erörtern zu können, befragte ich den um die große Verbesserung derselben so sehr verdienten, und in typographischen Alterthümern so vorzüglich erfahrnen Hrn. Breitkopf in Leipzig darüber, und theilte ihm den von Lessing bemerkten litterarischen Umstand mit. Ich erhielt von seiner Freundschaft folgende Antwort:

„Ich kenne das Buch nicht, welches Hrn. Lessing den Ottavio Petrucci bekannt gemacht hatte; aber wohl den Mann, dem die Erfindung der gegossenen Musiknoten darin zugetheilt ward; doch aus einer andern Quelle, aus *D. Giacinto Gimma* Idea della Storia dell' Italia Letterata, wo T. II. c. 50. Art. 9. delle Stamperie Italiane, p. 829, gesagt wird: „Le Note di Musica s'intagliavano prima, e le file delle righe nel legno in maniera, che, stampata una righa, non valeva più nulla; vuole *Tomaso Azzio* da Fossembrone, che *Ottavio Petrucci* della sua patria sia stato il primo, che formò le note di stagno con diverse misture, come lettere, atte a potersi mettere e distribuire sopra e frà le righe, e dove bisogna." — Da ich dieß Buch selbst nicht gesehen habe, das 1723 in zwei

Theilen in 4. in Venedig gedruckt ist, so kann ich das Jahr nicht bestimmen, wann dieser Petrucci die Erfindung gemacht haben soll. Aus der Angabe aber, daß seine Erfindung gleich auf den Notendruck in Holzschnitt gefolgt seyn soll, muß es in den Anfang des sechszehnten Jahrhunderts fallen, und eben die Art von Choralnoten gewesen seyn, die noch in den Chören der katholischen Kirchen gesungen werden, und vorher in Holz geschnitten worden waren. Vermuthlich aber ist es nur zu verstehen, daß er dergleichen Noten, die wie andre Schrift gegossen waren, zuerst in Italien gebraucht habe; denn dieß ist bei ähnlichen Fällen eben so auszulegen gewesen. Wenigstens wird in einem musikalischen Werke: Melopojae sive Harmonia Tetracenticae &c., welches Erhard Oglin in Augsburg 1507 gedruckt hat, in der Unterschrift eben dieß zu seinem Lobe gesagt:

Inter Germanos nostros fuit Oglin Erhardus,
Qui primus nitidas pressit in aere notas. *etc.*

Diese italiänischen Nachrichten sind überhaupt schwankend. Eben der Gimma sagt an eben dem Orte, etliche Zeilen nachher, daß ein Girolamo Lunardo versichere, ein Giambatista Raimonti, ein Cremoneser, habe zur Zeit des Papstes Innozenz X. die Noten zu drucken erfunden, die bei der Feier des Gottesdienstes gebraucht würden; welches eben dieselben, doch von grösserer Art, sind; und dieß fiele erst in die Mitte des 17ten Jahrhunderts. — Hingegen eignet Lanzilotti, in dem Traktate, L'Oggidì, ovvero gl'Ingegni Moderni non inferiori a i passati, der zu Venedig, 1624, 8. gedruckt worden, eben diese Erfindung des Petrucci einem Franzosen, Antoine Gardane, zu, der in Venedig als Musikus und Buchhändler, um 1537 bis 50, lebte."

„Fournier der Jüngere, ein gelehrter Schriftgießer zu Paris, schrieb 1765 einen Traité Historique sur l'Origine de caractères de fonte pour l'impression de la Musique, in 4. Er handelt aber darin nur von den französischen Notendrücken." —

So weit Hr. Breitkopf. Ich bemerke dabei nur noch, daß Gimma sich auf eben den Azzio oder Actius, in Ansehung der Nachricht vom Petrucci, als Erfinder des Notendrucks bezieht. Von diesem letztern habe ich bisher nichts weiter auftreiben können.

Mattheson bemerkt in seinem Vollkommenen Kapellmeister, S. 58, aus dem Vigneul de Marville, es habe Sanlecque, der zu Paris 1660 gestorben sey, die ersten Drucknoten in Frankreich aufgebracht. Ich will die ganze Stelle aus den Mélanges d'Hist. & de Litt. T. I. p. 81. hieher setzen: „Durant la ligue *Jacques de Sanlecque* cadet de plusieurs frères, âgé d'environ quatorze ans, vint à Paris, & porta les armes, qu'il quitta sur la fin de la guerre. Par hazard, aïant vû travailler à des caractères d'imprimerie, il s'y appliqua, & devint très-habile dans cet art. — C'est encore lui, qui a fondu les premiers caractères de Musique, que nous aïons eu en France, avec les Règles, à la sollicitation d'un Maitre de la Musique du Roi, pour qui il avoit beaucoup de considération." Hier wird aber 1659 als sein Sterbejahr angeführt.

Fournier, in der von Hrn. Breitkopf gedachten Schrift, nennt einen Pierre Hautin, Kupferstecher, Schriftgießer und Drucker in Paris, ums Jahr 1525, als denjenigen, der die ersten Kegel zum Notendrucke dort verfertigt habe.

Hawkins in s. Hist. of Music, Vol. III, p. 55, glaubt, daß sich die ersten Spuren vom

Notendruck in den zu Mailand gedruckten Werken des Franchini finden, nur daß diese Noten noch in ganzen Linien, nicht aus einzelnen Schriftzeichen, gedruckt sind, welches in den von Lessing angeführten Beispielen wohl ohne Zweifel auch der Fall seyn wird. Den Deutschen hingegen legt Hawkins, ohne jedoch Beweis zu führen, die Erfindung der beweglichen Notenschriften bei, und glaubt, sie sey unter ihnen schon um das Jahr 1500 zu großer Vollkommenheit gelangt. Der Angabe beim Mattheson widerspricht er aber, weil die musikalischen Werke des Claude le Jeune, die 1603 und 1606 in Paris herauskamen, schon so gedruckt wären, und durch ihre Eleganz schon merkliche Fortschritte in diesem Drucke verriethen. In England ging es damit langsamer; und H. beschreibt die ersten Versuche dieser Art, und ihre allmähligen Verbesserungen.

Erhard Oeglin (Ocellus) wird auch vom Hrn. von Stetten in s. Kunstgeschichte von Augsburg, S. 38, als ein dortiger Buchdrucker erwähnt, welcher der erste gewesen, der zu Augsburg 1514 mit hebräischen Buchstaben gedruckt habe. Von seinem Notendruck aber sagt Hr. v. St. nichts, ob er gleich S. 42 f.

auf denselben kommt, und verschiedne von den ersten Holzschnitten anführt Dagegen bemerkt er, daß in den Salmingerischen Cantionen, von welchen die ersten im J. 1539 bei Philipp Ulharden herauskamen, manche mit gegossenen, ordentlich zertheilten, und beweglichen Noten gedruckt sind.

---

Philoktet. Meine Vermuthung, daß Philoktet unter dem claudicante beim Plinius gemeint sey, (s. Laokoon, S. 22,) steht, wie Riedel in seinen Anmerkungen sagt, bereits beim Gronov über den Statius, S. 285, „aber nur mit zwei Worten ganz verächtlich hingeworfen, nicht in dem hohen kritischen Tone, wie im Laokoon."

Ich soll Gronov's Statius noch zum erstenmal in die Hände nehmen, und bin mir sehr bewußt, daß ich meine Emendation Niemanden zu danken habe. Doch dem ungeachtet könnte mir Gronov zuvorgekommen seyn; und ich muß nachsehen.

In der Note (p) zu S. 22 des Laokoon wird die Stelle des ältern Plinius, L. XXXIV, sect. 19, angeführt, wo von dem Bildhauer Pythagoras Leontinus verschiedne vorzügliche Kunstwerke angeführt werden, und es unter andern heißt: Syracusis autem (fecit) *claudicantem*, cujus ulceris dolorem sentire etiam spectantes videntur. Lessing führt Gründe an, welche das *claudicantem* verdächtig machen, und liest anstatt desselben *Philoctetem*, oder hält, wie er sagt, wenigstens dafür, daß das letztere durch das erstere gleichbedeutende Wort verdrängt worden, und man beides zusammen Philoctetem claudicantem lesen müsse. „Sophokles, „setzt er hinzu, läßt ihn ςιβον κατ᾽ ἀναγκαν „ἑρπειν, und es mußte ein Hinken verursachen, „daß er auf den kranken Fuß weniger herzhaft „auftreten konnte.“ — Ich weiß nun zwar nicht, wo Riedel seine oben gedachte Erinnerung vorgebracht hat. In seiner Theorie d sch. W. finde ich sie nicht; vielleicht war es in den Jenaischen Gelehrten Zeitungen. Sie hat aber ihre Richtigkeit, obgleich L. hier, ohne es zu wissen, mit Gronov zusammentraf; denn sonst hätte er gewiß die Autorität solch eines Kunstrichters nicht unbenutzt gelassen. Gronov führt nämlich in seiner sehr selten gewordenen, und mir, nach vielem vergeblichen Aufsuchen, durch die Freundschaft des Hrn. Hofr. Wernsdorf in Helmstädt mitgetheilten Diatribe in P. Papinii Statii Silvarum Libros V. (Hag. Com. 1637. 8.) S 285, die Stelle des Plinius in einer andern Absicht an, und muthmaßt zwar nicht, wie es scheint, daß *Philoctetem* für *claudicantem* zu lesen, sondern nur, daß jener unter diesem zu verstehen sey. Denn er äußert seine Vermuthung bloß in einer Parenthese: Leontinus Syracusis fecit claudicantem (*an Philoctetem?*) cujus ulceris, u. s. f.

---

Philotas. In meinem kleinen Trauerspiel dieses Namens ist der Zug wegen des kurzen Schwertes nicht sowohl aus dem Lohenstein, im Arminius, als aus dem Plutarch: Lacaena dicenti filio, parvum gladium sibi esse, adde, inquit, gradum.

Solch ein junger Held, wie Philotas, war Archidamus, der Sohn des Zeuxidamus, welchem sein Vater, als er ihn zu wild auf die Athenienser einbrechen sah, zurief: *ἢ τῃ δυναμει προσθες, ἢ τȣ φρονηματος ὑφες:* entweder mehr Kräfte, oder weniger

Muth. (*Plutarch.* in Laconicis.) — Desgleichen der junge Lacedämonier, von dem Seneka in seinen Briefen meldet: Lacon quidam adhuc impubes captus clamabat: pugnans quidem captus sum, servire tamen nolo. Verum cum paullo post juberetur servili fungi ministerio, illisum parieti caput rupit. (Ep. 77.)

Die Stelle ist im achten Auftritte des Philotas, wo ihm Strato statt seines ihm abgenommenen Schwertes ein andres bringt, und Philotas sagt: „Ein wenig zu kurz scheint es mir bei alle dem. Aber was zu kurz? Ein Schritt näher auf den Feind, ersetzt, was ihm an Eisen abgeht!“ — Die erste ähnliche Stelle beim Plutarch ist unter den Apophthegmen der Lacedämonierinnen: (Opp. T. II. ed. Xyl. p. 241) Ἀλλη προς τον υἱον λεγοντα, μικρον ἐχειν το ξιφος, εἰπε, και βημα προσθες. — Ich weiß nicht, ob irgend ein Kunstrichter etwa geglaubt haben mag, L. habe jenen schönen Zug in seinem Philotas aus dem Lohenstein entlehnt; oder ob, wie mirs fast wahrscheinlicher ist, L. einen ähnlichen Gedanken im Arminius gefunden, und ihn dort angebracht, nachher aber entdeckt habe, daß er mehr mit dem beim Plutarch zusammentreffe. — Lohenstein verdient freilich mehr Achtung und Aufmerksamkeit, als man ihm, seit Gottsched und andre ihn verriefen, zu schenken pflegt; und in seinem Arminius sind wirklich einige schöne Stellen, und einzelne trefliche Züge. Vergl. die Litteraturbriefe, Th. XXI. S. 139 ff. — Man hat einen Arminius Enucleatus, d. i. des unvergleichlichen Dan. Casp. v. Lohenstein herrliche Realia, köstliche Similia, u. s. f. von J. C. Männling; Starg. und Leipz. 1708. 2 Theile, 8.; die Sammlung ist aber zu groß; und man muß manche Schale unter den Kernen fürlieb nehmen.

---

Physiognomie. *Jo. Val. Merbitzii* de Varietate Faciei Humanae Discursus Physicus; Dresdae, 1676, 4. enthält mancherlei Gutes. Er nimmt nur acht Theile des Gesichts, und zwölf Haupttheile an, aus welchen er durch die Kombinationen eine erstaunliche Menge von Varietäten herausbringt. Die zwölf Hauptgesichter sind:

Fünf,

Fünf, in Ansehung der Linie, welche das Profil macht:

1. facies prona; | das schönste.
2. — declinans; / wo die Stirn vorragt.
3. — reclinans; \ wo der Untertheil des Gesichts vorliegt.
4. — procurva; ) das schönste nächst Nr. 1.
5. — recurva; ( das häßlichste von allen.

Und sieben in Ansehung der Eintheilung:

6. Facies in tres aequales partes distributa; von den Haarwurzeln auf der Stirn bis zu dem Zwischenraum der Augenbraunen; von da bis zur Spitze der Nase; und von hier bis ans Kinn.
7. 8. 9. wo das, was dem einen Theile abgeht, nur Einem Theile zugelegt worden; entweder
7. der Stirn: welches nach Nr. 6. das beste ist; oder
8. der Nase; oder
9. dem untern Theile: das häßlichste.

10. 11. 12. oder wo das, was dem einen Theile abgeht, den andern beiden zugelegt worden; entweder

10. der Stirn und der Nase: erträglich, und macht ein satirisches Gesicht; oder

11. der Nase und dem Untertheile: das abscheulichste von allen; oder

12. der Stirn und dem Untertheile: das Mohrengesicht.

Die acht Theile des Gesichts sind ihm: frons, oculus, tempora, nasus, malum, (der ganze Untertheil;) bucca, labia, mentum. — Plinius, L. VII. c. 1. wo er von der Verschiedenheit der menschlichen Gesichtsbildung handelt, leitet sie aus zehn oder mehr Stücken her, die er aber nicht namhaft macht: „in facie multaque nostra, cum sint decem vel plura membra."

Auch Gualterus Rivinus in seinem Eigentlichen Bericht der vornehmsten der Architektur angehörigen mathematischen und mechanischen Künste; Nürnberg, 1547. fol. handelt unter andern von der Physiognomie, und soll besonders von den

Augen, wie Merbitz, S. 24, sagt, sehr gute und scharfsinnige Anmerkungen machen. — Es ist dieser Rivinus der Uebersetzer des Vitruv; und dieses sein Werk ist gleichsam der zweite Theil der Uebersetzung.

Joh. Baptista Porta hat nicht allein eine lateinische Physiognomie in vier Büchern geschrieben, deren Neapolitanische Ausgabe sehr fehlerhaft, die zu Hanau 1593. 8. aber verbessert ist; sondern auch Phytognomonica, in acht Büchern: quibus nova facillimaque affertur methodus, qua plantarum, animalium, metallorum, rerum denique omnium ex prima extimae faciei inspectione quivis abditas vires assequatur. Francof. ap. Wechel. 1591. 8.

Auch gehört hieher: *Alex. Achillini* de Subjecto Physiognomiae et Chiromantiae; in Opp. fol. 148.

Schon früher, als die Forschung der Physiognomie, besonders durch die Lavaterischen Fragmente, so viel Sensation in Deutschland machte, hatte Lessing sie gelegentlich zu seinem Studium gemacht; und schon seine Uebersetzung des Huarte, dessen erste Ausgabe im J. 1752 herauskam, scheint ihn auf dieß Studium und manche damit verwandte Untersuchungen, geleitet zu haben. Ueber die obigen Materialien ließe sich mancherlei bemerken; ich schränke mich aber bloß auf das angeführte Werk des Rivinus ein, welches noch immer einige Aufmerksamkeit verdient. Was davon hieher gehört, steht Bl. XXIX bis XXXVI, und hat die Ueberschrift: Der ganzen Phisiognomia kurtzer außzug, souil den künstlichen Malern vnd Bildhawern, vnd allen dergleichen-künstlichen arbeitern von nöten, darburch eyns yeden Menschen eygenschaft vnd art, der sitten vnd gemüts, nit allein erlernet vnd eygentlichen geurteilet werden mag, sondern ein yedes bild darnach, mancherley weise, von künstreichen Bildhaweren gebildet vnd formiret werden sol, nach erheischung yetlicher bilder art vnd weise, natur vnd eygenschafft. Von den Augen redet er am umständlichsten, in Rücksicht auf ihren sittlichen Ausdruck, sowohl überhaupt, als besonders in Ansehung der Augensterne, Auglieder und Augbrauen, und zuletzt von ihrer Farbe. Dabei verweist er auf ein besondres Büchlein von der Augen Arzney, worin er dieß alles noch umständlicher ausgeführt habe. Er selbst aber gesteht, daß er meistens dem Aristoteles und dem Adamantius gefolgt sey. Am Schluß dieses Abschnitts sagt er: „Solchs aber sey dieses orts von der bildhawerischen vnd malerischen Phisiognomi gnug gesagt; welcher aber „begerte weiter zu wissen, der mag hierüber „vnsere große Phisiognomi lesen." Rivinus, der eigentlich Ryff hieß, und Arzt zu Straßburg war, muß also auch noch ein eignes Werk über die Physiognomie geschrieben haben, obgleich weder Jöcher noch Kestner es mit anführen. Er war überhaupt ein großer Vielschreiber, aber auch einer der ärgsten Ausschreiber seiner Zeit. Man sehe *Thomas.* de Plagio Literario, §. 196 f.

---

de St. Pierre. Dieser bekannte Abbé soll auch ein Buch sur la Pureté de la Réligion hinterlassen haben, welches nie gedruckt worden, woraus aber Voltaire in seinen Questions sur l'Encyclopédie unter dem

Artikel Symbole sein Glaubensbekenntniß anführt; wenn dieß anders Voltaire nicht selbst gemacht hat.

Man findet dieß Glaubensbekenntniß in der Gothaischen Ausgabe von Voltaire's Werken, B. XLIII, S. 266 f. — V. sagt zwar, er liefere es, tel qu'il est écrit de sa main dans son livre sur la pureté de la réligion, lequel n'a point été imprimé, und versichert, er habe es sehr getreu abgeschrieben; indeß ist es höchst wahrscheinlich von ihm selbst verfertigt. Am Ende setzt er hinzu: Nous rapportons historiquement ce symbole de l'Abbé de *St. Pierre*, sans l'approuver. Nous ne le régardons que comme une singularité curieuse; & nous nous en tenons, avec la foi la plus respectueuse, au véritable symbole de l'Eglise.

---

**Planeten.** Daß die Alten nur fünf Planeten gezählt, indem sie Sonne und Mond nicht mit darunter gerechnet haben, erhellt aus dem Hygin, welcher das Kapitel im zweiten Buche, wo er von den Planeten handelt, de *quinque* stellis überschreibt, und deren auch in dem Kapitel selbst nicht mehr anführt. — Dieses ist unter andern auch wegen alter Steine zu merken, auf welchen fünf Sterne vorkommen, die daher nicht unrecht für Planeten zu nehmen sind. S. *Ficoroni* Gemmae Litteratae, p. 6. Tab. I. 15. II. 9.

Es ist das 42ste Kapitel in Hygin's Poët. Astron. welches de quinque stellis überschrieben ist, und worin bloß vom Jupiter, Saturn, Mars, von der Venus und vom Merkur, gehandelt wird. Dagegen aber ist beim ältern Plinius L. II. c. 6. de *septem* Planetis überschrieben, und es heißt da gleich Anfangs: Inter hanc (terram) coelumque eodem spiritu pendent, certis discreta spatiis, *septem* sidera, quae ab incessu vocamus *errantia*, quum errent nulla minus illis. Dalechamp macht bei dieser Stelle die Anmerkung, die siebenfache Zahl der Planeten sey schon von den Chaldäern festgesetzt worden; Ptolemäus hingegen und Theon hätten Sonne und Mond nicht mit unter die Planeten gezählt. Vergl. *Aristot.* de Mundo c. 2, wo gleichfalls sieben angegeben werden. Ueberhaupt gelangten die Griechen, wie Goguet, B. II. S. 101 der Uebers. zeigt, erst spät zur Kenntniß der Planeten. Seneka sagt: (Natural. Quaest. VII. 3.) Democritus, subtilissimus antiquorum omnium, suspicari ait se, plures stellas esse quae currant: sed nec numerum illarum posuit, nec nomina, nondum comprehensis *quinque* siderum cursibus. Eudoxus primus ab Aegypto hos motus in Graeciam transtulit. Eudoxus aber lebte ungefähr 400 Jahre vor Chr. Geb. —

Man kann aber wohl nicht behaupten, daß die Alten durchgängig nur fünf Planeten angenommen hätten, sondern nur zuweilen; und dieß wäre denn auch schon hinlänglich, die auf einigen Gemmen vorkommenden fünf Sterne für jene fünf Planeten zu nehmen, vornehmlich, wenn sich dabei vermuthen oder voraussetzen ließe, daß das Hauptsubjekt der Gemme, oder die ganze Bestimmung derselben auf die Gottheiten der Sonne und des Mondes schon für sich Beziehung hätten.

Hieher gehört: Thesaurus gemmarum antiquarum *astriferarum*, quae e compluribus Dactyliothecis selectae aen. tabb. CC insculptae obss. illustrantur — — interprete *J. B. Passerio*, cura et stud. *A. F. Gorii*. Florent. 1750. 3 Voll. fol.

Plasma di Smeraldo. So nennen die Italiäner einen seltenen Stein, welcher die Mutter oder die äußere Rinde des Smaragds ist. (Winkelm. Anmerk. z. Gesch. d. K. S. 18.) — In der Dactylioth. Zanett. p. 17, finde ich ihn *Prasma* di Smeraldo geschrieben. — Die Alten schnitten tiefe und erhabene Figuren darauf; und es muß große Stücke davon geben, weil Winkelmann am angef. Orte sagt, daß man einige daraus zusammengesetzte Tischblätter im Pallaste Corsini finde.

Es ist ohne Zweifel eben der Stein, den Vogel, S. 145, Smaragdpras, Smaragdites, nennt, der nur halb durchsichtig ist, und farbige Punkte und Streifen hat. (S. Smaragd.) — In meinen Antiquarischen Briefen habe ich das Wort Prasma näher erklärt, (Br. XXV, Th. 1. S. 190.) und gezeigt, daß es nichts anders als der Prasius oder die gemma prasina der Alten sey.

Dingley sagt, man finde im Plasma die meisten alten geschnittenen Steine, nächst dem Beryll. Er erklärt das Plasma durch den schönsten Smaragd, und beschreibt ihn gleichwohl von der Farbe stehenden Wassers, manchmal mittelmäßig klar, aber meistens voll schwarzer und weisser Farben, und mehr undurchsichtig. Was muß der Mann für einen Begriff vom Smaragd gehabt haben? Den gewiß nicht, den Plinius davon macht. In Prasiern mögen wohl genug geschnittene Steine vorhanden gewesen seyn; aber wahrlich nicht im Smaragd. Die alten grünlichen geschnittenen Steine werden wohl alle, oder meistens, Malachiten seyn.

Herr Brückmann stimmt in der neuen Ausg. s. Abhandl. von Edelsteinen, S. 182, der Lessingischen Vermuthung bei, daß die Alten unter den Prasern vielerlei grüne Steine von schlechter Farbe verstanden haben, und das *prasma* aus Vernachlässigung des Punkts über dem *i* beim Abschreiben des Worts *prasina* (gemma) entstanden sey. — Winkelmann's u. a. Erklärung, daß es die Smaragdmutter sey, widerlegt die Erfahrung, weil niemals Smaragde darin sind gefunden worden. Es läßt sich aber, wie Hr. Brückmann in s. Zusätzen S. 132 bemerkt, schwer bestimmen, was W. eigentlich unter seinem Plasma di Smeraldo verstehe. Ein

Kenner hat, wie Hr. B. in der Note erinnert, die von W. angeführten Tischblätter genau untersucht, und entdeckt, daß sie aus zwei zusammengelegten durchsichtigen Platten von gipsartigem Marienglas, oder feinem durchsichtigen Alabaster bestehen, in deren Zwischenraum eine grüne Masse oder Kütt gebracht ist. Die Ränder sind so wohl verwahrt und eingefaßt, daß man den Betrug nicht leicht entdeckt.

---

Plautus. Es ist Zeit, daß ich den Plautus einmal wieder lese. Ich fange heute (den 23sten Jun. 1769) mit dem Epidikus an; und hier will ich die mancherlei Anmerkungen eintragen, die ich über die komische Kunst, besonders, in so fern er sie selbst gelegentlich berührt, und über die Alterthümer dabei machen werde.

Es ist ungegründet, daß Plautus sich vornehmlich auf dieß Lustspiel viel eingebildet habe. Er läßt zwar in dem Stücke, Bacchides (Akt II, Sc. 2, V. 85.) den Chrysalus sagen:

Non herus, sed actor mihi cor odio sauciat.
Etiam *Epidicum*, quam ego fabulam aeque ac
me ipse amo,
Nullam aeque invitus specto, si agit Pellio.

Aber dieser Chrysalus, der das sagt, ist ein Knecht, und ein eben so schelmischer, als Epidikus. Dieses Lob eines Stücks, in welchem ein schelmischer Knecht libertatem malitia invenit sua, ist also mehr ein charakteristischer Zug des Chrysalus, als Eigenlob des Dichters; und muß für die Güte des Stücks, oder für die Prädilektion des Verfassers, auf keine Weise angezogen werden.

---

Akt *I*, Sc. 1, V. 22. Mich dünkt, hier hat Plautus, eines Einfalls wegen, das Kostume sehr bei Seite gesetzt, und die römischen und griechischen Sitten gänzlich vermengt. Es sind die beiden Knechte, Epidikus und Thesprio, die mit einander sprechen:

— — — *Ep.* Te volo
Percontari. Operam mihi da; opera reddibitur tibi.

*Th*. Jus dicis. *Ep*. Me decet. *Th*. Jam tu
autem nobis praeturam geris.
*Ep*. Quem medicis digniorem esse hominem
hodie Athenis alterum?
*Th*. At enim unum a praetura tua, Epidice,
abest. *Ep*. Quidnam? *Th*. Scias,
Lictores duo, duo viminei fasces virgarum.

Er gedenkt ausdrücklich Athen's, und gleichwohl auch der Steckenbündel, welche nur in Rom den Gerichtspersonen vorgetragen wurden.

---

Ebendaselbst, V. 33:

Mulciber, credo, arma fecit, quae habuit
Stratippocles.
Travolaverunt ad hostes.

Der Tadel, welchen Camerarius und Lambinus über diese Stelle gemacht haben, ist ganz falsch; aber auch Taubmann's Rechtfertigung taugt nichts. Denn das geht gar nicht auf die Waffen Achill's, die Hektor dem Patroklus abnahm; sondern auf die Homerische Dichtung, daß Vulkan Dinge zu schmieden verstanden habe, die sich freiwillig bewegen können. Von dieser Art müssen auch die Waffen des Stratippokles gewesen seyn! will Epidikus sagen.

---

Ebendas. v. 50. Diese Stelle ist ein Beweis, wie viel die Alten durch bloße Zeichen auszudrücken verstanden haben, weil dergleichen Zeichen bei ihnen durchaus bekannt waren, welches sie bei uns nicht sind. Thesprio erzählt dem Epidikus, ihr Herr habe ein Mädchen aus den Gefangenen gekauft, und Epidikus will wissen, wie theuer?

*Ep.* Quot minis? *Th.* Tot. *Ep.* Quadraginta minis!

Thesprio mußte ihm also mit den bloßen Fingern die Zahl 40 weisen können, und das Zeichen davon mußte allgemein bekannt seyn. Jetzt könnten unsre Schauspieler durch Aufhebung ihrer Finger keine höhere Zahl, die allen verständlich wäre, weisen, als bis auf zehn.

Plautus gehörte zu den Lieblingsschriftstellern des sel. L., und sein Lustspiel, der Schatz, war, wie bekannt, eine glückliche Nachahmung des *Trinummus* jenes römischen

Komikers. Auch ist die in den Beiträgen zur Historie und Aufnahme des Theaters, (Stuttg. 1750. 8.) S. 14 ff. befindliche Abhandlung von dem Leben und den Werken des Plautus, von Lessing, so wie die im zweiten Stücke eben dieser Beiträge abgedruckte Uebersetzung der Gefangenen, in deren Vorrede er zu einer vollständigen Uebersetzung des ganzen Plautus Hoffnung machte, die ein sehr großer Gewinn für unsre komische Litteratur geworden wäre. Eben so sehr ist es zu bedauern, daß er die obigen Anmerkungen nicht fortsetzte, und, wie es scheint, seine abermalige Durchlesung des Plautus gar bald wieder einstellte.

Die erste dieser Anmerkungen ist wohl gewiß gegründet, obgleich ein Lebensbeschreiber und Ausleger des Plautus dem andern diesen mißverstandnen Umstand nachgesagt hat. — Auch die zweite hat allerdings Grund; wiewohl sich mehrere Stellen der Art anführen ließen, in welchen Plautus mehr an seine römischen Zuschauer, als an seine nach Griechenland verlegte Scene gedacht zu haben scheint. — Bei der dritten Stelle: Mulciber, credo, u. s. f. hatten Camerarius nud Lambinus angemerkt, daß Plautus hier aus Gedankenlosigkeit oder

Vergessenheit gefehlt habe, weil die Waffen Achill's, die Hektor vom Patroklus erbeutete, nicht als vom Vulkan verfertigt angegeben würden. Nicht aber Taubmann, sondern Douza, den T. auch ausdrücklich anführt, erinnerte dagegen, daß hier ein unwissender Knecht rede. Was Lessing dawider bemerkt, ist schon vom Muretus erinnert, der sich dabei auf *Aristot.* L. I. Polit. c. 4 beruft. Mir scheint indeß diese Stelle einer noch bessern Erklärung fähig zu seyn. Sie scheint die Ableitung zu bestätigen, welche Servius beim Virgil, L. VIII. Aen. v. 414 von dem Namen *Vulcanus* macht. Vulcanus, sagt er, ignis est, et dicitur Vulcanus, quasi *Volicanus*, quod per aërem *volet;* ignis enim e nubibus nascitur. Oder vielmehr scheint die Flüchtigkeit des Feuers überhaupt den Namen *Volicanus*, vielleicht auch *Volitanus*, veranlaßt zu haben. Und so wäre die Anspielung in dem Worte *transvolarunt* desto treffender. — Daß man bei der letzten Stelle an die Fingerzählung der Römer denken müsse, haben schon mehrere Ausleger bemerkt, und es kommen mehrere dahin gehörige Stellen beim Plautus vor; z. B. Mil. Glor. Act. II, Sc. 2, v. 49. Ueber die Verfahrungsart bei

dieser

dieser Zählung sehe man *Jo. Nicolai* Tr. de Siglis Veterum, (L. B. 1703. 4.) p. 90 ff., wo auch mehrere alte und neue Schriftsteller darüber nachgewiesen werden. Die Zahl vierzig wurde dadurch ausgedrückt, daß man die innere Seite des Daumen an die äußere des Zeigefingers der linken Hand legte. Man weiß, daß bei den Italiänern und Spaniern die Fingersprache noch jetzt üblich ist. Daher heißt es z. B. in der Geschichte des Bruders Gerundio von Campazas, Uebers. S. 6: „Da „ich sagte: solche, zog ich alle meine Finger„spitzen ganz enge zusammen, eben so, wie man „gewöhnlich von einer Menge spricht."

---

Poesie. Von ihrer Aehnlichkeit und Unähnlichkeit mit der Mahlerei, von dem Einflusse und der Verbindung der einen mit der andern, zu meinem Laokoon, ist nachzusehen: *Bogisl. Balbini*, in Quaesitis Orat. et Verisimilibus; ubi docet, utile, immo necessarium esse meditanti poëtae, inspicere gestum, vultus, habitum, mores, et alia pictorum artificio in tabula scite repraesentata.

Zur Geschichte der alten deutschen Poesie wäre vielleicht eine Handschrift wichtig, die zu Thorn auf der Bibliothek befindlich ist. Sie ist von Gottfr. Zamelius, der Bürgermeister in Elbingen gewesen, und hat den Titel: Germania Celtica Rediviva, lingua, literis, metro: Das uralte deutsche poetisirende Deutschland, in drei Büchern; als: 1) durch Rede und Sprachwesen; 2) durch Lehr- und Schreibwesen; 3) durch Sing- und Reimwesen. 1667. — Dem Titel nach könnte manches Gute darin stehen. (v. *Petr. Jaenichii* Notitia Biblioth. Thornens. p. 35. Jenae, 1723. 4.)

Die oben angeführten Schriften des Bogisl. Balbinus heissen, wie ich im zweiten Bande seiner Bohemia Docta, (Prag. 1776. 78. 2 Voll. gr. 8.) p. 23 f. finde: Verisimilia humaniorum disciplinarum; Prag. 1666. 8. Quaesita Oratoria; ib. 1677. 8. Beide sind auch zu Augsburg, 1710 u. 1711. 8. nachgedruckt worden.

Gottfried Zamel, dessen oben erwähnte Handschrift allerdings Aufmerksamkeit verdiente, war, nach dem Jöcher, ein Sohn Friedrichs

Zamel; und dieser letztere war gekrönter Poet, und Bürgermeister in Elbingen, von dem man verschiedne lateinische Gedichte hat. Auch jener soll Poet gewesen seyn; und man hat von ihm ein Buch: Studiosus Apodemicus, s. de Peregrinationibus Studiosorum. Auch wird beim Jöcher eine andre von ihm hinterlassene Handschrift: De Rei Literariae Scholarumque in Borussia illustrium Initiis angeführt.

---

Primaticcio. Monville in s. Leben des Mignard, S. 4, sagt vom Primaticcio: Il fut attiré en France par François I, qui l'envoya depuis à Rome en 1540, pour acheter des antiques; il en rapporta 124 statues, avec quantité de bustes, et les creux de la colonne Trajane, du Laocoon, de la Venus de Medicis, *etc.* qu'il avoit fait mouler. On lui donna au retour l'Abbaye de S. Nicolas de Troyes.

Dieses hat Monville zum Theil aus dem Felibien, (Entret. T. II. p. 226.) zum Theil aus dem Vasari genommen; welcher letztere aber 125 Stück überhaupt, mit Köpfen und Rümpfen und Figuren zusammen, nicht bloße Statuen allein, angiebt. Die Formen hatte Primaticcio von Giacomo Barozzi da Vignola, und andern, machen lassen; aber die Venus scheint, nach den Worten des Vasari, nicht die Venus von Medices, sondern eine andre Venus im Belvedere gewesen zu seyn. — Auch nennt Monville die Abtei, welche Franz *I.* dem Primaticcio gab, ganz falsch *de St. Nicolas*, anstatt *de St. Martin.* S. *Malvasia*, Felsina Pittrice, T. I. p. 151.

Felibien gedenkt am angef. O. unter den vornehmsten durch Primaticcio aus Rom mitgebrachten, und daselbst für den König von Frankreich auf seine Veranstaltung abgeformten Kunstwerken überall keiner Venus, wohl aber der Kleopatra im Belvedere. Unter den Statues de Versailles des Thomassin findet sich indeß N. 39 eine Kopie von dieser letztern, wobei aber bemerkt wird, daß sie durch A. Coyzevox aus Lyon verfertigt sey, der erst im J. 1720 starb. Vom Primaticcio s. den Artikel Abbate. Beim Felibien wird noch von ihm angemerkt, daß er zuweilen auch Boulogne heisse, weil er aus Bologna gebürtig war.

---

Protogenes. Monville im Leben Mignard's (Amſterd. 1731. 8. Préf. p. XXVII.) ſagt: Pour ne pas risquer d'enſevelir ſous les mines de Rhodes un Peintre, dont l'habileté étoit célèbre, Demetrius Poliorcètes leva le ſiège de cette ville. Le Prince ne pouvant y mettre le feu par un autre endroit que par celui, où travailloit Protogènès, il aima mieux, au rapport de Pline, épargner la peinture, que recevoir la victoire, qui lui étoit offerte. — Das iſt falſch. Nicht, um dieſen Mahler zu ſchonen, ſondern bloß, um ein Gemählde von dieſem Mahler nicht zu verbrennen, ſteckte Demetrius Rhodus auf der Seite nicht an, wo er es allein einnehmen konnte. Der Mahler ſelbſt arbeitete auſſer der Stadt, und hatte bei der Belagerung für ſich nichts zu befürchten. — Ich habe im Laokoon bereits angemerkt, daß mehrere das Gemählde des Protogenes, welches in der Stadt war, und dessen wegen Demetrius nicht die äußerste Gewalt gegen sie brauchte, mit dem verwechseln, welches er während der Belagerung ausser der Stadt mahlte.

Plinius (L. XXXV. sect. 36.) redet von dem Jalysus, einem Gemählde des Protogenes, und setzt hinzu: Propter hunc Jalysum, *ne cremaret tabulas*, Demetrius rex, *cum ab ea parte sola posset Rhodum capere*, non incendit; parcentemque picturae fugit occasio victoriae. *Erat tunc Protogenes in suburbano hortulo suo*, *hoc est*, *Demetrii castris*. Und bald hernach sagt er: Sequiturque *tabulam ejus temporis* haec fama, quod *eam* Protogenes sub gladio pinxerit. *Satyrus hic est*, quem Anapaumenon vocant, ne quid desit temporis ejus securitati, tibias tenens. Lessing erinnerte daher sehr richtig im Laokoon, S. 130, in der Note, daß Meursius, Richardson und Winkelmann diese Stelle des Plinius deswegen falsch verstanden hätten, weil sie nicht Acht gegeben, daß von zwei verschiedenen Gemählden daselbst die Rede ist: dem einen, dessen wegen Demetrius die

Stadt nicht überkam, weil er den Ort nicht angreifen wollte, wo es stand; und dem andern, welches Protogenes während dieser Belagerung mahlte. Jenes war der Jalysus, und dieses der Satyr.

---

Pulvinar. *Boeclerus* in *Indice Corneliano* ad Cap. II. *Timothei*: „Inter honores divinos *pulvinaria* fuisse, id vero satis constat; de significatu non conveniunt. *Lambinus* lectulos, in quibus deorum statuae collocarentur, exponit; sane plerique aut pro lectulis, in templo stratis, aut pro lecticis apparatis deorum accepere. *Marcellus Donatus* ad *Sueton. Caes.* c. 76. rejectis aliis significationibus interpretatur pulvinaria, quae super lectos stratos in templis ad simulacra numinum sublevanda ponebantur.

Dieses ist die gemeine Bedeutung, die aber von den Auslegern bei dieser Stelle des Nepos unrecht angebracht wird, wie ich unter dem Artikel, Göttin des Friedens, angemerkt habe. Denn pulvinar heißt nicht allein dieses, sondern überhaupt eine Kapelle, ein kleiner Tempel. So sagt Servius (ad v. 533, L. III. Georg. *Virgil.*) ausdrücklich: *Donaria* proprie loca sunt, in quibus dona reponuntur deorum. Abusive *templa;* nam ita et *pulvinaria* pro *templis* ponimus; cum sint proprie lectuli, qui strati in templis, supervenientibus plerisque, consueverant. Dieses supervenientibus plerisque versteh' ich nicht. War es etwan so? Weil man in den Tempeln doch wohl immer mehr als Eine Bildsäule der Gottheit, die darin verehrt wurde, hatte; gleichwohl nicht mehr als Eine aufgestellt seyn konnte, daß indeß die übrigen auf dem Pulvinar ruhten? Ich erinnere mich hiebei der hetrurischen Götzenbilder, *signa*, die fast alle unter den Fußsohlen einen Zapfen haben, mit welchem sie in den Löchern auf ihren Altären oder Fußgestellen befestigt und aufgerichtet werden konnten; und woraus denn deutlich erhellt, daß sie nicht für beständig aufrecht standen.

In der Baseler Ausgabe Virgils, (1686. fol.) p. 312, lautet der Schluß der Erklärung des Servius: quum sint proprie lectuli, qui sterni in quibusdam templis consueverant. Und Lessing's Erklärung fände wohl nur Statt, wenn es in jener, vermuthlich irrigen Leseart: *pluribus* supervenientibus hieße. Herr Hofrath Heyne stimmt dieser Auslegung des Servius bei, daß donaria in der Virgilischen Stelle für templa stehe. Und Hr. Hofr. Voß übersetzt sie:

— — — und ein Paar unähnlicher Büffel
Zog den Wagen empor zur stiftungsreichen Kapelle.

In seinem Kommentar sagt er, der Tempel habe eigene Gewölbe zur Aufbewahrung reicher Geschenke und anvertrauter Güter gehabt. Dieß verstand er also unter dem sonst etwas dunkeln Beiworte, stiftungsreich.

---

Pyrgoteles. „Edictum Alexandri M. quo vetuit, in gemma se ab alio scalpi, quam a Pyrgotele, non dubie clarissimo artis ejus." *Plin.* XXXVII. 1.

Wenn Plinius nicht ausdrücklich das Wort edictum gebraucht hätte; wenn er nicht an andern Stellen, wo er eben diese Nachricht giebt, gleichfalls das Wort edixit brauchte: so würde ich glauben, daß dieses Verbot Alexanders bloß in seiner Weigerung bestanden habe, sich im Original von andern Künstlern, als dem Apelles, Pyrgoteles und Lysippus, bilden zu lassen.

Auch Apulejus (in *Floridis*) erzählt das Nämliche; nur mit der Veränderung, daß er anstatt des Lysippus den Polyklet setzt: qui effigiem regis aere duceret; und auch er braucht die Worte: *edixit* universo orbi suo. — Aber gut, daß wenigstens *suo* dabei steht! An den Orten, wo seine Befehle so unumschränkt nicht waren, wie in Athen z. E., werden die Künstler also doch gethan haben, was sie wollten.

Wenn man dazu nimmt, wie man kann und muß, daß Alexander nicht auch zugleich den geringern Künstlern untersagt habe, die ihn vorstellenden Werke der drei privilegirten Meister zu kopiren; und daß nach seinem Tode das

Verbot überhaupt seine Kraft verloren: so fällt die Nothwendigkeit unstreitig weg, daß die noch vorhandenen Köpfe Alexander's wirklich von jenen Meistern seyn müßten.

Natter sagt, daß der Kopf, den Pyrgoteles geschnitten, wie es heisse, in dem Kabinet des Königs von Preussen seyn solle. (Préf. p. IX.) Dieß bezieht sich auf das, was Beger (Thes. Brandeb. Vol. III. p. 203.) bei einem erhaben geschnittenen Sardonyx anmerkt, welcher ihm den Kopf des Alexander mit dem Kopfe seiner Mutter Olympias vorstellt: artificium in hac gemma *Alexandri* aetatem prodit; adeo, ut non absurde conjectura subeat, gemmam propositam ejusdem *Pyrgotelis* opus nobis fausto omine superesse.

Auch Horaz braucht (L. II. Ep. I. v. 239 ff.) den nämlichen Ausdruck:

> *Edicto vetuit*, ne quis se praeter Apellem
> Pingeret, aut alius Lysippo duceret aera
> Fortis Alexandri vultum simulantia. —

Und offenbar spielt sowohl Apulejus auf diese Stelle an, als Plinius, L. VII. c. 38: Idem hic imperator edixit, ne quis ipsum alius quam Apelles pingeret, quam Pyrgoteles scalperet, quam Lysippus ex aere *duceret.* Wiewohl Bentley in der Horazischen Stelle Lambin's Leseart: *cuderet* für *duceret* in Schutz nimmt.

## Q.

**Quartier.** Daß es für Gnade, Fristung des Lebens, gebraucht wird, wie in den Redensarten: um Quartier bitten; kein Quartier geben; erklärt Menage (*Dict. Etymol. Fr.*) auf folgende Art: „*Se battre sans quartier; ne faire point de quartier.* Cela est pris de ce que les Hollandois & Espagnols étoient autrefois convenus, que la rançon d'un officier ou d'un soldat se payeroit d'un quartier de sa paye; de sorte que quand on ne vouloit point recevoir la rançon, mais qu'en usant de tous les droits de la victoire & de la guerre, quelqu'un tuoit son ennemi, il lui disoit: C'est envain que tu offres un quartier de tes gages; on n'en veut point; il faut mourir.

— Er beruft sich dabei auf *De Brieux* Origines de quelques Coutumes anciennes.

Wenn Herrn Adelung's, und anderer, Vermuthung ihre Richtigkeit hat, daß das französische Wort *quartier* von dem deutschen Worte warten, in der allgemeinen Bedeutung des Aufhaltens, abstammt, wovon, mit vorgesetztem *g*, auch garde, guarde, und guarda gebildet wäre; oder gar von währen, bleiben, dauern; so ließen sich die obigen Redensarten noch leichter erklären, und Quartier wäre schon etymologisch so viel, als Frist oder Erhaltung.

## R.

Rabbinen. Wenn die Rabbinen sagen, daß von verschiedenen Auslegungen einer undeutlichen Schriftstelle die eine eben so wahr sey, wie die andre; so erklärt dieß Canz, wenn ich mich recht erinnere, in seiner Ontologie ganz falsch, daß sie also die einzigen wären, welche den Satz, daß von zwei widersprechenden Dingen nur Eins wahr seyn könne, leugneten. Sie wollen weiter nichts sagen, als, daß man sie alle beide könne

gelten lassen, wenn sie nichts enthalten, was andern unleugbaren Wahrheiten zuwider ist. — Jetzt finde ich, daß Augustin eben so dachte. Wenn er nämlich L. XII. *Confess.* seine Meinung von der Erschaffung der Welt sagt, und auch anderer Meinungen anführt, so setzt er hinzu: In hac diversitate sententiarum verarum (verae enim sunt omnes, quia verum dicunt, etsi non omnes secundum mentem scriptoris esse possunt) concordiam pariat ipsa veritas. — Sollte für das letzte veritas nicht vielmehr varietas gelesen werden?

Die hier angeführten Worte Augustin's, nur nicht die in eine Parenthese eingeschlossenen, die vielleicht Glosse sind, finde ich in seinen Confessionen (Col. Agr. 1629. 12.) L. XII. c. 30. p. 362. *Veritas* aber ist doch wohl die rechte Leseart, wie der ganze Zusammenhang, und besonders das Nachfolgende, zu ergeben scheint. Eben weil alle diese verschiednen Meinungen wahr seyn können, will er sagen, sollte man nicht darüber streiten. Denn auch im folgenden Kapitel fährt er fort: Ita cum alius

dixerit, hoc sensit (Moses) quod ego; et alius, immo illud, quod ego: religiosius me arbitror dicere: cur non utrumque potius, si utrumque *verum* est? Et si quid tertium, et si quid quartum, et si quid omnino aliud *verum* quispiam in his verbis videt, cur non illa omnia vidisse credatur, per quem Deus unus sacras literas *vera* et diversa visuris multorum sensibus temperavit? u. s. f.

---

**Raphael.** Von den in England und Frankreich befindlichen Gemählden Raphael's s. Winkelmann von Empf. d. Sch. S. 20. — In Spanien, im Eskurial, sind zwei Stücke von ihm, deren eins eine Madonna ist. — In Deutschland sind zwei Stücke: zu Wien die heil. Katharina, und zu Dresden das Altarblatt aus dem Kloster S. Sisto zu Piacenza; aber dieses ist nicht von seiner besten Manier; und zum Unglück auf Leinewand gemahlt, da seine andern Oelgemählde auf Holz sind. Daher hatte dasselbe bereits viel gelitten, als es aus Italien ankam; und wenn es auch von seiner Zeichnung einen Begrif geben könnte, so bleibt doch derselbe mangelhaft in Ansehung seines Kolorits.

Ein vermeinter Raphael, welchen der König von Preussen vor einigen Jahren in Rom für 3000 Skudi erstehen ließ, ist von keinem Kunstverständigen allhier (in Rom) für dessen Arbeit erkannt worden; daher auch kein schriftliches Zeugniß von der Richtigkeit desselben zu erhalten war. (Winkelm. ebendas.)

Wie es zu verstehen sey, was de Piles vom Raphael meldet, daß er zu der Zeit, als ihn der Tod übereilte, sich bestrebt habe, den Marmor zu verlassen, und der Natur gänzlich nachzuahmen, s. beim Winkelmann, v. d. Nachahmung griech. Werke, S. 15.

Ueber diese Excerpten zu kommentiren, würde hier zu weitläuftig werden. Ich erinnere nur, daß Vasari's Lebensbeschreibung noch immer die beste bleibt, die wir von diesem grossen Künstler bisher haben; und daß Herr von Heinecke in s. Nachrichten von Künstlern und Kunstsachen, Th. II. S. 315 ff. das vollständigste Verzeichniß der nach ihm gestochenen Kupferstiche geliefert hat. Auch kann ich die vor-

trefliche

treflichen Bemerkungen hier nicht unangeführt lassen, welche unlängst Hr. v. Ramdohr, in seinem mehrmals angeführten Werke, Th. I. S. 118. ff. über Raphael's mahlerischen Charakter gemacht hat.

---

Religion, christliche. Wider die vielen Werke, welche in neuerer Zeit für dieselbe herausgekommen, gilt es, daß sie nicht allein sehr schlecht beweisen, was sie beweisen sollen, sondern auch dem Geiste des Christenthums ganz entgegen sind, als dessen Wahrheit mehr empfunden seyn will, als anerkannt; mehr gefühlt, als eingesehen.

Dieses zu erhärten, müßte man zeigen, daß die für die Religion geschriebenen Werke der Kirchenväter nicht sowohl Behauptungen derselben, als bloß Vertheidigungen gegen die Heiden gewesen sind. Sie suchten die Gründe gegen sie zu entkräften, aber nicht unmittelbar Gründe für sie festzusetzen.

Meines Bedünkens war es Grotius, der mit seiner Abhandlung von der Wahrheit der christlichen Religion, welche 1639 zuerst heraus-kam, den Weg eröffnete. Doch hatte er so bald noch keine Nachfolger. Einige vierzig Jahre später entstand erst unter den reformirten Theologen ein Streit, ob auch die christliche Religion aus bloßen Gründen der Vernunft erwiesen werden könne, oder ob sonst noch etwas hinzu kommen müsse, um sie für wahr zu halten. Von diesem Streite s. *Buddei* Institutt. Theol. dogm. L. I. c. 2. §. 17. Die, welche der Meinung waren, daß die Vernunft hierin keine Genugthuung verschaffe, und uns von der Wahrheit der Religion nicht überzeugen könne, sind vornehmlich der Rechtsgelehrte Ulrikus Huberus, in s. Werke de Concursu Rationis et Scripturae; Joh. Regius, de Modo percipiendi S. S. divinitatem, Franecq. 1688; Witsius in Diss. Epist. ad Ulr. Huberum; und Leydecker.

Daß ein Philosoph sehr geschickt sey, in Streitigkeiten der Religion zu entscheiden, desfalls will ich mich nicht bloß darauf berufen, daß die ersten Christen in ihren Streitigkeiten mit den Ketzern heidnische Philosophen zu Schiedsrichtern erwählten; nämlich die ersten Christen im dritten Jahrhunderte. Denn früher ist von dieser Gewohnheit keine Spur. So disputirte z. B. Origenes wider die Marcioniten und Valentinianer, unter dem Schiedsrichteramte des Eutropius, eines heidnischen Philosophen. Ein Beweis davon ist des Origenes Dialogus contra Marcionitas, f. de recta in Deum fide, den Joh. Rud. Wetsten 1674 zu Basel zuerst griechisch und lateinisch herausgab. Desgleichen Archelaus, Bischof zu Carrä in Mesopotamien, wider den Manes, unter Entscheidung vier heidnischer Philosophen. Von dieser Disputation sind noch Fragmente vorhanden, welche Fabricius im zweiten Bande der Werke des Hippolytus wieder hat auflegen lassen.

Ich sage, ich will mich nicht hierauf berufen; weil die zwei Schriften, auf welche man sich desfalls bezieht, leicht nur bloß dergleichen Einkleidungen seyn dürften, ohne daß die Streitigkeiten jemals wirklich so gehalten worden; wovon ich in ihnen selbst mehr Spuren aufsuchen müßte. Denn sie sind mir wenigstens dadurch verdächtig, daß bei dem Archelaus die Philosophen nicht allein wider den Manes sind, sondern auch beim Origenes sich sogar Eutropius zur christlichen Religion bekehrt. Anderer Punkte der Unwahrscheinlichkeit zu geschweigen. Wie denn auch Friederici, der eine eigne Dissertation: Philosophos Gentiles controversiarum fidei in veteri Christi ecclesia arbitri, zu Leipzig 1723 gehalten hat, aus der ganzen Kirchengeschichte nicht mehr als diese zwei Beispiele anzuführen weiß. Doch bringt er ausdrükliche Zeugnisse bei, welche diese Gewohnheit sonst bekräftigen; nämlich: 1. des Cyrillus aus dem vierten Jahrhunderte, Catech. VI, quae de Monarchia Dei agit, n. XV. edit. *Tho. Milles*, p. 95; und 2. des Photius. S. *Cave*, Hist. Litt. Scr. Eccl. P. I. p. 100. Wiesemann in s. Memorabb. Eccl. Hist. P. I. Sect. 3. §. 19, p. 200, sagt davon, daß es exemplo scandaloso, nec facile excusando, geschehen sey. Und wenn er hierin auch Recht hätte, so würde der Satz dennoch bestehen, weil hier nicht von heidnischen Philosophen, sondern von christlichen die Rede ist, gegen welche die Einwendung des Hasses und der Unwissenheit nicht gilt.

Einer meiner scharfsinnigsten Freunde, dem ich diesem Artikel mittheilte, schrieb darüber folgende Anmerkung nieder: „Man wird sich gar nicht wundern, daß ein so denkender und scharfsinniger Kopf, wie Lessing, mit Rousseau und andern Männern von eigenthümlicher und wirklicher Denkkraft, die demonstrativen Beweise für die Wahrheit des Christenthums, und selbst der natürlichen Religion, als deren Grundlehren doch, der Natur der Sache nach, vorher demonstrirt werden müssen, ehe man das Christenthum demonstriren kann, wenig befriedigend fand.“

„Was L. und andre aus dem Unzulänglichen, Mangelhaften und Unbefriedigenden jeder ihnen bekannten und bis dahin versuchten wissenschaftlichen Beweisart der Religionswahrheiten schlossen, oder gewissermaßen nur ahneten; ist nunmehr aus der Natur der Sache, und der Beschaffenheit unsers Erkenntnißvermögens, bewiesen. Unsre Erkenntniß von Gott läßt gar keine demonstrative Gewißheit und Ueberzeugung zu; und es ist unmöglich, daß dabey ein eigentliches Wissen Statt finde. Unsre ganze, fest gegründete und beruhigende Religionsüberzeugung stützet sich auf einem vernünftigen und auf einem moralischen Glauben. Dieser Satz ist das wichtigste Resultat der Kritik der reinen Vernunft; und es ist ein ganz unschätzbares Verdienst, welches sich der Verfasser derselben in dieser Rücksicht insonderheit dadurch erworben hat. Wir wissen nunmehr, daß durch alle metaphysische Grübeleien, und noch so scharfsinnige Spekulationen, die Wahrheiten der Religion niemals werden bewiesen, aber auch eben so wenig jemals widerlegt und mit Grunde angefochten werden können."

„Dieses Verdienst der neuern Philosophie um die Religion ist, obgleich bloß negativ, dennoch das größte, welches sie sich um dieselbe erwerben konnte, und wahrlich ein sehr segenvoller Gewinn für die Menschheit. Denen aber, welche die Größe dieses Verdienstes verkennen, und sich einbilden, daß uns die Philosophie in der Religionserkenntniß positiv weiter führen, und größere Gewißheit geben müsse, als der gesunde Menschenverstand, kann man mit Kant antworten: „Aber verlangt ihr denn,

„daß ein Erkenntniß, welches alle Menschen „angeht, den gemeinen Verstand übersteigen, „und auch nur von Philosophen entdeckt werden „solle? Eben das, was ihr tadelt, ist die beste „Bestätigung von der Richtigkeit der bisheri„gen Behauptungen, da es das, was man An„fangs nicht vorher sehen konnte, entdeckt, „nämlich, daß die Natur in dem, was Men„schen ohne Unterschied angelegen ist, keiner „partheiischen Austheilung ihrer Gaben zu be„schuldigen sey; und die höchste Philosophie in „Ansehung der wesentlichen Zwecke der mensch„lichen Natur es nicht weiter bringen könne, „als die Leitung, welche sie auch dem gemein„sten Menschenverstande hat angedeihen lassen." Kritik der reinen Vernunft, S. 859.

---

**Rembrandt.** Die Rembrandtische Manier schickt sich zu niedrigen, possierlichen und ekeln Gegenständen sehr wohl. Durch die starken Schatten, welche durch den Vortheil des unreinen Wischens oft erzwungen werden, errathen wir mit Vergnügen tausend Dinge, welche deutlich zu sehen kein Vergnügen ist. Die Lumpen eines zerrissenen Rockes würden, durch den feinen und genauen Grabstichel eines Wille ausgedrückt, eher beleidigen als gefallen; da sie doch in der wilden und unfleißigen Art eines Rembrandt wirklich gefallen, weil wir sie uns hier nur einbilden, dort aber sie wirklich sehen würden.

Hingegen wollte ich hohe, edle Gegenstände nach Rembrandt's Manier zu behandeln nicht billigen. Ausgenommen solche hohe, edle Gegenstände, in welchen Niedres und Edles verbunden ist. Z. E. die Geburt eines Gottes in einem Stalle, unter Ochsen und Eseln. Und solche, mit welchen die Dunkelheit für sich verbunden ist.

Moses Mendelssohn, dem ich diese Gedanken mittheilte, antwortete mir: „Sie „haben vollkommen Recht. Denn wenn uns „schon bei hohen und edeln Gegenständen die „Skizzen oft besser gefallen, als die vollendeten „Gemählde; so geschieht es deswegen, weil „wir bei den Skizzen dasjenige hinzudenken, „was ein arbeitsamer Pinsel ausgeführt hätte. „Die Rembrandtische Manier aber kann uns „als eine fertige und vollendete Arbeit bei edeln

„Gegenständen nicht gefallen. Von Dietrich „hat man eine Beschneidung im Rembrandtl„schen Geschmacke.“

Wer mit Rembrandt's Manier nur einigermaßen bekannt ist, wird diese Bemerkungen über ihre Anwendung und Nachahmung sehr gegründet finden. Man vergleiche damit, was der sel. v. Hagedorn in s. Lettre à un Amateur de la Peinture &c. (Dresde, 1755. 8.) p. 65. ff. über diesen Künstler und seine Schule sagt. Uebrigens giebt es unter seinen Gemählden mehrere, welche geistliche Subjekte von höherer Art, freilich aber nicht immer edel genug, darstellen. Andeutung aber war doch immer mehr in seiner Manier, als Vollendung; und man müßte daher die Bemerkung Mendelssohn's wohl dahin einschränken, daß uns das, was wir hier hinzudenken, nicht höher führt, sondern tiefer herabstimmt. Dietrich hat, wie bekannt, dem Rembrandt sehr oft nachgebildet, vornehmlich in seinen Kupferblättern, deren vollständigstes Verzeichniß Hr. v. Heinecke in s. Nachrichten von Künstlern und Kunstsachen Th. I. S. 127 ff. und in den neuern Nachrichten, S. 16 ff. geliefert hat.

Reyselius. Von dessen bewunderns-würdiger Maschine eines künstlichen Menschen s. das Journal des Savans, a. 1677, p. 361; und die Bestätigung dieser Nachrichten ebendas. a. 1680, p. 41. ff.

Salomon Reisel war ein gegen das Ende des vorigen Jahrhunderts lebender Arzt, aus Hirschberg gebürtig, der zuerst als Stadtphysikus zu Worms, und hernach als Würtembergischer Rath und Leibarzt zu Stuttgard lebte. In den Actis Academiae Naturae Curiosorum, deren Mitglied er war, findet man mehrere von ihm beschriebene Wahrnehmungen und Versuche; unter andern auch die Beschreibung einer von ihm erfundnen Statuae humanae circulatoriae, durch welche er den Umlauf des Bluts nach mechanischen Gesetzen anschaulich machen wollte. Im Journ. des Sçav. *l. c.* wird davon eine kurze Beschreibung gegeben. Die Maschine war in ihrer ganzen Einrichtung dem menschlichen Körper, nach allen seinen innern Theilen, völlig ähnlich; und R. hatte noch die Hoffnung, ihr auch die Stimme und die natürliche Bewegung mitzutheilen. Gefäße und Eingeweide waren von gewöhnlicher Größe und Gestalt; und das

Wasser oder irgend eine andre Flüssigkeit, die man in den Mund goß, ging durch den Schlund in den Magen, von da in die Herzadern, u. s. f. zuletzt durch die Nieren in die Blase, und von da von selbst wieder heraus. Auch hatte er in dieser Maschine die natürliche Bewegung der Lunge, die Einziehung und Aushauchung der Luft, alle Bewegungen des Pulses, u. dergl. anzubringen gewußt. — An der zweiten angef. Stelle des J. d. Sç. findet man den Auszug eines Briefes aus Jena an einen Pariser Gelehrten, worin von jener Maschine nähere Nachricht ertheilt, und noch hinzugesetzt wird, daß sich die gröbern Theile der eingegossenen Flüssigkeit während des Umlaufs absonderten, und wie natürlicher Auswurf durch den After, die minder groben Theile aber durch den Urin abgingen.

---

Wilhelm ten Rhine. Der erste, welcher in Europa der Chineser und Japaner Art, durch die Inustion und Acupunctation das Podagra und andre reissende Krankheiten zu heilen, bekannt gemacht hat. S. Journal des Sav. a. 1684. p. 109.

Die Abhandlung über diese Materie, aus welcher gedachtes Journal einen Auszug liefert, heißt: *Wilhelmi ten Rhine*, M. D. Transisalano-Daventriensis, Dissertatio de Arthritide; Mantissa Schematica de Acupunctura; et Orationes tres, *&c.* singula notis illustrata. 8. Lond. 1683. Man hatte ehedem die Chineser und Japaner, wegen des vielen warmen Getränks, das sie zu sich nehmen, von den Anfällen der Gicht völlig frei geglaubt; und doch sind, besonders die erstern, ihr vielleicht häufiger unterworfen, als irgend eine andre Nation. Um sich davon zu heilen, pflegen sie, der hier gegebenen Beschreibung nach, die leidenden Theile entweder zu brennen, oder mit feinen und langen Nadeln tief in dieselben einzubohren. Das erstere war schon, wie der Rezensent bemerkt, ehedem bekannt; der Nadelstich aber nicht. Ihrer Meinung nach entstehen alle Krankheiten von Winden, die in dem Körper eingekerkert sind, und denen sie daher durch jene Operationen einen freien Ausgang zu schaffen, und zugleich das Blut zu reinigen suchen. Das Brennen wird vom Hippokrates angerathen, und ist bei vielen morgenländischen Völkern, auch selbst bei den Türken, gewöhnlich. Die Chineser bedienen sich dazu einer Pflanze, die auch in Europa wächst, (l'Armoise rouge à grandes feuilles;) und die bei ihnen Moxa heißt. Des Nadelstichs aber bedienen sie sich statt des Aderlassens. Beim starken Kopfweh, bei der Schlafsucht, fallenden Sucht, u. s. f. sticht man in die Scheitel des Kopfs; bei Koliken, dem Durchlauf, u. dgl. in den Unterleib; u. s. w. In die fleischigen Theile wird tiefer gestochen, als in die nervigen; man bedient sich dazu einer goldnen oder silbernen Nadel, die man zu S. 116 des Journ. des Sçav. nebst einem menschlichen Körper, mit den bemerkten Brenn- und Stechpunkten, abgebildet findet.

---

Nic. Ricciolini. Ein bekannter Mahler in Rom, der im J. 1763 noch lebte, und von dem, zum Beweise, wie wenig die Römer das, was sie täglich vor Augen haben, achten, Winkelmann erzählt, daß er allererst im siebzigsten Jahre seines Alters die Statuen der Villa Borghese zum erstenmal gesehen habe. Er war sonst ein Mann von großem Talente und vieler Wissenschaft, auch ausser seiner Kunst.

(Von der Empf. d. Sch. S. 7.) Die Baukunst hatte er aus dem Grunde studirt, und dennoch eines der schönsten Denkmäler, nämlich das Grab der Cäcilia Metella, des Krassus Frau, nie gesehen.

Füeßlin bemerkt von diesem Nicolo Ricciolini, er sey ein Historienmahler zu Rom um 1750 gewesen, und habe viele Gemählde für die Kirchen dieser Hauptstadt verfertigt. Ausserdem gedenkt er noch eines Michelangelo Ricciolini, und eines dritten, der als ein Schüler des Ciro Ferri angegeben werde.

---

Richardson. Der englische Feuerfresser. S. Journal des Sav. a. 1677, p. 54 und 222. — Endlich ward sein Geheimniß verrathen, und eben daselbst, a. 1680, p. 292, mitgetheilt.

Dieser Richardson heißt in der ersten angeführten Stelle ein englischer Chemiker; und es wird von ihm gesagt, er kaue glühende Kohlen, lege brennenden Schwefel auf die Zunge, nehme eine glühende Kohle auf dieselbe, und lasse ein Stück rohes Fleisch und eine Auster darauf kochen, sie auch eine halbe Viertelstunde lang anblasen; er halte ein glühendes Eisen lange Zeit in der Hand, lasse es wieder überglühen, nehme es dann zwischen die Zähne, und schleudre es mit der größten Gewalt gegen den Kamin; auch verschlinge er geschmolznes Glas, Schwefel, u. s. f. so, daß ihm die Flamme aus dem Munde schieße. — Die zweite angeführte Stelle enthält den Auszug eines Briefes von Hrn. Dodart über diesen Feuerfresser, in welchem seine Kunst aus einer natürlichen und durch Uebung verstärkten Anlage hergeleitet wird. Auch werden mehrere Beispiele dieser Art angeführt. — In dem Journal von 1680 aber wird die Entdeckung des ganzen Geheimnisses von Hrn. Panthot, einem Arzte zu Lyon, mitgetheilt. Der Bediente Richardson's hatte es verrathen, daß es in nichts weiter bestehe, als im reinen Schwefelgeiste, womit man diejenigen Theile einreibe, die das Feuer berühren sollen, weil dadurch die Oberhaut dergestalt durchbrannt, und wie Leder gehärtet werde, daß sie mit der Zeit alles Gefühl verliere. Dazu kam noch ein besondrer Kunstgrif, mit welchem R. wenn er z. B. die glühende

Kohle auf seine Zunge legte, in aller Geschwindigkeit ein andres Stück Kalbfleisch zwischen die Kohle und seine Zunge brachte.

---

Ritterorden. Ich finde in Zeillers Sendschreiben XXI: „Was derselbe mir von „dem neuen Ritterorden, de i Cavalieri di „Santa Militia genannt, so neulich in diesem „1619ten Jahre zu Wien, von dem Herzoge „von Nevers und andern Fürsten und Herren „aufgerichtet worden, schreibet, das habe ich „mit mehrern daraus vernommen.“ — Ich merke mir dieses Zeugniß deswegen an: 1) Weil Gryphius dieses Ordens gar nicht gedenkt; 2) weil er im Gegentheil an der wirklichen Existenz eines Ordens der Ritter von den Kreuzzügen, deren Justiniani im 20sten Kapitel der andern Edition gedenkt, zweifelt, und meint, daß überhaupt die Kreuzorden darunter verstanden würden. Könnte Justiniani nicht diesen Orden des Herzogs von Nevers darunter verstanden haben? Ich muß sein Werk bei Gelegenheit selbst nachsehen, nämlich seine

chrono-

chronologische Geschichte aller Ritterorden, in italiänischer Sprache, deren zweite Ausgabe 1692, fol. erschienen ist.

Beim Bernardo Giustinian in seinen Historie Cronologiche dell' Origini Militari e di tutte le Religioni Cavalleresche (Venez. 1692. 2 Voll. fol.) ist in dem angef. 20sten Kapitel, T. I. p. 193. ff. von dem beim Zeiller gedachten Orden gar nicht die Rede. Dieß Kapitel ist: *Cavallieri della Croceata* überschrieben, und enthält eine kurze Erzählung von den vornehmsten Kreuzzügen, deren er bis auf 1459 vierzehn zählt. Gryph hat also zwar Recht, wenn er S. 45. sagt, der Ritterorden von den Kreuzzügen sey eigentlich kein gewisser Orden, sondern Giustinian meine damit diejenigen Christen, welche sich durch die Kreuzpredigten der von dem Papst ausgeschickten Gesandten bewegen ließen, und haufenweise den Zügen in das gelobte Land gegen die Ungläubigen und andre Feinde der römischen Kirche beiwohnten. Aber Giustinian sagt auch selbst am Schlusse jenes Kapitels: Quest' Ordine dunque, *che più* propriamente si deve chiamare *Marca Cavalleresca*, non s'avanzò oltre all' occasioni motivate di guerre generali per la religione cattolica; terminate le quali, cessava anco la Croceata; u. s. f.

Des von Zeiller erwähnten Ordens aber gedenkt Gryph allerdings; aber unter der Rubrik der Ritter B. Mariae Virginis Annunciatae, S. 43, und bemerkt gleichfalls, daß *Carlo Gonzaga*, Herzog von Nevers diesen Orden zur Bekriegung der Ungläubigen, mit einem großen, aber geschwinde verlöschenden Ansehen errichtet habe. Er rückt darauf Grammond's Beschreibung dieses Ordens ein, worin unter andern gesagt wird: Non deficiebant Niverno Principi in opus arduum dotes animi, natales, et virtus; defecit, sine qua irriti vulgo conatus magni, pecunia. Denn obgleich Pabst Urban *VIII.* diesen Orden bestätigte, und mit vielen Privilegien versah, so nahm er doch, da einige Zwiste entstanden, und der Stifter Herzog von Mantua wurde, gar bald ein Ende, oder wie es Giustinian, der Kap. 84 von diesem Orden handelt, sich ausdrückt: provò questa Religione, non molto lungi dalla Culla, il Feretro, e dai natali, l' occaso; onde appena vivono le memorie nei seguenti Scrittori. Die ganze und förmliche Benennung des Ordens war: *Milizia Cristiana di Santa Maria della Concezione sotto l' Invocazione di S. Michiele.* — In der Histoire des Chevaliers de Malte par *Vertot*, T. IV. p. 130, finde ich, daß der Herzog von Nevers bei Errichtung dieses Ordens eigentlich die Absicht gehabt, den Orden vom heiligen Grabe von dem Johanniterorden zu trennen, und daß dieser daher im J. 1619 den Dom Luis Mendes de Vasconcellos an den französischen Hof abgeschickt habe, um des Herzogs Absichten zu vereiteln, welches auch geschehen sey. Hierin mag also wohl die schnelle Aufhebung jenes Ordens ihren vornehmsten Grund haben.

Im Theatro Europaeo, T. I. S. 307, findet sich eine Nachricht von der Stiftung dieses Ordens, und ein Verzeichniß der gleich Anfangs in denselben aufgenommenen Mitglieder. Das Ordenszeichen ist dort gerade so, wie beim Giustinian angegeben; und dieß macht seinen Sieg über den Franzosen, der eine andre Meinung über das Kreuz hat, desto glorreicher.

---

## Galeazius Ruber, oder de Rubeis.

Ein geschikter Schmied zu Mailand zu Anfange des sechszehnten Jahrhunderts. Cardan's

Vater war sein vertrauter Freund; und dieser Freundschaft haben wir es vornehmlich zu danken, daß der Sohn an verschiedenen Orten seiner Werke dieses Künstlers gedenkt. Einmal in dem Buche de *vita propria*, c. 3. „Utebatur (pater) amico unico et familiari, *Galeazio Rubro;* (familiae hoc nomen erat;) similitudo morum et studiorum fabrum illi amicum effecerat. Is enim est, qui Archimedis cochleam invenit, nondum vulgatis Archimedis libris; gladios qui plumbi instar flecterentur, et ferrum pene ut lignum scinderent; et, quod majus fuit, thoraces ferreos (me spectante saepius experimentum; eram autem adolescentulus;) qui ictibus igneorum tormentorum militum legionariorum resisterent, adeo, ut quintuplici ictui unus idem sufficerit, vixque rimulam contraxit." — Und dann auch L. I. *de Subtilitate*, p. 366 Opp. wo er von der Cochlea des Archimedes redet, und sagt, daß Vitruvius ihrer gedenke, und Diodorus Sikulus zu zwei verschiednen malen: Dicens, Aegyptum sic catam beneficio cochleae ab Archimède inventae. Quod si ita est, cum Archimedes secundi belli Punici temporibus floruerit, nescio quo pacto antiquo tempore bene potuerit Aegyptus habitari. Sed *Galeazius de Rubeis*, civis noster faberque ferrarius, cujus infra mentionem facturi sumus, cum jam olim inventam ipse quasi primus auctor existimaret reperisse, prae laetitia insanivit. Vidimus illum versantem trusatilem machinam, ac paullo post mente excussum." Die Maschine wird dort im Holzschnitte beigefügt und erklärt.

Ueber die *cochlea* des Archimedes s. *Vitruv*. L. X. ç. II. Vergl. L. V. extr. und *Diod. Sic.* L. V. p. 217; auch *Abulpharaji* Hist Dynast. p. 41. Die genaueste Beschreibung davon s. in *Franc. Eschinardi* Tr. de Impetu; Rom. 1684. 4.

---

Prinz Ruprecht. Dritter Sohn des Churfürsten Friedrichs V. von der Pfalz, und der Elisabeth, Königs Jakobs I. von England Tochter. Geboren 1619, den 26 December. Schon den 26 Oktober des nämlichen Jahrs war sein Vater zum Könige von Böhmen gekrönt worden, welcher 1632, den 19 November, kurz nach Gustav Adolphs Tode starb. Im J. 1635 gieng Ruprecht nach England, wie Michaelis sagt, oder vielmehr im folgenden Jahre, nach Salmon's Berichte: Charles, Prince Palatin du Rhin, & le prince Robert son frère, arrivèrent en Angleterre; ils venoient solliciter le recouvrement du Palatinat.

Man sieht leicht, in welcher Absicht L. sich dieß angemerkt habe, wenn man weiß, daß dieser pfälzische Prinz Ruprecht oder Rupert gemeiniglich für den Erfinder der schwarzen Kunst oder des sogenannten Mezzotinto, gehalten wird. So viel ich weiß, ist die erste und vollständigste Nachricht darüber die, welche der berühmte John Evelyn, dem der Prinz selbst seine Erfindung mittheilte, in seiner Schrift: *Sculptura*, or the History and Art of Chalcography, davon gab, deren erste Auflage, Lond. 1662. 12. sehr selten geworden, die aber ebendaselbst, 1755. 8. mit einigen Vermehrungen und Zusätzen, wieder herausgekommen ist. Man sehe darüber Evelyn's Leben, im dritten Bande der *Biographia Britannica*, und dessen deutsche Uebersetzung *) in der von Hrn. Dr. Semler herausg. Samml. merkw. Lebensbeschreibungen a. d. Britt. Biogr. B. V. S. 443 ff. wo man in der Note den Inhalt des Buchs ausgezogen findet. Prinz Ruprecht soll auf diese Erfindung ganz zufällig, beim Anblik einer abgeschabten Stelle auf dem Flintenlaufe eines deutschen Soldaten, gekommen seyn. Er theilte, wie gesagt, dem Evelyn seine Verfahrungsart mit, und erlaubte ihm, sie bekannt zu machen, welches er in einem für die Königl. Societät bestimmten schriftlichen Aufsatze that. Von dem ersten Blatte, welches der Prinz in dieser, jetzt in England so sehr zur Vollkommenheit gediehenen, Manier verfertigt haben soll, ist der ersten Ausgabe das höchst

*) Sie ist äusserst fehlerhaft, diese Uebersetzung, so, wie fast alles ohne Ausnahme in dieser Sammlung von Fehlern der Nachlässigkeit und der Unwissenheit wimmelt. Mir fällt z. B. nur gleich in die Augen, daß Mezzotinto auf dem Titel von Evelyn's Buche durch Mittelfarben übersetzt, und S. 447 abermals von Kupferstichen mit Mittelfarben geredet wird.

seltne Original, und der neuen Ausgabe von Evelyn's Buche eine genaue Kopie von Houston, so, wie auch das Bildniß des Prinzen selbst, beigefügt worden. — Evelyn gedenkt verschiedner Blätter von ihm: z. B. die große und kleine Enthauptung Johannis des Täufers; einen Soldaten, der einen Spieß hält, und seine Hand auf einen Schild legt; zwei Magdalenen, und andre, meistens nach Tizian und Giorgone verfertigte Blätter. — Hieher gehörige Nachrichten findet man auch in *J. Granger's* Biographical History of England (Lond. 1769. 4 Vols. 4.) Vol. II. p. 409 ff.

Bei dem allen ist es doch jetzt wohl so gut als ausgemacht, daß nicht Prinz Ruprecht von der Pfalz, sondern Ludwig von Siegen, ein hessischer Obristlieutenant, schon im J. 1643 die schwarze Kunst erfunden, und sie jenem Prinzen mitgetheilt habe, der sie zuerst nach England brachte. Siegen's erstes Blatt war das Bildniß der Landgräfin Amalie Elisabeth. — S. Notices génerales des Graveurs, par Mr. *Huber*, (Dresde & Leipſ. 1787. 2 Voll. gr. 8.) T. I. p. 59.

Rüchen. In Ansehung des Sinnes des Rüchens, und der Besonderheiten desselben, ist Johannes Leodinensis, als Beispiel eines ganz außerordentlichen Geruchs merkwürdig, von dem Digby de Natura Corporum, und Morhof, de Paradoxis Sensuum, nachzusehen sind. — Von dem Geistlichen zu Prag, welcher die Leute durch den Geruch zu unterscheiden wußte, und eine neue Wissenschaft des Geruchs schreiben wollte, worüber er aber starb, s. das Journal des Savans, a. 1684, p. 66.

Die Rechtschreibung welche L. hier für dieß Wort gewählt hat, wäre, wenn sie der Gebrauch eingeführt hätte, wohl die bessere, da das Wort riechen, wie auch Hr. Adelung bemerkt, von rauchen nur in der Mundart verschieden ist.

Beim Morhof ist die Stelle in s. Dissert. Acad. et Epistol. (Hamb. 1699. 4.) p. 322: Vixerat in silvis diu radicibus et glandibus *Joannes* quidam *Leodiensis*, milites fugiens: is e simplici illo cibo hac polluit facultate, ut odoratu cibos explorare, homines ac venatores distinguere, eorumque insidias eludere potuerit. Er beruft sich dabei auf den Digby.

Im Journal des Sçavans, *l. c.* wird von einem Geistlichen zu Prag erzählt, er habe durch den bloßen Geruch die Leute eben so gut gekannt, als andre durchs Gesicht, und habe durch bloßen Geruch sogleich ein unschuldiges und sittsames Frauenzimmer von einem schon verführten oder unkeuschen zu unterscheiden gewußt. Ce n'est, heißt es weiter, pas une petite perte pour la Philosophie, que la mort ait enlevé ce Religieux; car, comme il étoit fort savant, il avoit commencé de composer une nouvelle science des odeurs, dans laquelle il découvroit des choses merveilleuses sur cet organe, & sur ses qualités.

Satyrisches Drama. Oder wie es Eschenburg in seinem Hurd mit Einem Worte nicht übel übersetzt, Satyrspiel. Nur könnte man leicht aus dieser Benennung schließen, daß es schlechterdings aus Satyren habe bestehen müssen. — Vor dem Casaubonus war es den neuern Gelehrten kaum bekannt;

daher viele gar nicht wußten, was sie aus dem Cyklops des Euripides machen sollten. Z. E. Florens Christianus in den Noten zu seiner Uebersetzung desselben, sah wohl, daß es keine ordentliche Tragödie seyn sollte; aber auch nicht einmal der Name fiel ihm bei; und er glaubte es, wie Plautus seinen Amphitryo, eine tragicomoediam nennen zu können.

Erst muß man dieses Drama, welches ein regelmäßiges Werk war, von den Satyrchören, unterscheiden, die mit wilden Gesängen und unordentlichen Tänzen in den ältesten Zeiten das Bacchusfest feierten, und aus welchen das Trauerspiel selbst seinen Ursprung hatte. Das neuere Satyrspiel war eine spätere Erfindung, und ward durch das ernsthafte Trauerspiel veranlaßt, welches vielen bei so freudigen Feierlichkeiten zu ernsthaft war, denen man also auch etwas lustigers geben mußte:

— — — — — eo quod
Illecebris erat et grata novitate morandus
Spectator, functusque sacris, et potus et exlex.

*HORAT. de A. P. v. 223.*

Ich glaube selbst, daß satyrisches Drama die Art des Schauspiels, von welcher hier die Rede ist, besser bezeichne, als der Ausdruck: Satyrspiel; obgleich nicht aus dem von L. angeführten Grunde. Denn satyrisch, ganz im griechischen Sinne des Worts, da das Römische: satirische, wie bekannt, nicht damit einerlei sagt, hieß es doch bloß deswegen, weil Satyre darin anfänglich mit auftraten, wenn sie gleich nicht die einzigen spielenden Personen waren, und in der Folge ganz daraus wegblieben. Auch waren die Satyrchöre wohl gewiß der Ursprung dieser Schauspielgattung. Man lese darüber das sehr empfehlungswürdige Programm des Hrn. Prof. Buhle in Göttingen, de Fabula Satyrica Graecorum; Goett. 1787. 4. worin auch die von mir dem Verf. mitgetheilte Lessingische Vermuthung, daß die Alcestis des Euripides nicht ein Trauerspiel, sondern ein solches satyrisches Drama sey, geprüft und bezweifelt wird.

---

Schach. Ein Verzeichniß der Schriftsteller vom Schachspiel findet man beim *Tho. Hyde* de Ludis Orientalium, L. I. P. I.

p. 182; auf welches sich die Nummern, die ich hier anführe, beziehen:

27. Dieser Jak. de Cessolis oder Casallis, oder Casolis, der vor dem J. 1200 lebte, und eine Moralisation des Schachspiels schrieb, ist wohl der älteste Schriftsteller von dieser Materie in Europa. — Hyde merkt dabei an: Hunc librum *Conradus de Ammenhusen* Monachus et Sacerdos Stettinensis circa annum 1337 in rhythmum germanicum vertit, auxitque adeo, ut novus liber videretur. Es ist eine dergleichen Uebersetzung unter den Manuskripten der Wolfenbüttelischen Bibliothek; ohne Zweifel wird es die nämliche seyn. — Eine eigentliche deutsche Uebersetzung der Abhandlung des Cassalis von einem Stephan Flacher von Dünkelspiel von 1413 s. unter den Mspten, Nr. 25. 4. Eine gedruckte italiänische von 1534, s. 154. 1. Quodl.

11. Wielius, welcher das Gedicht des Vida kommentirt hat, heißt nicht Hie-

ronymus, sondern Lukas, und war aus Liegnitz in Schlesien. Sein Kommentar mit dem Gedichte selbst ist gedruckt Argentinae, 1504. 8. (104. Eth. 8.)

22. Cosmo Grazino hat eigentlich nichts vom Schachspiele selbst geschrieben, sondern nur eine verbesserte Ausgabe von dem Gedichte des Vida, nebst einer italiänischen Uebersetzung in Ottava Rima, geliefert, die 1604 zu Florenz in 4. gedruckt ist. (86. Quodl. 4.)

20. Girolamo Zanucchi ist gleichfalls nur ein Uebersetzer des Vida in Ottava Rima. Seine Uebersetzung ist gedruckt Trevigi, 1589. 4. (180. Quodl. 4.)

Unter die Uebersetzer des Vida gehört auch noch Nicolo Mutoni, den Hyde nicht hat, und dessen Uebersetzung in versi sciolti zu Rom, 1544. 8. gedruckt worden. (154. 1. Quodl. 8.)

21. Gregorio Ducchi aber, Gentiluomo Bresciano, hat ein eignes Heldengedicht vom Schachspiel 1607 zu Venedig in 4. drucken lassen. Der Titel heißt: Il

Giuoco degli Scacchi, ridotto in Poema Eroico, ſotto Proſopopea di due potenti Rè, e degli Eroi loro. Es beſteht aus ſechs Geſängen in Ottava Rima. (180. Quodl. 4.)

18. Damano Portugheſe hat ein Libro da imparare giocare à Scacchi e de' belliſſimi partiti &c. italiäniſch und ſpaniſch geſchrieben, wovon zwei alte Ausgaben ohne Jahrzahl in der Wolfenb. Bibliothek befindlich ſind. Die ältere, 562. Quodl. 8; und die ſpätere 554. 1. Quodl. — Es hat zehn Kapitel, wovon das achte: delli tratti ſottili che ſi dicono in volgare Spagnuolo *primores*, und das neunte delli giochi delli partiti, d. i. von ſolchen Spielen, wo man wettet, daß in drei, vier, fünf, ſechs Zügen der Gegner matt ſeyn ſoll; und das zehnte de l' arte del giocare alla mente, handeln. Es iſt aber zu bedauern, daß die Exempel im achten und neunten Kapitel, welche nach Art des Stamma, und vielleicht die nämlichen ſind, wegen der fehlerhaften Holz-

schnitte, welche dabei gedruckt, kaum zu verstehen sind.

19. Ruy Lopez. Von dieses Spaniers Abhandlung sind in der Wolfenb. Bibliothek nur zwei Uebersetzungen: eine italiänische von Gio. Domenico Torsia mit dem Namen des Lopez; Vened. 1584. 4. (180. Quodl. 4.) und eine französische, ohne Namen des Verfassers und Uebersetzers, Paris, 1609. 4. (86. Quodl. 4.) — Ruy Lopez ist der, dessen Anweisung mir unter allen am besten gefallen hat.

17. D. Jakob Mennel hat ein deutsches Gedicht vom Schachspiel 1507 drucken lassen, welches sich meistentheils bei den Anweisungen zum Schachspiel findet, die Christian Egenolff zu Frankfurt in der ersten Hälfte des vorigen Jahrhunderts öfters hat drucken lassen. (263. Quodl. 4.) — Ich habe aus diesen Anweisungen gesehen, daß unsre jetzige Art, Schach zu spielen, gar nicht die alte, sondern eine neuere ist, die damals Current, oder das welsche Schachspiel genannt wurde. — Aus

den

den gemeinen Regeln merke ich mir daraus folgende:

Wiltu das Spiel behalten,
So zieh den ersten von dem Alten.

(d. i. den Läufer.)

Und

Ante Reginam
Debes producere primam.

(Welches aber jenem widerspricht; indeß sind beide Auszüge gut.)

Und

Hut gegen Hut
Thut selten gut.

*Lucanus* in Paneg. ad *Pisonem* a décrit élégamment le jeu des échecs, sagt Du Fresne in seinen Anmerkungen über den Joinville, S. 59.

Von neuern Schriftstellern über dieß Spiel, welche Hyde nicht haben konnte, s. die Vorrede der Analyse des Échecs, par *Philidor;* Leips. 1754. 8. Dahin gehören:

1. Don Piedro Carrera, der im J. 1617 ein großes Buch darüber herausgab. Aus

ihm scheint Philidor alles Historische zu haben, welches sehr seicht und unrichtig ist. Z. E. Wenn er von den Regeln des Palamedes spricht, welcher das Spiel, nach dem Carrera, soll erfunden haben, als ob wirklich noch ein Buch von ihm vorhanden wäre.

2. *Le Calabrois*, der dem Carrera mit andern in ihren sehr unzulänglichen Anweisungen gefolgt ist. Sie haben bloß die ersten Züge angegeben, und es hernach dem Spieler fortzusetzen überlassen.

3. Cunningham und Bertin, kenne ich beide nicht. „Ils nous donnent des Gambits, qu'ils font perdre ou gagner, en faisant mal jouer l'adversaire."

4. Philidor selbst sagt von sich und seinem Buche: „Mon but principal est de me rendre recommandable par une nouveauté, dont personne ne s'est avisé, ou peut-être n'en a été capable; c'est celle de bien jouer les Pions; ils sont l'ame des échecs."

Ob ich gleich die meisten hier angeführten Bücher aus der Fürstl. Wolfenbüttelischen Bibliothek zu Rathe ziehen, und darüber weitere Nachrichten ertheilen könnte, so würde mich dieß doch hier zu weit führen, und doch am Ende nur Stückwerk bleiben. Wer eine vollständige Litteratur des Schachspiels sammeln wollte, welches sich der Mühe wohl verlohnen möchte, der müßte dabei das von dem Engländer Twiß zu London 1787 und 89, in zwei Oktavbänden herausgegebene Buch: Chess, zu Rathe ziehen, worin nicht nur eine Menge unterhaltender Anekdoten, das Schachspiel betreffend, sondern auch ein zahlreiches und ziemlich vollständiges Verzeichniß der ältern und neuern Schriften über dieses Spiel enthalten ist.

---

## Schauspieler und Schauspielkunst.

Es muß nicht wahr seyn, daß die Schauspieler der Alten beständig unter der Larve gespielt haben. Denn wie könnte Seneka (Epist. XI.) sonst sagen: Artifices scenici, qui imitantur affectus, qui motum et trepidationem exprimunt, qui tristitiam repraesentant, hoc indicio imitantur verecundiam: deiiciunt vultum, verba submittunt, figunt in terram oculos et deprimunt, ruborem sibi exprimere non possunt; nec prohibetur hic, nec adducitur. — Man dürfte zwar vielleicht sagen, daß artifices scenici hier die Pantomimen wären; aber wie paßt sich das verba submittunt auf die Pantomimen?

Aus allem, was man von dem Theater der Alten, und besonders von ihren Masken weiß, scheint doch die Allgemeinheit derselben zu erhellen. Auch ließe sich die angeführte Stelle des Seneka wohl von verlarvten Schauspielern erklären, die doch die Augen frei behielten, und folglich dieselben starr auf etwas heften oder niederschlagen, und so auch das Gesicht zur Erde niederbeugen konnten. Artifices scenici sind ohne Zweifel Schauspieler überhaupt. So sagt Quintilian, L. XI. c. 3. „Itaque in iis, quae ad scenam componuntur fabulis, *artifices* pronuntiandi a personis quoque affectus mutuantur, etc." M n lese die ganze Stelle nach; so wird man finden, daß in ihr den Schauspielern fast noch mehr leidenschaftlicher mimischer Ausdruck, als in der Stelle des Seneka, beigelegt wird. Zugleich aber wird darin die Art und die Möglichkeit dieses Ausdrucks bestimmt, nämlich durch den in den Gesichtszügen der Maske ausgedrückten Charakter, der, wie man weiß, auf jeder Seite anders war. Uebrigens sind die Untersuchungen des du Bois, Boindin, Ficoroni u. a. über die Masken der Alten bekannt.

---

Schifsbau. Ums Jahr 1691 that ein Engländer William Petty einen Vorschlag zu einem Schiffe, von einer ganz neuen Bauart, und ließ auch wirklich ein Modell davon bauen, mit welchem im gedachtem Jahre auf der Themse Versuche angestellt wurden. Die Beschreibung davon finde ich in The Young Student's Library, by the Athenian Society, p. 208. — Das Wesentlichste von der Struktur war, daß es aus zwei kleinen Schiffen bestand, welche durch eine Platform mit einander verbunden waren, so, daß zwischen beiden Schiffen das Wasser einen freien Durchlauf hatte. Die Vortheile, welche Petty davon versprach, waren: 1) eine weit größere Geschwindigkeit, da es zwei oder dreimal so viel Segel führen könne, als ein andres Schif, und dabei keinen Ballast brauche; 2) daß es nicht so leicht umschlagen, und gar nicht sinken könne; jenes, weil das Wasser unten dazwischen durchströme; und dieses aus dem nämlichen Mangel des Ballastes; u. s. f. Wegen des doppelten Kiels wollte man diesem Schiffe den Namen *Gemini* geben. Ich finde aber nicht, daß man weiter auf diese Vorschläge geachtet habe.

Der Kiel jedes dieser beiden Schiffe sollte, nach der am angef. O. gegebenen Beschreibung, achtzig Fuß lang, in der Dicke mit der Platform nur zwei und dreißig Fuß, und die Höhe vom Kiel bis zur Platform vierzehn Fuß seyn. Als Kriegsschif gebraucht, sollte es funfzig Kanonen, zweihundert Mann, und zweimonatliche Provision halten. Zu den angezeigten Vortheilen werden auch noch die gerechnet, daß es wegen der vielen geraden Bretter des Kiels nicht so leicht mit seiner ganzen Last zu Grunde sinken, nicht mit dem Vordertheile unter Wasser seyn, und der Mast im Sturm viel leichter nachgeben würde. Hiezu kämen manche andre, dort hergezählte, Vortheile; nur wird dabei ein zu leichtes Zerbrechen des Schiffes und die Zertheilung der beiden Schiffe, woraus es besteht, durch die Gewalt der Wellen in dem Zwischenraume, befürchtet, dem jedoch der Erfinder vorgebeugt zu haben versprach. Den Namen *Gemini* hatte man diesem Schiffe freilich Anfangs bestimmt; es wurde aber, wegen der Ungewißheit des Erfolgs, Experiment genannt.

---

Schmidt. Der Wertheimische Bibelübersetzer. — Nach seiner Achtserklärung hat er sich lange Zeit in Altona aufgehalten, unter dem Namen Schröder, in dem Hause eines Menoniten, wo er von der Unterstützung verschiedner Freunde in Hamburg, und von seinen Arbeiten lebte. Hier übersetzte er des Spinoza Sittenlehre, mit Wolf's Widerlegung, die Frauenzimmer-Apotheke, Arbuthnot von Speisen, und Kantemir's ottomanische Geschichte. Endlich kam er durch Hrn. v. Stüven nach Wolfenbüttel, wo er eine kleine Pension von dem Herzoge genoß, und in der Stille seine Uebersetzung des alten Testaments vollendete. Das Manuskript davon besitzt der Herzog; und es sollen die gedruckten Bücher Mosis darin sehr verbessert, und die Anmerkungen um Vieles verkürzt seyn. Er starb um 1749. Auch die Hofmannische Uebersetzung vom Antonin hat er ganz umgearbeitet, so, daß sie nach der letzten Ausgabe mehr seine, als Hofman's Arbeit zu nennen ist.

Vergl. Jöcher's Gel. Lexikon, im Artikel, Joh. Lorenz Schmid, B. IV. Sp. 297; und J. N. Sinnhold's Historie der verrufenen sogen. Wertheimischen Bibel; Erfurt, 1739. — Lessing gedachte dieses Mannes in seinen Beiträgen zur Geschichte und Litteratur, III. S. 198, um auf ihn die, von L. freilich nicht gehegte, Vermuthung zu ziehen, daß er Verfasser der bekannten Fragmente gewesen sey. Er sagt da von ihm, daß er in Wolfenbüttel, unter dem Schutze eines einsichtsvollen und gütigen Fürsten, die Duldung gefunden habe, welche ihn die wilde Orthodoxie lieber in ganz Europa nicht hätte finden lassen. Ob, und wo die Handschriften von der Vollendung und Verbesserung seiner Bibelübersetzung vorhanden sind, weiß ich nicht anzugeben. In der herzogl. Wolfenbüttelischen Bibliothek aber sind sie nicht. — Auch habe ich in Wolfenbüttel, wo dieser Schmidt sehr eingezogen, und gleichfalls unter dem Namen Schröder lebte, keine weitere Nachrichten von ihm auftreiben können, als daß er daselbst zuletzt den Charakter eines Hofmathematikus gehabt, und 1749 den 20sten December gestorben ist, wie aus der Vorladung seiner Erben und Gläubiger in den Braunschw. Anzeigen v. J. 1750, Sp. 55, erhellt.

---

Schönheit. Der körperlichen Schönheit, besonders der Gesichtszüge, kann von den Wehmüttern und Ammen nachgeholfen werden. Dieß bemerkt schon Hippokrates, Lib. de Aeribus etc. Sect. 35, wo er sagt, daß die Scythen die langen Gesichter geliebt, und sie ihren Kindern durch den Druck zu geben gesucht haben. Wenn dieß also ein wahres Kennzeichen der Scythen ist, so wäre die Frage, ob der Mahler es wohl beibehalten dürfe, und wie weit, ohne seine Komposition häßlich zu machen?

Auch Lemnius de occultis Naturae Miraculis etc. Lib. IV. c. 18, redet von Müttern, die der Schönheit ihrer neugebornen Kinder auf alle Weise nachzuhelfen suchen; und darunter auch, daß sie ex glaucis seu caesiis oculis nigros efficiunt, copioso lactis usu, ac potissimum, si nutrix calidae naturae existat, ipseque infans in loco opaco ac subobscuro contineatur.

Hippokrates bemerkt am angef. Orte (Opp. ed. *Föesii*, Frf. 1624. fol. p. 289.) daß die Makrokephalen, eine Völkerschaft, deren auch Plinius, L. VI. c. 4. erwähnt, und die zu den Scythen gehört zu haben scheinen, sich durch die Länge ihrer Köpfe, wovon sie auch den Namen erhalten, von allen andern Völkern unterscheiden. Anfänglich, sagt er, habe man diese Länge der Köpfe, weil man darin einen Adel und Vorzug gesetzt, absichtlich dadurch zu erhalten gesucht, daß man sogleich nach der Geburt des Kindes den Kopf desselben in die Länge gedrückt, gezogen und gebunden habe;

mit der Zeit aber sey dieß nicht mehr nöthig gewesen, weil die Natur selbst den Kindern dergleichen Köpfe gegeben habe. Hier ist die ganze Stelle: Και ὁκοσα μεν ὀλιγον διαφερει των ἐθνεων, παραλειψω, ὁκοσα δε μεγαλα ἡ φυσει ἡ νομῳ ἐρεω περι αὐτων, ὡς ἐχει. Και πρωτον περι των μακροκεφαλων. τουτεων γαρ ὀυκ ἐστιν ἀλλο ἐθνος ὁμοιως τας κεφαλας ἐχον ὀυδεν. την μεν γαρ ἀρχην ὁ νομος ἀιτιωτατος ἐγενετο του μηκους της κεφαλης· νυν δε και ἡ φυσις ξυμβαλλεται τῳ νομῳ. τους γαρ μακροτατην ἐχοντας την κεφαλην γενναιοτατους ἡγεονται. ἐχει δε περι νομου ὡδε. Το παιδιον ὁκοταν γενηται, ταχιστα την κεφαλην ἀυτου ἐτι ἁπαλην ἐουσαν μαλακου ἐοντος, ἀναπλησσουσι τησι χερσιν και ἀναγκαζουσιν ἐς το μηκος ἀυξεσθαι, δεσματι προσφεροντες, και τεχνηματα ἐπιτηδεια ὑφ᾽ ὡν το μεν σφαιροειδες της κεφαλης κακουται, το δε μηκος ἀυξεται. ἀυτος την ἀρχην ὁ νομος κατειργασατο, ὡστε τοιαυτην την φυσιν γενεσθαι. του δε χρονου προιοντος ἐν φυσει ἐγενετο, ὡστε τον νομον μηκετι ἀναγκαζειν.

Wegen der Sache selbst habe ich einen meiner Freunde, den in der Entbindungskunst so gelehrten als erfahrnen Hrn. Hofrath und Leibarzt Sommer befragt, und von seiner Güte folgende Bemerkungen erhalten:

„Daß der Kopf eines so eben gebornen Kindes, ohne Nachtheil seines Lebens und seiner Gesundheit, eine Veränderung in Absicht seiner Gestalt erleiden könne, glaube ich wohl behaupten zu dürfen; allein, nur unter gewissen Bedingungen ist dieses als möglich anzunehmen. Es ist bekannt, daß der Kopf eines neugebornen Kindes aus mehrern Knochen besteht, welche vermittelst der sogenannten Näthe zusammenhangen. Zwischen beiden Seitenbeinen und dem Stirnbeine sind die Winkel dieser Knochen abgerundet, und machen eine daumenbreite viereckige Stelle aus, welche die große oder vordere Fontanelle genannt wird. Eine weit kleinere, durch Knochen nicht bedeckte Stelle ist zwischen den Seitenbeinen und dem Hinterhauptbeine, und heißt die kleine oder hintere Fontanelle. Alle Näthe und Fontanellen tragen dazu bei, daß die Knochen des Kopfes, der etwas größer ist, als die Beckenweite, bei der Geburt sich über einander schieben, und also der Kopf dadurch, wo nicht kleiner, doch länger werde, und sich also nach der Oefnung, durch welche er gehen soll, ziehe. In Smellie's Tafeln findet man diesen Umstand bei natürlichen Geburten, und also bei recht stehendem Kopfe, imgleichen bei widernatürlichen Lagen des ins Becken eingeklemmten Kopfes, sehr gut abgebildet. Diese Verlängerung des Kopfes wird auch durch die Levretische Zange bewirkt. Es versteht sich aber von selbst, daß die den Kopf verlängernde Gewalt nicht zu lange auf diesen Theil wirken dürfe; es würde sonst das Leben des Kindes zu viel Gefahr laufen. Wenn es also beim Hippokrates von den Scythen heißt, daß sie mit den Händen, durch Binden, und andre Künste, den weichen und zarten Kopf des Kindes verlängert, und also daraus die macrocephalos gebildet haben; so finde ich wenigstens nichts Unglaubliches hierin. Die Scythen haben vielleicht den langen Köpfen eine Schönheit beigelegt, die wahrlich sehr relativ ist, so wie der Sineser solche in kleine Füße setzt. Aber darin kann ich Hippokrates nicht beipflichten, wenn er behaupten will, daß von einem solchen erkünstelten Makrokephalus ein Makrokephalus erzeugt werde, und so die ganze Nation dieß Abzeichen bekomme. Ueberhaupt scheint es mir noch nicht bestimmt zu seyn, ob der Kopf der Scythen gegen den Scheitel, oder gegen das Hintertheil zu verlängert gewesen sey. Das aber sehe ich wohl ein, daß eine jede Verlängerung des Kopfes eines Kindes durch ein gleich drückendes, sanftes und anhaltendes Binden des Kopfes, das noch länger, als bis zum Anwachsen der Näthe und Fontanellen fortgesetzt worden, habe geschehen müssen."

Angenommen also, daß die Länglichkeit der Gesichter ein charakteristisches Abzeichen der Scythen, und besonders der Makrokephalen war; so würde der Mahler, der diese Völkerschaft in seinem Gemählde auch durch das Eigenthümliche dieser Form andeutete, meiner Meinung nach, eben so wenig fehlen, als in dem Ausdrucke der charakteristischen Bildung der Aegypter, Chineser, u. s. f. wenn man auch, mit Lessing im Laokoon, die Schönheit als das höchste Gesetz des bildenden Künstlers annimmt. Bis zur Häßlichkeit aber dürfte freilich diese Abweichung von den schönen und gewöhnlichen Verhältnissen der Kopfbildung nicht getrieben werden. Und überhaupt hat Burke, wie ich glaube, in s. Philosoph. Enquiry into the Origin of our Ideas of the Sublime and Beautiful (4th. Edit. Lond. 1764. gr. 8.) P. III. Sect. IV. sehr gründlich gezeigt, daß Verhältniß nicht die Ursache der Schönheit in der menschlichen Körperbildung, und daß folglich das Gegentheil der Schönheit nicht Mißverhältniß und Mißgestalt, sondern Häßlichkeit sey.

Grillen von der Art, wie die vom Lemnius angeführte, findet man in den ältern physischen und medicinischen Schriften die Menge.

---

Michael Scotus. *Michael Scotus*, illustris astrologus, schreibt Joh. Matthäus, (de rer. invent. p. 38.) galeae ferreae usum invenit. Und p. 44. nochmals: Galeam ferream excogitavit *Michael Scotus*, insignis astronomus.

Ich weiß nicht, was ich aus dieser Nachricht machen soll. Es ist wahr, cassis und galea wird bei den Alten unterschieden; und zwar, wie Isidorus (XVIII, 14.) will: *cassis* de lamina est, *galea* de corio. Indeß finden sich doch auch schon bei den Alten eiserne galeae. Diodorus sagt (B. V.) daß die Gallier eherne gehabt: aeneis utuntur galeis cum magnis appendicibus ad prolixam ostentationem factis. Doch, das sind eherne, und nicht eiserne, wird man sagen. So beruf' ich mich auf den Plutarch, welcher in dem Leben des Kamillus sagt: fabricatus est militibus suis galeas, plerasque totas ferreas, et leves in ambitu, ut gladii aut laberentur in iis, aut frangerentur.

Wollen wir also sagen: daß die eisernen Helme in den mittlern Zeiten wieder aus dem Gebrauche gekommen, und daß sie Scotus von neuem erfunden habe?

Scotus lebte im 13ten Jahrhunderte, und war ein großer Liebling des Kaisers Friedrichs II. Die Schriftsteller, welche Bayle über ihn anführt, und andre, dürften nachzusehen seyn, ob sich vielleicht einer darunter fände, aus welchem Matthäus seine Nachricht genommen hätte, oder welcher auf die Quelle dieser Nachrichten führen könnte. Es verlohnte sich auch der Mühe, die Werke des Scotus selbst desfalls durchzublättern.

Plinius (L. VII. c. 56.) schreibt die Erfindung der Helme überhaupt den Lacedämoniern zu. Daß die eisernen Helme schon bei den

Alten,

Alten, wenigstens bei den Römern, üblich gewesen sind, davon ließen sich viele Beispiele anführen; z. E. aus dem Plutarch im Leben des Kamillus und Krassus, u. a. m. wo ausdrücklich noch das margianische Eisen, als dazu gebraucht, angeführt wird. Was aber Matthäus mit der dem Michael Scotus beigelegten Erfindung sagen wolle, getraue ich mir nicht zu errathen. Seine Angaben sind überhaupt zu unzuverlässig; und ich gestehe, daß mir die Sache selbst nicht interessant genug ist, um ihr weiter auf die Spur zu gehen.

---

Nic. Seeländer. Dessen zehn Schriften vom deutschen Münzwesen mittlerer Zeit sind zu Hannover gedruckt. Sie sind merkwürdig wegen der vorangesetzten Nachrichten, was er für die Dedikation einer jeden derselben bekommen, und was ihm die Verschenkung der Exemplare sonst eingetragen hat. (S. Freimüthige Nachrichten; Erster Jahrgang, S. 129.)

Füeßlin führt diesen Nikolaus Seeländer als einen Stahlschneider, von Erfurt gebürtig an, der um 1711 an dem Hofe zu Hannover gelebt habe. In den Hamburgischen Berichten v. J. 1744 finde ich S. 809 seinen im gedachten Jahre zu Erfurt erfolgten Tod angezeigt, und es wird von ihm gesagt, daß er, ohne eigentliches Studiren, sich nicht nur viele Kunstfertigkeit, sondern auch viele Kenntnisse der Alterthümer, besonders alter deutscher Münzen, erworben, und von den letztern viele in Kupferstichen geliefert habe. Auch in Flad's berühmtem Medailleur, S. 29, und in der Sammlung berühmter Medailleurs (Nürnb. 1778. 4.) S. 91, wird er rühmlich erwähnt. Ein Verzeichniß seiner numismatischen Schriften s. in *Hirschii* Biblioth. Numar. p. 117. f. Seine oben gedachten zehn Schriften von deutschen Münzen mittlerer Zeiten, mit einigen historischen Erläuterungen erklärt, und in dreizehn Kupferplatten vorgestellt, erschienen zu Hannover, 1743. 4. Sie sind sämtlich als Zueignungsschriften abgefaßt, und nach der Vorrede, die bloß aus den Worten: Vino vendibili non opus est suspensa hedera, besteht, preist er die Freigebigkeit seiner Mäcenaten bei dem ehemaligen einzelnen Abdrucke derselben, wobei er aber auch das Ausbleiben der Belohnungen, oder gar der Antworten, nicht verschweigt. Selbst die Geschenke derer, denen er bloß Exemplare seiner Schriften zusandte, werden nicht übergangen.

---

Sehen. Auch der Sinn des Sehens hat mancherlei Sonderbarkeiten. So liest man von einem, der sich der Nase statt eines Sehrohrs bediente, in *Laur. Scholzii* Epistt. Medicinal. ep. 75. 76. — Von Leuten die im Finstern gesehen, s. *Tho. Bartholinus* de Luce Animalium, L. I. c. 14. — Von einem, auf den die Erblickung gewisser Dinge sonderbare Wirkung gehabt: cui, viso antimonio statim laxatus alvus fuerat. V. *Bartholin.* Cent. 5. Hist. Anatom. 6. — Auch hat es fanatische Seher gegeben; z. E. Lepp, der Narr des Tycho de Brahe. S. *Gassendi* de vita *Tychonis*, L. VI. — Joseph Burrus; s. *Bartholin.* de Luce Animal. L. III. c. 8. — Und von den isländischen Sehern überhaupt, Acta Hafniens. Vol. II.

Manche haben sich den Mangel des Gesichts durch andre Sinne zu ersetzen gewußt; wie Joh. Vermaasen, der die Farben durchs Gefühl unterscheiden konnte. S. Experiments and Conſ. touching Colours, by *Rob. Boyle*, p. 42. *Leibnit.* in Hypoth. nova phyſica, n. 31. — Ein andrer Blinde konnte in der Karte spielen. V. *Digbaeus* de Natura Corporum, c. 28. n. 7.

Eine Nachricht von dem gelehrten blinden Mädchen, Esther Elisabeth von Waldkirch, und der Art und Weise, wie sie ihr Vater schreiben lehrte, s. im Journal des Savans, a. 1680. p. 115.

Fast alles dieses ist aus Morhofs Abhandlung de Paradoxis Senſuum, cap. 2, excerpirt, wo man noch mehrere Merkwürdigkeiten dieser Art beisammen findet.

Die Waldkirch war Tochter eines Kaufmanns von Schaffhausen, der zu Genf lebte, und damals 19 Jahr alt. Durch eine seit dem zweiten Monat ihres Lebens gehabte Augenkrankheit war sie blind geworden; dennoch aber von ihrem Vater zu vielen Kenntnissen angeleitet, so, daß sie vollkommen und gleich fertig Französisch, Deutsch und Latein verstand, mit ihrem Vater gewöhnlich lateinisch, mit ihrer

Mutter französisch, und mit Deutschen deutsch redete. Die Bibel wußte sie fast ganz auswendig; auch verstand sie sich auf die Philosophie, aufs Spielen der Orgel und der Violine; am bewundernswürdigsten aber war es, daß sie von ihrem Vater schreiben gelernt hatte. In ein Brett nämlich hatte dieser alle Buchstaben recht tief eingraben lassen, so, daß sie die Figur derselben mit den Fingern fühlen, und ihren Umriß mit einem Bleistift so lange umziehen mußte, bis sie sie nachzumahlen geübt genug war. Ihr Papier spannte man ihr in eine Art von Rahmen, wodurch ihr auch zugleich zum Geradeschreiben der Zeilen die Hand geführt wurde. Auf diese Art schrieb sie zum öftern Briefe an ihre Freunde.

---

**Seiltänzer.** Vom Ursprunge der Seiltänzer s. den Abbé Descamps in seiner Diss. sur une Médaille grecque d'Antonin Caracalla, qui représente en revers des Spectacles & Jeux publics fort particuliers. Vergl. *Journ. des Sav.* a. 1677, p. 309.

Von ausserordentlichen Seiltänzern, besonders von zwei Türken, s. *Cardan.* de Subtilitate, L. XVI, p. 637, Opp. — Sie stiegen an sehr steile Seile hinauf, und auch wieder herab. Man merkte, daß sie sich mit dem großen Zehen an dem Seile fest hielten.

Die Bande von Seiltänzern, Bereutern, und starken Männern, welche Nicephorus Gregoras L. VIII, c. 10, beschreibt, war aus Aegypten, und zog in der ganzen Welt herum. Es waren vierzig Personen, wie sie auszogen, und schon in Konstantinopel keine zwanzig mehr. Die übrigen waren alle bei ihren Kunststücken verunglückt. Auch machten sie eben nichts außerordentliches; und ich habe wohl noch geschicktere Leute, besonders Bereuter, in dieser Art gesehen. Sie giengen von Konstantinopel durch ganz Europa, und kamen bis in das äußerste Ende von Spanien.

Die von dem Abt Decamps erklärte Münze ist von den Cyzicenern auf den Kaiser Karakalla geprägt worden, und eins der seltensten Stücke im Königl. Kabinete. Er hält die Vorstellung des Revers für Spiele der Seiltänzer (funambuli) welches allerdings in der im Journal. des Sav. mitgetheilten Abbildung ziemlich wahrscheinlich wird; und er glaubt, die Cyzicener hätten dadurch das Andenken einer Kunst stiften wollen, die entweder von ihnen erfunden, oder doch bei ihnen sehr üblich gewesen wäre. Zum Beweise davon beruft er sich auf einen ungenannten griechischen Geographen, der unter den Kaisern Konstans und Konstantius lebte, und von jener Völkerschaft unter andern bemerkt, daß sie ungemein viel Anlage zu körperlichen Uebungen gehabt, und sich vornehmlich im Tanzen und in Sprüngen auf dem Seile hervorgethan hätte.

Was er von dem Ursprunge, oder vielmehr von den ersten Spuren der Seiltänzer sagt, verdient hier einen Auszug, weil es wenigstens zu weitern Untersuchungen Anlaß geben kann. Genau, sagt er, ist die Zeit ihrer ersten Entstehung nicht anzugeben. Im ersten Jahrhundert nach C. G. sah man auf dem Seile tanzende Elephanten in den floralischen Spielen zur Zeit des Galba, wie Sueton im Leben dieses Kaisers anführt. (Die Stelle ist c. 6. „Honoribus „ante legitimum tempus initis, praetor com„missione ludorum Floralium, novum specta„culi genus, elephantos funambulos, edidit.") Auch Nero ließ dergleichen ihre Künste bei den

Spielen machen, welche er seiner Mutter Agrippina zu Ehren anstellte. Man findet sie auch in den Spielen der Gladiatoren zur Zeit des Germanikus; und Flavius Vopiskus sagt, daß man im dritten Jahrhunderte, zur Zeit des Karinus und Numerianus, seiltanzende Elephanten in den römischen Spielen gehabt habe. Auch führt Julius Kapitolinus als ein Beispiel von der frommen und mäßigen Gesinnung Antonin's bei einem solchen Schauspiele von Seiltänzern an: post puerorum lapsum culcitras subjici jussit. Der Abt Decamps beruft sich noch auf mehrere geistliche und weltliche Schriftsteller, welche in den vier oder fünf ersten Jahrhunderten der Seiltänzer erwähnen; aber auch schon weit früher, zur Zeit des Terenz, erschien ein Seiltänzer auf der Bühne, als man die Hecyra spielte, wie in dem Prolog dieses Stücks gesagt wird:

— — — — haec cum data est
Nova, novum intervenit vitium et calamitas,
Ut neque spectari, neque cognosci potuerit:
Ita populus studio stupidus in funambulo
Animum occuparat.

Auch Horaz spielt in der ersten Epistel des

zweiten Buchs auf die Seiltänzer an *); und Akron sagt bei dieser Gelegenheit, daß der Redner Messala, der mehr als 160 Jahre vor C. G. lebte, zuerst das lateinische Wort funambulus, statt des Griechischen σχοινοβατης, eingeführt habe. Hr. D. glaubt daher, daß die Seiltänzer in Griechenland schon bald nach Einführung der Schauspiele aufgekommen sind, weil diese anfänglich nichts anders gewesen wären, als Sprünge und Tänze auf Schläuchen, wie Virgil sagt **):

— — — atque inter pocula laeti
Mollibus in pratis unctos saliere per utres.

*) Es sind die bekannten Verse; v. 210 ff.

Ille per extentum funem mihi posse videtur
Ire poeta, *etc.*

Es steht aber in Akron's Scholie zu dieser Stelle keine Sylbe von dem, was D. darin gefunden haben will; sondern man findet sie in der zu L. I. Sermon. X. v. 25.

**) Georg. L. II. v. 383 f. wo von den Fröhlichkeiten bei den Bacchusfesten die Rede ist, zu welchen dergleichen, auch oft auf Kunstwerken vorkommende, Tänze freilich gehörten, aber die doch wohl weniger, als der damit verbundene Gesang, zur Entstehung des Schauspiels Gelegenheit gaben.

Die Griechen, meint er, die alle ihre Erfindungen gar bald vollkommner machten, wären von dergleichen Sprüngen auf Schläuchen gar bald zum Springen auf dem Seil übergegangen. Und vermuthlich wären die Seiltänzer in Griechenland schon gegen die Zeit des Ikarius, eines Sohns des Erigenes oder Dionysos, d. i. Bacchus, eingeführt worden, weil jener die Schauspiele mit eingeführt habe, die anfangs ländlich waren, und die Theseus in der Folge nach Athen brachte. Die Römer hätten sie hernach von den Griechen, als zu den übrigen Schauspielen gehörig, erhalten. — Daß auch die Seiltänzer, wie andere Schauspieler, gewisse Preise und Belohnungen erhalten, beweist ihm eine Stelle aus dem Alexander ab Alexandro: Constat, non ludiones modo, sed elephantos, et eos, qui in certaminibus fortiter quid aut dignum laude gessissent, a populo donari collatione stipis et assibus. Zu Rom, glaubt er, wären die Seiltänzer unter dem Konsulate des C. Sulpitius Peticus und des C. Licinius Stolo aufgekommen, die in Rom die ersten Schauspiele einführten, welche man anfänglich auf der Insel des Tibris spielte, und die hernach von den Censoren, Messala und C. Cassius auf dem Theater gegeben wurden. Petronius redet davon in folgenden Versen *):

Stuppea suppositis tenduntur vincula lignis,
Quae super aërius praetendit crura viator,
Bracchia distendens gressum per inane gubernat,
Ne lapsa e gracili planta rudente cadat.
Ecce hominis cursus funis et aura regunt.

---

Selbstmord. „Hoc quosdam egit ad mortem, quod, proposita saepe mutando, in eodem revolvebantur, et non relinquerent novitati locum. Fastidio illis esse coepit vita, et ipse mundus; et subiit illud rabidarum deliciarum: *Quousque eadem?*“ SENECA, de Tranquill. c. 2.

*) Unter den Epigrammen nämlich, die dem Petron beigelegt werden. — Auch beim Manilius, L. V. v. 651 ff. kommt die Beschreibung eines Seiltänzers vor, die hier an ihrer Stelle seyn wird:

In praerupta dabit studium, vendetque periclo
Ingenium, ac tenues ausus sine limite gressus
Certa per extentos ponet vestigia funes;
Ac coeli meditatus iter, vestigia perdet
Paene sua, et pendens populum suspendet ab ipso.

Warum mag Cardanus den Trieb, sich selbst umzubringen, *amorem heroicum* nennen? — Lib. de vita propr. c. VI. „Laboravi interdum etiam amore heroico, ut me ipsum trucidare cogitarem; verum talia etiam aliis accidere suspicor, licet hi in libros non referant.“

Die Melancholie, atra bilis, heißt *affectio heroica*, weil sie der größten Leute, und der Helden aller Art, gewöhnliches Antheil sey. S. *Portae* Physiognom. L. I. c. 8.

Klassisch möchte der vom Cardan so gebrauchte Ausdruck nun wohl freilich nicht seyn; ob man gleich bald sieht, daß amor hier so viel, als eine heftige, übermächtige Leidenschaft bedeute, die den Selbstmord als Heldentod ansieht. Auch ist bekannt, daß die Mythologie der Alten einen Amor als Sohn des Erebus und der Nacht angiebt, und diesem die Erregung böser Begierden und verderblicher Leidenschaften beilegt. Boccaz, der von diesem Amor in s. Genealogia degli Dei, L. I. c. 16, redet, sagt am Schluß dieses Kapitels: meritamente, secondo l'opinione di *Cicerone*, lo chiameremo figliuolo dell' Erebo e della Notte. Perciò è di cieca mente, e d' ostinato petto. Percioche da questo siamo guidati a mortale ingordigia d' oro. Da questo a desio crudele d' imperio; etc. — — Quello adunque (considerate dirittamente tutte le cose) non *amore*, mà più propriamente devremmo chiamar *odio*. — Vergl. *Cic.* Tusc. Qu. IV. 32, wo die dem Euripides nachgeahmten Verse des Cäcilius angeführt werden, in welchen er vom Amor sagt:

> Cui in manu sit, quem esse dementem velit,
> Quem sapere, quem sanari, quem in morbum injici,
> Quem contra amari, quem arcessiri, quem expeti.

---

Servius. Manchmal bringt dieser berühmte Ausleger Virgil's sehr unzeitige Gelehrsamkeit an; z. E. *Aen.* L. VI. v. 8. Was ist natürlicher, als daß die Schiffer, wenn sie anlanden, zuerst nach süßem Wasser gehen? — pars inventa flumina monstrat. Aber das ist dem Servius zu geringe. Nach ihm, weisen sie die entdeckten Flüsse nicht nach, damit ihre Gefährten daraus trinken und kochen können, sondern damit sich Aeneas darin reinigen möge. Indeß lehrt uns Servius, bei seiner so weit her gesuchten Gelehrsamkeit, doch etwas sehr schönes, nämlich, daß sich bei den Alten die vermeinte Verunreinigung bis auf die Gedanken erstreckte. Nicht nur, wer einen Leichnam berührte, ihn nur sah, war unrein; sondern auch der, welcher nur bloß mit irgend einer Bewegung daran dachte: qui funus agnoscebat.

Servius sagt nämlich zur Erklärung der angeführten Stelle: Sciendum, Aeneae monstrari ad expiandum se: nam funestatus fuerat morte Palinuri; non quod eum viderit, sed quod funus agnoverat et doluerat. In eo enim est pollutio, quod ait: *Casuque animum concussus amici*: nam ipsa inquinant, quae cognoscimus. Unde in Livio habemus, Horatium Pulvillum, cum Capitolium dedicare vellet, audisse ab inimico mortuum filium, et ne pollutus dedicare non posset, respondisse: Cadaver sit! — —

St. Severo. Unter den vielen Erfindungen, welche dieser, (vielleicht) noch lebende, neapolitanische Graf für die seinigen ausgiebt, und wovon man im letzten Monate des Journal Encyclopédique v. J. 1768 eine weitläuftige Nachricht findet, ist wohl manche ältere; z. E. die, den Marmor zu färben, und so darauf zu mahlen, daß es durch den ganzen Block dringt. Denn schon Lana in s. Prodromo, p. 164, spricht von diesem Geheimnisse, und hat sogar die ganze Prozedur bekannt gemacht.

Die vornehmsten Regeln, welche Lana hierüber giebt, sind folgende. Wenn man, sagt er, zwei weisse und recht harte Marmortafeln, besonders von carrarischen Marmor nimmt, und ein Bild auf Papier mit bloßer, gut mit Vitriol getränkter, Dinte zeichnet, es dann zwischen die beiden wohl geglätteten Marmortafeln legt, und sie so einige Monate an einem feuchten Orte liegen läßt, so wird man finden, daß die Dinte und die Züge des Bildes tief in den Marmor eingedrungen sind. — Will man aber ein vielfarbiges Gemählde in den Marmor einziehen lasseu, so nehme man dazu Mineralfarben, z. B. Grünspan, Mennig, Bleiweiß, Zinnober u. dergl., und löse sie in Salzwasser auf, das mit Vitriol und destillirtem Harz, mit ein wenig Alaun, vermischt ist. Mit diesen Farben mahle man auf dem Papier, und verfahre dann auf die gedachte Art.

Noch glücklicher wird man hierin seyn, und die Farben werden noch tiefer eindringen, wenn man auf folgende Art verfährt. Man nehme 2 Unzen Scheidewasser, und eben so viel Königswasser, eine Unze Salmiak, 2 Drachmen von dem besten Aquavit, einen Dukaten schweres Gold, und 2 Drachmen von dem feinsten kapellirten Silber. Dann gieße man zwei Drachmen Scheidewasser auf das schon kalzinirte Silber, und lasse es verdunsten; so erhält man ein Wasser, dessen Farbe erst blau, und hernach schwarz wird. Alsdann schütte man das kalzinirte Gold in ein Probegläschen, gieße das Königswasser darüber, und setze es so lange beiseite, bis es verdunstet ist; hernach verfahre man auf eben die Art mit dem Salmiak und Aquavit; so erhält man ein goldfarbiges Wasser. Auf eben die Art ziehe man auch die Farben aus den übrigen Mineralien; mit diesen Farben mahle man auf den weissen Marmor, und erneure das Gemählde,

mählde täglich durch frisches Auftragen des gefärbten Wassers, so wird mit der Zeit der ganze Marmorblock von dem Gemählde durchdrungen seyn.

Ueber die vorgedlichen Wunderdinge, welche der Graf oder vielmehr Prinz San Severo de Sangro in seinem Pallaste zu Neapel, zum Erstaunen leichtgläubiger Reisender, angebracht hatte, sehe man den von dem Grafen v. Lamberg in seinem Memorial d'un Mondain, p. 114 f. mitgetheilten Brief aus Grenoble von Hrn. Vallet, Ancien Lieutenant de Police, von dem sich auch die im Journ. Encyclopéd. mitgetheilte Notiz jener Wunderkünste herschreibt, die der Prinz selbst den ihn besuchenden Fremden austheilte, und die V. ins Französische übersetzte. J'avoue, sagt er in diesem Briefe, que je n'ai fait cette traduction que pour indiquer que dans les merveilles de ce palais il y a une quantité considérable de tours de main, qui ne sont employés avec faste, que pour en imposer à la crédulité du vulgaire. J'avoue encore que je suis étonné que ce Prince ne se fasse pas une gloire de détromper le public sur la palingénésie, etc. etc.

In Dr. Volkmann's hist. krit. Nachrichten von Italien, B. III. S. 94 ff. findet man eine ziemlich umständliche, meistens aus dem la Lande entlehnte Beschreibung dieses Pallastes, seiner Seltenheiten, und der Erfindungen des Prinzen San Severo. Von diesem letztern heißt es daselbst, S. 96. „Der Prinz ist überhaupt ein Herr von vielen Einsichten, der „durch unermüdeten Fleiß und viele Versuche „manche Dinge neu erfunden, und andre verbessert hat.“ Dahin gehört eine Art von enkaustischer oder eleodorischer Mahlerei; die Kunst, Platten von mehrern Farben abzudrucken, auf Glas zu mahlen, die oben erwähnte Färbung des Marmors; u. a. m.

---

Siegelerden. Oder gesiegelte Erden; terrae sigillatae. — „Wenn der Bolus geschlemmt, in cylindrische Kuchen gebracht, und gesiegelt wird, so nennt man sie hernach gesiegelte Erden.“ (Vogel's Mineralogie, S. 31.) — Bolus aber heissen alle feinere Thonarten, sie mögen eine Farbe haben, welche sie wollen; nur müssen sie im Feuer sich röthlich brennen. Dieses ist das eigentliche Kennzeichen des Bolus; nicht aber sein medicinischer Gebrauch, welcher, wie Vogel sagt, sehr willkührlich ist, und nur bloß in der Einbildung besteht; noch weniger sein fettiges Gefühl, welches auch der Porzellanthon und die Walkerde hat.

Unter den Siegelerden ist die Terra Lemnia die berühmteste, welche auf der Insel Lemnos, jetzt Stalimene, und zwar, wie Breuning (Oriental. Reise, S. 40.) sagt, nur einmal des Jahrs, nämlich den 6ten August, mit großen Feierlichkeiten, „nicht weit von den „Ruinen der alten Stadt Ephestiä, bei einer „Kapelle, Sotira genannt, gegraben wird; „welcher Ort oder Grube sonst das ganze Jahr „uneröffnet bleibt. Es ist auch den Einwoh„nern bei Leib- und Lebensstrafe verboten, die„selbe außerhalb der Insel zu distrahiren; sie „wird nachmals mit des Türken Siegel bezeich„net, und nach Konstantinopel gebracht.“ — Sonst rühmt Breuning ihren Gebrauch sehr wider Vergiftungen.

Bei Boissard (de Divinat. p. 198.) finde ich, daß in den alleräItesten Zeiten das

Zeichen, welches auf die Terra Lemnia gedruckt worden, ein Bock oder eine Ziege gewesen sey, zum Andenken des Bocks und der Ziege, welche die Weiber zu Lemnos der Venus geopfert hätten, um vom bocksartigen Geruche befreit zu werden, mit welchem sie die Göttin bestraft hatte. Ja, die Siegelerde selbst sey in den folgenden Zeiten von den Priestern mit Blute von geopferten Böcken und Ziegen besprengt und vermischt worden. „Hicque mos perduravit multis seculis, ut testis est *Homerus*, *Herodotus* et *Dioscorides*. Tempore tamen *Galeni*, qui vivit floruitque sub tempore *Trajani*, *Antonini*, *Marci* et *Commodi*, sigillum hoc caprae jam desierat imprimi.“ Homer gedenkt der Insel Lemnos oft genug; aber der lemnischen Siegelerde wüßte ich nicht, wo? Auch Herodotus gedenkt zwar am Schlusse des sechsten Buchs der lemnischen Weiber, die ihre Männer, und auch einmal in folgenden Zeiten, der Kebsweiber, die ihre Männer mit den von ihnen gezeugten Söhnen umgebracht hätten; aber kein Wort von der lemnischen Erde. Dioskorides muß also der eigentliche Währmann des Boissard seyn. Wie die Erde jetzt, unter der Regierung der Türken, gegraben werde, beschreibt Boissard eben daselbst, fast eben so, wie Breuning. Hephestiä, sagt er, heisse jetzt Cochino. Aus des *Petri Belonii* Obsſ. c. 22, hat er auch verschiedene runde Kuchen solcher Erde mit ihren Siegeln, welches arabische Charaktere sind, in Kupfer stechen lassen.

Der sel. Leske sagt von der Siegelerde, oder sogenannten lemnischen Erde (Linn. p. 201. A. lemnia) in seinem Auszuge aus Wallerius Mineralsystem (Berl. 1781. gr. 8.) S. 44. ihre Heimath sey die Insel Lemnos; doch finde sie sich auch in der ungarischen Grafschaft Zemplin, und in einzelnen kleinen Stücken bei Striegau in Schlesien; sie heisse oft Bolus, sey aber von den Eisenthonarten, die auch Bole genannt werden, z. B. von dem armenischen Bolus, wohl zu unterscheiden. Zu den besonders charakteristischen Kennzeichen derselben gehöre der muschliche Bruch, der Glanz, den sie durchs Anfühlen und durch den Strich bekomme, daß sie sehr weich und leicht ist, wie auch, daß sie im Wasser mit Knistern zerspringt.

Uebrigens verdiene sie mehr den Namen eines Steins, als einer Erde.

Hr. Leibarzt Brückmann, den ich darüber befragte, hatte die Freundschaft, mir folgende Bemerkung mitzutheilen: „Alle diese Arten von Erden sind mehr oder weniger reine „Thonarten; und die gefärbten, als gelbliche, „braune, rothe, u. dgl. sind durch Eisenocher „von der Natur gemischt und gefärbt. — Zu „innerlichen Arzeneien werden sie nicht mehr „gebraucht, weil sie unser Magen schwer, oder „gar nicht, auflöset; und der Aberglaube, „welcher sie ehemals vorzüglich als ein Gegengift empfahl, hat sich verloren. Jetzt nimmt „man sie nur noch unter einige Pflaster. Doch „ist ihr eigentlicher Nutzen, daß man Gefäße „daraus brennt, die noch größtentheils unter „der Benennung der Terra Sigillata vorkommen. — Noch vor einiger Zeit erhielt ich „einige dergleichen rothe Gefäße aus einer Erde „von Estremas in Alentejo in Spanien, „Bucaros de Barro genannt. Diese sollen, zu „Pulver gestoßen, auf Krebs- und andre sonst „unheilbare Geschwüre gestreuet, ihre Heilung „bewirken. Auch sollen die spanischen Damen „diese an der Sonne gebackne Erde zum Wohl-

„schmack kauen und essen, und sie ihrer Gesund-
„heit zuträglich halten.“ — —

Es würde mich zu weit führen, wenn ich auch nur das vornehmste von dem, was mehrere Mineralogen und Naturhistoriker über die Siegelerde haben, hier ausziehen, oder auch nur kurz anführen wollte. Das meiste historische davon, welches zu dem obigen Artikel gehört, finde ich in *Mich. Mercati* Metallotheca Vaticana, (Rom. 1719. fol.) p. 8 ff. wo ein eignes Kapitel, de Lemnia Terra, vorkommt; wovon ich hier nur das Erheblichste ausziehen will. Galen (L. I. de Antidot. c. 2.) nennt diese Erde σφραγις, welches man durch terra sigillata übersetzt hat; beim Avicenna heißt sie lutum sigillatum; von einigen wurde sie auch, wie Galen (L. IX. Simplic.) bemerkt, Miltos i. e. rubrica Lemnia genannt; obgleich dieser Name ihr nur sehr uneigentlich zukommt, wie Salmasius in s. Exercitt. Plin. ad. Solin. zu der Stelle des Plinius (L. XXXV, c. 6.) bemerkt, die ich ganz hersetzen will: Rubricae genus in ea (sinopide) voluere intelligi quidam secundae auctoritatis. Palmam enim *Lemniae* dabant, minio proximam. Haec est multum antiquis celebrata, cum insula, in qua nascitur. Nec nisi *signata* venundabatur; unde et *sphragidem* appellavere. Hac minium sublimunt adulterantque. In medicina, praeclara res habetur *etc.* — Uebrigens erinnert Lancisi in s. Anmerkungen beim Mercati, daß Bellonius (Pierre Bellon oder Belon) in der Absicht, diese Erdart zu untersuchen, nach der Insel Lemnos geschifft sey, und daher die Geschichte der Lemnischen Erde, in s. Obss. L. I. c. 22, am genausten erzählt habe. Unter andern bemerkt er, daß auf dem Siegel, womit heutiges Tages die runden Kuchen von dieser Erde bezeichnet werden, die beiden Worte *Tin imachton* mit arabischer Schrift stehen, die soviel als gesiegelte Erde bedeuten; und daß die Farbe bald dunkelroth, bald fleischfarbig, bald weißlich sey.

Mehrere Beschreiber dieser Erde z. B. Savary, Bomare, u. a. haben einander das nachgesagt, was Lessing oben aus dem Boissard anführt, daß schon Homer und Herodot der lemnischen Erde, und der feierlichen Gebräuche erwähnen, mit welcher sie zu Lemnos sey ausgegraben und gesiegelt worden. Keiner aber weist die Stellen nach, wo beide Schriftsteller ihrer gedachten; und es möchte auch wohl vergebens seyn, sie aufsuchen zu wollen; wenigstens ist mir dieß so wenig als L. geglückt. Zwar wie Homer hier angezogen werde, glaube ich aus dem, was Lancisi am angef. A. noch über die Siegelerde bemerkt, vermuthen zu können. Mercati nämlich sagt: Quin etiam quod Lemniae terrae Sphragidos color loturae carnis similis fuerit, ex hoc in primis testimonio facillime comprobari potest, quoniam Dioscorides sanguine hircino, vel caprino conformari credidit: quod sibi persuaserat etiam Galenus, antequam vidisset: idcirco ruborem talem habere debet, qualem faceret sanguis terrae mistus; alioqui hi summi viri non putassent sanguine hoedino parari; (quam ob causam a Lemniis sacerdotibus se irrisum refert Galenus), *neque Poetae finxissent, e coelo Vulcanum cecidisse, suoque cruore terram ibi conspersisse.* Hiebei nun erinnert Lancisi, daß die Siegelerde in ihren Bestandtheilen eine erdigschweflichte Masse sey, welche aus fetten von unten aufsteigenden, und der Oberfläche der Erde anhängenden Dünsten entstehe. Dazu komme die Beschaffenheit der Insel, wo sie gegraben werde, deren Boden sehr harzig sey, die daselbst hervorquillenden warmen Gewässer, und die ehemaligen Feuerausbrüche, die, nach dem Eustathius diese Insel ehedem in Brand setzten. Und daher, fährt er fort, entstand auch die Fabel vom Falle Vulkan's, den Homer (Iliad. I. v. 593) von ihm selbst beschreiben läßt. Myrtilus behauptete daher, nach dem Natalis Comes *), (Mytholog. L. II. c. 4.) Homer habe hier unter dem Bilde Vulkan's die lemnische Erde verstanden, und eine physikalische Bemerkung mythisch eingekleidet; nämlich, wegen der dieser Erde eigenthümlichen Wärme. Von dem Blute Vulkan's, womit das Erdreich zu Lemnos sey gefärbt worden, wird jedoch, wie Lancisi bemerkt, von den Dichtern und Mythologen nichts erwähnt. — Bloß diese Fabel, und ihre allegorische Deutung scheint mirs also veranlaßt zu haben, daß Homer hier mit ins Spiel gezogen wurde.

Mit dem Dioscorides hingegen hat es seine Richtigkeit. Er erwähnt (L. V. de Mat. Med. c. 67.) der lemnischen Erde allerdings,

*) *Myrtilus* libro primo rerum Lesbicarum memoriae prodidit, Lemnum idcirco fuisse consecratam Vulcano existimatam, quia calida sit quaedam vis terrae ejus insulae, quam etiam *sigillatam* vulgo medici appellant, cujus usus vermes necat, *etc.*

und sagt, sie werde in den sumpfigen Gegenden dieser Insel gegraben, und mit Bocksblut vermischt. Sodann mache man Kuchen daraus, bezeichne sie mit dem Bilde einer Ziege, und nenne sie daher σφραγιδα αἰγος. Was er weiter hinzusetzt, betrifft ihre vermeinte medicinische Kraft.

Von der Verschiedenheit der ältern und neuern Gebräuche beim Ausgraben der Erde, und ihrer Siegel, vergl. man noch den Savary in s. Dictionn. de Commerce, art. *Terre Sigillée.*

---

Sophokles. Worin ist die ἀνωμαλια zu setzen, die man nach dem Plutarch, am Sophokles tadeln könnte? so, wie am Euripides die λαλια. (*Plutarch.* de Audit. p. 45, edit. *Xylandr.*) — Betrift diese inaequalitas, wie es Xylander giebt, den Ausdruck, oder den Charakter?

Plutarchs Worte sind: Μεμψαιτο δ'αν τις 'Αρχιλοχȣ μεν την ὑποθεσιν, Παρμενιδȣ δε την ϛιχοποιΐαν, Φωκυλιδȣ δε την ἐυτελειαν, 'Ευριπιδȣ δε την λαλιαν, Σοφοκλεȣς δε την ἀνωμαλιαν. Diese Anomalie scheint hier aber mehr von dem Ausdrucke und der Schreibart des Sophokles, vielleicht auch von der Ungleichheit mancher Gedanken und Reden in seinen Trauerspielen, als von der Inconsistenz seiner tragischen Charaktere zu verstehen zu seyn. Denn in der ganzen Stelle ist von Rednern und von dem ihrer Wohlredenheit gebührenden Gehör und Beifall die Rede; und Plutarch setzt hinzu, daß bei allen solchen kleinen Fehlern, dergleichen sich an manchen Dichtern und Rednern aussetzen ließen, ein Jeder doch seine eigne Stärke in der Rührung und im Vortrage besitze, die ihm Lob und Beifall erwerbe.

---

Sokratische Steine. So müßte man, nach der Meinung des Chifletius, eine Art von geschnittenen Steinen nennen, auf welchen besondere Figuren vorkommen, die aus Köpfen verschiedener Thiere, öfters nach der Gestalt eines Hahns geordnet, und auf die Füße eines Hahns gestellt, bestehen. Weil unter diesen verschiedenen Köpfen sich meistentheils auch ein alter Mannskopf befindet, welcher dem

Kopfe des Sokrates etwas ähnlich sieht, so hat Chiflet (in s. *Socrates*, s. de Gemmis ejus imagine caelatis Iudicium,) die ganze Figur auf ihn gedeutet, und die übrigen Thierköpfe von seinen Anklägern verstanden, oder als symbolische Vorstellungen seiner Tugenden erklärt.

Leon. Agostini, welcher unter seinen Gemmen auch zwei dergleichen hat, hält sie für Amulete. (P. I. n. 203. 204. p. 78. edit. *Gronov.*)

De la Chaussee (Gemme ant. figur. n. 176. 178. 182. 183.) macht theils physikomoralische, theils historische Auslegungen darüber. Und diesem ist Schott gewissermaßen gefolgt, welcher einen solchen Stein in dem königl. Kabinete zu Berlin in einer besondern Schrift ausgelegt, und eine politische Sittenlehre darin gefunden hat. S. die Haupttugenden eines löblichen Landesherrn in einem alten Steine des königl. Medaillenkabinets zu Berlin; zuerst angemerkt und erklärt von Joh. Carl Schott. Berl. 1717. 4. — Dieser berlinische Stein kommt mit dem beim de la Chaussee, Nr. 176, vollkommen überein; nur daß auf jenem der Pferdekopf einen Kranz im Maule hält, und hinter ihm, über dem Widderkopfe ein Kaduceus steckt.

Man sieht bald, wie willkührlich und unerwiesen die Deutung des Chiflet, dessen oben angeführte Schrift zu Antwerpen 1662. 4. herauskam, von den auf diesen Steinen befindlichen Figuren ist. Agostini's Meinung ist wohl die wahrscheinlichste, weil sie am meisten ins Allgemeine geht. Schott's Tändeleien darüber sind ziemlich unbedeutend.

---

Spiele. Vom Tarockspiel findet sich eine Stelle in Zeillers Sendschreiben XX: „Bernhardinus di Corte, der 1499 „das Castell zu Mailand den Franzosen verräthrischer Weise übergeben, war hernach von „denselben aufs äußerste gehaßt; also, daß sie „auch im Spiele de i tarocchi, wenn sie des „Verräthers Karte geben wollten, sagten: do „Bernardino di Corte.“ — Dieß Spiel muß also sehr alt seyn. Aber was ist hier unter des Verräthers Karte zu verstehen? Der Sklez oder der Pagat? — Es verdient Tomaso Porcacchi in den Noten zum 4ten Buche des Guicciardini, den Zeiller als seinen Währsmann anführt, deswegen nachgesehen zu werden.

Ueber den Ursprung des Tarockspiels ist Hr. Breitkopf in seinem Versuche über den Ursprung der Spielkarten, (Leipz. 1784, gr. 4.) S. 25. ff. nachzusehen. Es finden sich Spuren, daß es schon im vierzehnten Jahrhunderte, obgleich verschieden von dem heutigen, bekannt war. Es entstand aus dem Trappolierspiele, das wohl unter allen italiänischen Kartenspielen das älteste ist. — Was Zeiller vom Bernardino di Corte bemerkt, ist bloß wörtlich aus der von ihm nachgewiesenen Note des Tomaso Porcacchi zum Guicciardini genommen, wo es bloß heißt: Bernardin di Corte traditore fù tanto odiato anche da' Francesi stessi, ch'essi, quando giuocavano al giuoco de' tarocchi, e volevano dar la carta del traditore, dicevano: Do Bernardino di Corte. Aus dieser Note ergiebt sich also nicht, welche

Karte unter dem *traditore* oder Verräther zu verstehen sey. Fast aber vermuthe ich, es ist der *Diavolo* gewesen, der sich nach der Angabe des Garzoni in seiner Piazza universale di tutte le Professioni del mondo, p. 564, unter den Figuren der ältern Tarockkarte befand. Vergl. Hrn. Breitkopf's angef. Versuch, S. 26, Note (d).

---

Sprache. Von den Stammsprachen der jetzigen Deutschen, ist es Wachter's System: daß Anfangs in Deutschland nur eine einzige einförmige Sprache gewesen, die sich hernach in die gothische, angelsächsische und fränkische getheilt habe. Die gothische ist nicht die erste ursprüngliche Sprache, sondern nur eine Mundart; und die angelsächsische und fränkische sind nicht ihre Töchter, sondern Schwestern. Ein Wort, das in allen drei Mundarten vorkommt, gehört der allgemeinen Sprache; und nur das, welches bloß in Einer derselben vorkomint, kann man ein gothisches, angelsächsisches, oder fränkisches Wort nennen. — —.

Die

Die Modi der Zeitwörter in der hebräischen Sprache, auch in der hungarischen, würden sich leicht auch in die Deutsche haben einführen lassen, wenn man nicht eigene, besondre Zeitwörter aus diesen Modis gemacht hätte. So wird z. E. durch die bloße Veränderung des Vokals i in e, nicht sowohl die ganze Bedeutung geändert, als vielmehr nur modificirt. Aus sitzen wird setzen, welches so viel ist, als sitzen machen; aus sinken wird senken, oder sinken machen; aus blicken, blecken, oder, blicken machen, z. E. die Zähne blecken, Steine, die durch den Kalk blecken; trinken und tränken. Desgleichen in dem Worte, verderben, die zweite und dritte Person des Singulars Präs. du verdirbst, verderbst; er verdirbt, verderbt; so nämlich, daß es mit i das Neutrum, und mit e das Aktivum ist.

Wachter's System von dem Ursprunge und der Abstammung der deutschen Sprache und ihrer verschiednen Mundarten findet man in seinem Specimine Glossar. German. Lipſ. 1727. 8. vorgetragen, dessen hieher gehörige Vorrede auch wieder vor seinem Glossarium selbst ist abgedruckt worden. Man vergleiche damit die Stammtafel der Germanischen Völker in Fulda's Preisschrift über die beiden Hauptdialekte der deutschen Sprache, S. 60. vor dem ersten Bande des Adelungischen Wörterbuchs. — Immer noch fehlt es an einer ausführlichen Geschichte der deutschen Sprache, die man vom Hrn. Hofrath Adelung mit Sehnsucht erwartet, der einen kurzen Grundriß derselben in der Einleitung zu seinem Umständlichen Lehrgebäude d. d. Sprache (Leipz. 1782. 2 Bde. gr. 8.) geliefert hat. Er bemerkt daselbst S. 17, daß die Deutschen ursprünglich viele, zwar verwandte, aber doch verschiedne, kleinere Völker ausmachten, und daß daher sich ihre Sprache, der Natur der Sache nach, schon in den ältesten Zeiten in mehrere Mundarten theilen mußte. Und aus den wenigen noch übrigen eigenen Namen scheint ihm zu erhellen, daß sie ihrem Baue und ihren wesentlichen Eigenschaften nach schon damals die heutige gewesen sey. Auch er bestreitet S. 21, das seltsame Vorgeben, daß die gothische, oder vielmehr mösogothische Sprache die Mutter, nicht allein der deutschen, sondern auch aller übrigen nordischen verwandten Sprachen sey. Deutschland und die nördlichern Länder hatten schon viele Jahrhunderte Sprache und Einwohner, ehe noch die Gothen dem Namen nach bekannt waren. Von den Mundarten der germanischen Völkerschaften aber vor und in der großen Völkerwanderung läßt sich, wie Hr. A. S. 72 erinnert, wenig mehr sagen, als, daß, allem Ansehen nach, jedes Volk, oder jeder Stamm, seine eigene Mundart hatte. Die fränkische entstand, seiner Meinung nach, aus der nachherigen Vermischung der niederdeutschen Völkerschaften mit den südlichern, oder oberdeutschen. Die angelsächsische Mundart ist unstreitig eine der erstern, die aber, wie bekannt, ausgestorben ist, und wovon nur noch Ueberreste in der heutigen englischen Sprache leben.

Was L. oben Modifikation der deutschen Zeitwörter nennt, hat auch Hr. Adelung nicht unbemerkt gelassen, indem er Th. I. S. 215 seines Lehrgebäudes erinnert, daß durch die Biegung oder Flexion bloß das Verhältniß der Begriffe und Wörter verändert werde; daß aber der Begrif des Wurzelworts, als bloße Interjektion oder tönende Natur betrachtet, noch mancher anderer Bestimmungen und Nebenbegriffe fähig war. — Vorzüglich, sagt er, fand die Bezeichnung derselben durch die bloße Aenderung des Hülfslautes bei den ältesten Verbis Statt, wo man die vergangene Zeit gemeiniglich durch einen tiefern Hülfslaut, das Bild der Entfernung, das geschehene Ding aber oft mit einem noch tiefern ausdruckte: bind, ich bind, Imperf. band, ehedem bund, Bund, ein Ding, welches gebunden ist; u. s. f. — — „Ein anderer, für die Kindheit der Sprache noch feinerer Nebenbegrif ist der Unterschied zwischen der Hervorbringung und dem Zustande; indessen hat man ihn doch in einigen Wörtern bemerkt, und durch Veränderung des Vokals bezeichnet: tränk-en, trink-en; senk-en, sink-en; setz-en, sitz-en; wink-en, wank-en; dräng-en, bring-en; prell-en, prall-en."

Ueber die Wörter blicken und blecken sagt Hr. A. in s. Wörterbuche, unter dem erstern Worte, daß beide genau zusammen gehören, und daß, der Analogie zufolge, jenes das Neutrum, dieses aber das Aktivum seyn sollte; allein man habe sie schon von Alters her häufig mit einander verwechselt.

**Sprichwörter.** Die deutsche Sprache hat einen großen Reichthum an Sprichwörtern. Gleichwohl dürfte es nicht übel seyn, auch die Sprichwörter aus andern Sprachen zu borgen, die sich kurz und nachdrücklich übersetzen lassen. Zu London sind im J. 1640 Outlandish Proverbs selected by *M. G. H.* in 8. herausgekommen, an der Zahl 1032. Aus diesen habe ich folgende ausgezogen:

12. Guten Kaufs macht den Beutel leer.

36. The German's wit is in his fingers; d. i. des Deutschen Verstand ist in seinen Fingern. — Ich merke dieses Sprichwort als ein Zeugniß für die mechanischen Talente der Deutschen an.

141. Liebe deinen Nächsten; aber reisse den Zaun nicht nieder.

178. Denke auf faule Tage, und arbeite darauf los.

229. Rechne genau; auch der Februar hat ein und dreißig Tage.

252. Freie um die Wittwe, weil sie noch trauert.

287. Ein Narr denkt, daß andre nichs denken.

348. Wer sein Huhn allein isst, muß sein Pferd allein satteln.

356. Wer Einen züchtigt, züchtigt hundert.

373. Könnte er laufen, wie er trinkt, er fienge einen Hasen.

389. Dem Hunde, der Asche leckt, vertraue kein Mehl.

457. Der Hund nagt an dem Knochen, weil er ihn nicht verschlingen kann.

461. Der größte Schritt ist der Schritt aus der Thür.

476. Der Mantel ist deß, den er deckt; die Welt deß, der sie genießt.

499. Ueber einen Nagel gieng das Hufeisen; über das Hufeisen das Pferd; über das Pferd der Reuter verloren.

505. Ein Pfenning erspart, ist zweimal verdient.

521. Eine Blume macht keinen Kranz.

523. Auch Ein Feind ist zu viel.

556. Der Blinde schluckt manche Fliege mit hinunter.

587. Donnerstag kommt, und die Woche ist vorbei.

629. Die Wage sagt: das ist schwer; und, das ist leicht; aber nicht: das ist Gold, und das ist Silber.

708. Des Tapfern Blick ist mehr als des Feigen Schwert.

718. Drei leben friedlich, wenn zwei nicht heim sind.

719. Alle Schlüssel hängen nicht an Einem Gürtel.

925. Des Apothekers Mörser verdirbt des Kunstpfeifers Musik.

928. Jahre wissen mehr als Bücher.

949. Jede Meile ist im Winter zwei.

976. Ein Morgenregen hintertreibe keine Reise.

977. Ein schöner Wintertag macht keine lustige Vögel.

981. Des Schlafenden Kopf ist in seinem Magen.

1006. Wer in Hoffnung lebt, tanzt ohne Musik.

1016. Der Herr nicht zu Hause, Niemand zu Hause.

1031. Weiber verschweigen, was sie nicht wissen.

1032. Wer dem Kinde die Nase wischt, küßt der Mutter den Backen..

Ungeachtet des allerdings großen Reichthums der Deutschen an Sprichwörtern und sprichwörtlichen Redensarten, der jetzt fast zu wenig erkannt, und noch weniger gehörig benutzt wird, ließe sich doch die hier von L. vorgeschlagene Bereicherung wünschen, wenn sie so weise, wie hier, versucht, und der Ausdruck in unsrer Sprache so körnig, wie hier, übertragen würde.

---

Steigbiegel. Daß die Alten keine gehabt haben müssen, weil sich deren keine auf alten Denkmälern finden, hatte Matthäus schon angemerkt: (de rer. invent. p. 38.) Stapes, h. e. instrumentum illud, in quo uterque pes insidentis equo utrinque quiescit, inventum est novum. Nam ut in marmoreis signis Romae et alibi videre licet, non habebant antiqui id instrumentum.

Unter dem Artikel, Meilenzeiger, habe ich schon die Stelle aus dem Plutarch angeführt, worin dem C. Gracchus das Verdienst beigelegt wird, daß er an den Heerstraßen hie und da Steine habe setzen lassen, auf welchen die Reiter bequemer zu Pferde steigen könnten, die keine Knechte bei sich hätten, um ihnen aufzuhelfen. Sowohl diese Stelle, als die noch übrigen römischen Ritterstatuen, z. B. die vom Mark Aurel, scheinen zu beweisen, daß bei den Römern keine Steigbiegel üblich gewesen sind. Dies bemerkt auch Gesner unter dem Worte *Stapia*, welches in einer alten Inschrift vorkommt, die Vossius de Vit. Serm. I. 7. anführt: Amor fuit equo dum aspectui formosiss. Durmioniae puellae virgunculae summa polvoria placere cuperem casu desiliens pes haesit *stapiae* tractus interii. Diese Inschrift wird vom Wolphangus Lazius und Hieronymus Magius (Miscell. II. 14.) angeführt; und sie ist vielleicht noch etwas älter, als eine Stelle bei dem Kirchenvater Hieronymus, in dessen Briefen *bistapia*, ein Paar Steigbiegel, vorkommen. Vossius redet bei dieser Gelegenheit umständlich von den Wörtern *stapes* und *stapia* sowohl, als von andern neuern in griechischer, lateinischer und spanischer Sprache davon gebrauchten Ausdrücken. So ist von dem Lat. astraba wohl ohne Zweifel das Spanische estribo entstanden. Auch erinnert er, daß weder Xenophon in s. Buche de re equestri, noch Julius Pollux, L. X. c. 10. 12. wo von den zur Reuterei gehörigen Werkzeugen die Rede ist, der Steigbiegel erwähnen. Budäus brauchte das Wort subex pedaneus dafür. — Uebrigens weiß man, daß im Deütschen der Steigbiegel ehedem der Stegereif hieß; und Hr. Adelung führt bei diesem Worte die Stelle aus dem Theuerdank, Kap. 35, an:

Mit einem seim Fuß er begrayff
Die erd, der annder in stegkrayff
Noch belibe hangen.

---

Johann Stoffler. Die Todesart desselben, deren Sethus Calvisius in s. Opere Chronologico, p. 832, gedenkt, daß nämlich ein Fall Anlaß dazu gegeben habe, den er selbst vorhergesehen, ist so ausgemacht nicht, indem Crusius (Annal. Sueviae, P. III. L. XI. c. 5.) sagt, daß er zu Blawbeyern an der Pest gestorben sey. Bayle bemerkt diese Verschiedenheit bereits, zieht aber für die letztere Meinung bloß den Adami an, und erklärt sich eigentlich für keine, da doch unstreitig Crusius, der gleichfalls Professor zu Tübingen war, den meisten Glauben verdient.

Bayle hat einen ziemlich weitläuftigen Artikel über diesen zu seiner Zeit sehr berühmten Mathematiker und Astrologen, der von 1452 bis 1531 lebte, und sich vornehmlich durch die Prophezeiung einer großen Ueberschwemmnng auf das Jahr 1524 bekannt machte, über deren ziemlich allgemeine Befürchtung Augustinus Niphus das Publikum in einer eignen Schrift zu beruhigen suchte. Minder ausgemacht ist es, ob er das Ende der Welt auf das Jahr 1586 geweissagt habe, welches Bayle zu widerlegen sucht, der auch in Ansehung seines Todes bemerkt, daß er nach einigen zu Blaubayren an der Pest, und nach andern an einer durch den Einsturz eines Brettes in einem Zimmer verursachten Wunde gestorben sey. Dieß letztere, und daß er diese Todesart vorhergesehen habe, sagt Sethus Calvisius ad. a. 1531, p. 1156. „Jo. Stöfflerus, Justingensis, mathematicus insignis, certo die sibi periculum ruina imminere praeviderat; & quia aedes suas satis firmas noverat, convocat in museum suum viros eruditos, quorum consuetudine & sermonibus recrearetur. Orta inter sobria pocula disputatio: ad controversiam explicandam e superiori loco librum depromit. Sed laxato clavo asser, in quo stabant libri, in caput eius decidit, & insigne vulnus infelici seni infligit, ex quo mortuus est die 16. Febr. Tubingae." — Crusius hingegen sagt am angef. O. p. 613. „Obeit Blaubeurae (al. Tubingae) peste, 1531, „*Joan. Stoefflerus*, Mathemat. Tubing. anno „aetatis suae 79, & Tubingae sepultus est in „parochiali fano."

## T.

Taback. Nicht Toback, wie es einige aussprechen. Den Namen haben die Spanier diesem Kraute von einer Insel gegeben, auf der es häufig wächst. „Facultatibus insignibus celeberrima est herba, sagen die Medici von Lyon, (Lib. XVIII. c. 138.) quam *Pecum* ab Indis vocari refert *Thevetus*; Nicolaus

Monardus *Piciett*; Oviedus in Hispaniola insula *Petebecenuc*. Hispani *Tabaco* nominarunt, ab insula quadam ejus nominis, in qua frequentissima reperitur. Galli, quod *Joannes Nicotius*, regius aliquando in Lusitania orator, ejus semen primus ad reginam, regis Galliae matrem, detulerit, illiusque facultates docuerit, *Nicotianam*, et *Herbam Reginae* nuncuparunt.“

Dieser *Nicot* hat einen Trésor ou Dictionnaire de la Langue françoise geschrieben, in welchem er unter dem Worte *Nicotiane* dieser Sache selbst gedenkt; und zwar sagt er, daß es 1560 geschehen sey, daß er dieses Kraut aus Portugal nach Frankreich geschickt habe.

Was mir hierbei am merkwürdigsten vorkommt, ist dieses, daß man dieß Kraut damals am wenigsten zum Rauchen und Schnupfen, sondern für weibliche körperliche Uebel, und besonders wider die Lustseuche, gebraucht hat. Nicot, an dem angeführten Orte, sagt selbst, es sey de vertu admirable pour guérir toutes navrures, playes, ulcéres, chancres, dartres, & autres tels accidens au corps humain. Auch geht das Epigramm des Bu- chananus dahin, wider die Königin Katha- rina von Medici, die es nach ihrem Na- men *Herbam Mediceam* wollte genannt wissen. Er nennt es darin salutiferam cunctis languoribus herbam; und sagt, daß ihm der Name Medicea allein alle gute Kräfte würde genommen, und es in Gift verwandelt haben, da diese Katharina καθαρμα luesque suorum sey.

Der jetzige medicinische Gebrauch des Ta- backs ist, glaub' ich, nicht groß. Von Tabacks- klystieren habe ich gehört; auch weiß ich, daß Krüger ihn wider die Krätze vorgeschlagen hat. Doch, daraus selbst schon sollte man schließen, daß es wider die venerischen Krankheiten auch dienlich seyn könnte.

Man hat eine Histoire du Tabac, où il est traité particulièrement du Tabac en Poudre, par Mr. *de Prade*; Par. 1697. gr. 12. worin diese Materie sowohl historisch als medicinisch abge- handelt wird. Gleich Anfangs, S. 4. ff. werden die verschiedenen Benennungen dieser Pflanze angeführt, und gleichfalls bemerkt, daß sie den gewöhnlichen Namen von der Insel Tabago oder Tabako einer Provinz des Königreichs Jukatan, oder Neuspaniens, auf dem Mexicanischen Meer, erhalten habe, wo die Spanier sie zuerst kennen lernten. Der Arzt Francesko Hernandes von Toledo war der erste, der sie nach Spanien und Portugal schickte. Jean Niçot, Requetenmeister und Ambassadeur Königs Franz I. beim Könige von Portugal, lernte den Taback durch einen Portugiesen kennen, und machte damit nach seiner Rückkehr der Königin Katharina von Medici ein Geschenk. Der Kardinal di Santa Croce, päpstlicher Nuncius in Portugal, und Nicolas Tornadon, Legat in Frankreich, machten ihn zuerst in Italien bekannt; und er bekam daher dort von ihnen den Namen. Quelques-uns, heißt es weiter, l'appellent *la Buglosse*, ou *la Panacée Antarctique*; d'autres *l'Herbe Sainte*, ou *Saine-Sainte*, ou *Sacrée*, soit à cause de ses vertus miraculeuses, soit à cause de sa grandeur; de même que *l'os sacrum*, ainsi nommé par la même raison. Thevet machte dem Nicot die Ehre seiner Einführung in Frankreich streitig; und England erhielt ihn durch den berühmten Seefahrer und Eroberer Virginiens,

Franz Drake. Wann und von wem er zuerst nach Deutschland gebracht worden, ist ohne Zweifel schon mehrmals untersucht worden; auch giebt es der Schriften viele, worin seine Arzneikräfte untersucht werden; und ich will mich hier bei ihrer Anführung nicht verweilen, sondern nur noch das von L. erwähnte Sinngedicht Buchanan's hieher setzen:

*De Nicotiana falso nomine Medicea appellata.*

Doctus ab Hesperiis rediens Nicotius oris
Nicotianam rettulit,
Nempe salutiferam cunctis languoribus herbam,
Prodesse cupidus patriae.
At Medice Catharina καθαρμα luesque suorum,
Medea seculi sui,
Ambitione ardens, Mediceae nomine plantam
Nicotianam adulterat:
Utque bonus civis prius exuit, exuere herbae
Honore vult Nicotium.
At vos auxilium membris qui quaeritis aegris,
Abominandi nominis
A planta cohibete manus, os claudite, et aures
A peste tetra occludite!
Nectar enim virus fiet, Panacea venenum,
Medicea si vocabitur.

Tapfer-

**Tapferkeit.** „Einen greif an; zwei „erwarte; dreien suche auszuweichen; vor vie„ren schäme dich nicht zu fliehen!" ist ein Spruch des Frotho, Königs von Dännemark, beim Saxo, B. V.

Eigentlich ist beim Saxo (Hist. Dan. L. V. p. 88, edit. Sorae, 1644, fol.) von den Anordnungen die Rede, welche Frotho III. unter den Rutheniern machte; und hier heißt es unter andern: Decrevit etiam, ut quisquis militiae deditus spectatae virtutis titulum affectaret, impeteret unum, exciperet duos, tres modica pedis retractione vitaret, quatuor fugere non erubesceret.

---

**Tempelherren.** Niemand hat besser gezeigt, wie gesetzwidrig und ungerecht man bei der Aufhebung dieses Ordens verfahren habe, als Chr. Thomasius in s. Diss. de Templariorum Equitum Ordine sublato; Hal. 1705. 4. Wenig oder gar keine neuere Schriftsteller haben so scharfsinnig und frei darüber geurtheilt.

Wichmanshausen, in s. Diss. de Extinctione Ord. Templ. von 1687, war viel kurzsichtiger und zurückhaltender. Doch hat er sonst etwas sehr merkwürdiges. Er vergleicht am Ende die Tempelherren mit den Jesuiten, und schließt: An vero paria etiam Jesuitas fata cum Templariis mansura sint, tempus manifestabit. Certe Nemesis divina tandem, quos praeteriisse videtur, inveniet. — Es ist nun geschehen, was er prophezeihte; und nur unsern bessern Zeiten haben wir es ohne Zweifel zu danken, daß eine eben so ungerechte Sache wenigstens mit weniger Grausamkeit ist ausgeführt worden.

Statt aller Zusätze, darf ich den Leser, der nähern und gründlichen Unterricht über diesen Gegenstand wünscht, bloß auf Hrn. Nicolai's Versuch über die Beschuldigungen, welche dem Tempelherrenorden gemacht worden, und über dessen Geheimniß, verweisen, wovon die zweite Auflage zu Berlin und Stettin, 1782, in zwei Theilen, 8. herauskam. Die Gründe des Thomasius findet man daselbst, Th. 1. S. 15 ff. geprüft und widerlegt.

**Theater.** Matthäus (de rer. invent. p. 27.) sagt: *Antimachus* Aegyptius, qui de situ orbis scripsit, primus statuit, ne quis, propria adpellatione in comoedia nominaretur. — Dieß ist falsch. Der Antimachus, aus Heliopolis in Aegypten, welcher eine Kosmoporie in 3780 Versen geschrieben hat, welche Suidas anführt, ist ein weit jüngerer Dichter, als Antimachus, mit dem Zunamen Psekas, (der Sprudler, von ψεκαζειν, besprengen, ψεκας, der Thau, ein Tropfen;) welcher das gedachte Gesetz, welches die mittlere Komödie hervorbrachte, soll gegeben haben. Von diesem Antimachus s. den Suidas, oder, aus dem Suidas geschöpft, den Scholiasten des Aristophanes, ad *Acharnenses*; und von dem Gesetze selbst den Petit, in Commentar. ad Leges Atticas.

Der Name Antimachus kommt sehr häufig vor, und es giebt drei verschiedne griechische Dichter, die ihn führten. Der eine war aus Kolophon, und lebte um die 93ste Olympiade, und schrieb eine Thebaide; der zweite, aus Heliopolis, wird vom Suidas erwähnt, ohne daß sein Zeitalter angegeben würde; der dritte, von dem hier die Rede ist, hatte den Beinamen Ψεκας nicht deswegen, weil er die, mit denen er sprach, wirklich ansprudelte, sondern metaphorisch, und, wie Lorenzo Crasso (Ist. de' Poeti Greci, p. 46.) sich ausdrückt: quod suos familiares suis verbis & doctrina, tanquam minutissima pluvia, roris guttis simillima, differens, paullatim rigaret. Denn so erklärt es Suidas selbst: Ψεκας δε εκληθη, επειδη προσεραινε τους ὁμιλουντας διαλεγομενος. Er setzt hinzu, daß einem gewissen Olympikus eben der Beiname aus der nämlichen Ursache gegeben sey. Und dieser Antimachus nun, ein Zeitgenosse des Aristophanes verordnete, wie Suidas weiter sagt, daß man im Lustspiele Niemanden persönlich durchziehen sollte, welches viele Dichter von der Bühne abwendig machte, und vielen Schauspielern und Tänzern ihr Brodt nahm. Einige sagten, er sey selbst ehedem Choregos gewesen, und habe hernach als Dichter die Tänzer und Schauspieler verächtlich behandelt. — Der Scholiast des Aristophanes (ad Acharnens. v. 1149) sagt: ἐδοκει δε Ἀντιμαχος ὑτος ψηφισμα πεποιηκεναι μη δειν κωμῳδειν ἐξ ὀνοματος. — Petit handelt in seinem Commentar. ad Leges Atticas, L. I. Tit. I. §. XXXVI. (in der Jurispr. Rom. & Att. T. III. L. B. 1741. fol. p. 151 ff.) umständlich von diesem Gesetze, welches so lautete: Μη κωμῳδειν ἐξ ὀνοματος. Nemini in Comoedia expresso nomine convicium facito. Es wird desselben auch beim Hermogenes περι στασεων (Sect. 13. p. 75.) gedacht; und beim Horaz in der Epistel an den Augustus, v. 145. ff.

Fescennina per hunc inventa licentia morem
Versibus alternis opprobria rustica fudit — —
— — — — — — quin etiam Lex
Poenaque lata, malo quae nollet carmine quenquam
Describi.

Vergl. die Epistel an die Pisonen, v. 281 ff. — Petit setzt die Abfassung und Einführung dieses Gesetzes in die 97ste Olympiade, weil nach derselben Aristophanes seine Lustspiele, Kokalus und Aeolosikon, geschrieben habe, in denen, wie in der ganzen neuern Komödie, kein Chor vorgekommen sey. Vielleicht aber ist eher die zuletzt angeführte Stelle des Horaz, besonders in den Worten:

— — — lex est accepta, chorusque
Turpiter obticuit sublato jure nocendi,

mehr von dem spätern Uebergange der mittlern Komödie in die neuere, als der alten zur mittlern zu verstehen, da man in der neuern auch das αὐτοπροσωπως κωμῳδειν, oder die Aufstellung wirklicher Personen unter fremden Namen, abschaffte, welche die mittlere Komödie, zur Ausflucht des Gesetzes, sich noch erlaubt hatte; obgleich Petit meint, daß auch die mittlere Komödie diese Aufstellung nicht mehr gehabt habe, und sich deshalb auf eine Stelle in den Excerpten des Platonius beruft.

---

Theodorus. Ein tragischer Schauspieler zu den Zeiten des Aristoteles. Dieser gedenkt seiner in dem siebenten Buche der Poetik, Kap. 17, wo er von der Gewalt der ersten Eindrücke redet. Auf diese, sagt er, sah ohne Zweifel Theodorus, wenn er nicht zulassen wollte, daß ein andrer Schauspieler, wenn es auch einer von den allergeringsten gewesen wäre, vor ihm auf die Bühne treten durfte, ὡς οικειȣμενων των θεατων ταις πρωταις ακοαις, weil die Zuschauer, was sie zuerst hörten, auch sich zuerst geläufig machten, so, daß sie das Nachfolgende, wenn es auch besser wäre, bloß dadurch, daß es anders sey, befremde. — Ohne Zweifel war Theodorus ein Protagonist, das ist, einer, der die ersten Rollen spielte; und, wenn die erste Rolle das Stück nicht anfieng, so machte er ohne Zweifel unter der Maske auch die Nebenrolle, die es anfieng, um den Zuschauer sofort an seine Stimme und an seine Deklamation zu gewöhnen.

In dem Verzeichnisse der berühmten Männer dieses Namens, die Diogenes Laertius (L. II. §. 103. 104.) anführt, finden sich zwei, wovon einer dieser Theodorus ohne Zweifel gewesen ist; der vierte nämlich, ȣ το φωνασκικον φερεται βιβλιον παγκαλον, cujus fertur libellus de vocis exercitatione perpulcher; oder der zwanzigste, ποιητης τραγῳδιας. Jenes Werk würde sich zu seinem Eigensinne, auch den Vortheil des ersten Eindrucks bei der Deklamation mitzunehmen, sehr wohl schicken. Doch kann er eben so wohl der letzte gewesen seyn; wenn nicht etwa beide eine und eben dieselbe Person seyn sollten. Denn wenigstens nennt Aelian (Hist. var. L. XIV.

c. 40.) den Theodorus, welchen Alexander Pheräus die Aerope so rührend spielen sah, daß er sich der Thränen nicht enthalten konnte, und daher aus dem Theater zu gehen für gut befand, gleichfalls τϱαγῳδιας ποιητην. Und da Alexander Pheräus ein Zeitverwandter des Aristoteles war, so ist es höchst wahrscheinlich, daß dieser Theodor eben der ist, dessen Aristoteles gedenkt. — Menage, in seinen Anmerkungen zum Diogenes Laertius, führt aus dem Hesychius eine Stelle an, in welcher eines komischen Schauspielers oder komischen Dichters gedacht wird, der den Zunamen Πελεϑοβαψ geführt habe. (Was das heissen soll, verstehe ich nicht, und müßte die Stelle in der neuen Ausgabe des Hesychius nachsehen.) — Seines Grabmals gedenkt Pausanias, (L. I. c. 37.) und sagt dabei, daß er für den besten tragischen Schauspieler seiner Zeit sey gehalten worden. — Von seiner Frau s. Plutarch, (L. IX. Sympos. Quaest. 1.) Auch gedenkt derselbe seiner in dem Buche vom Eigenlobe, daß er zu dem komischen Schauspieler Satyrus gesagt habe, es sey nicht zu bewundern, wenn man die Zuschauer zum Lachen, wohl aber wenn man sie zu Thränen und zum Weinen bewege.

Diogenes Laertius in dem Leben des Aristippus (L. II. c. 8. §. 19.) führt zwanzig Personen an, die den Nameu Theodor geführt haben. Vermuthlich ist der zwanzigste der hier gemeinte, wie auch Lorenzo Crasso (Istoria de' Poeti Greci, p. 502;) annimmt.— Aelian setzt in der angeführten Erzählung noch hinzu: Alexander, ein Fürst der Pheräer, habe sich hernach beim Theodor entschuldigt daß er nicht aus Geringschätzung weggegangen sey, oder um ihn zu beschimpfen, sondern weil er sich geschämt habe, durch eines Schauspielers Leiden so gerührt zu werden, und bei dem Elende seiner Unterthanen ungerührt zu bleiben. Eben diese Erzählung findet man beim Plutarch, de fortuna Alexandri Or. II. und in der Lebensbeschreibung des Pelopidas; nur daß da die Trojanerinnen des Euripides als das Trauerspiel genannt werden, welches diese Wirkung hervorbrachte, und daß der Name des tragischen Schauspielers nicht ausdrücklich genannt ist.

Der Artikel beim Hesychius ist folgender: Πελεθοβαψ. Θεοδωρος ὁ Κωμικος ὁ ὑποκριτης οὕτως ἐπεκαλειτο. τινες δε ποιητην αὐτον φασι γεγονεναι. In der neuesten und besten Ausgabe des Hesychius von Joh. Alberti (L. B. 1766. 2 Voll. fol.) T. II. col. 904, finde ich dazu folgende Noten: 24) Πελεθοβαψ. Ex πελεθοβαφος. *Guyet.* vel pro σπελεθοβαψ. G. Vid. v. Ὀγκοπελεθιαν, v. Πελλια, et H. Steph. *Ind.* v. Πελεθος. 25) ὁ Κωμικος insertum. Vid. *Perizon.* ad *Aelian.* V. H. p. 917. et *Menag.* in *Diog. Laërt.* II. 104. Bei dem Worte πελλια setzt Hesychius σπελεθοι. Und wenn also πελεθοβαψ soviel ist als σπελεθοβαψ, so hieße es wohl so viel als Anschwärzer.

---

## Tragische Subjekte.

### I.

„In Gothia meridionali spectantur duo tumuli, ingentibus saxis, cipporum loco, imposita habentes duorum *fratrum* corpora, quibus ab auspice in prima adolescentia praedictum fuerat, fore, ut mutuis vulneribus conciderent. Fatum declinaturi peregrinationem ad remotissimas contrarias orbis partes suscepere. In extrema senecta demum in patriam reversi, cum quisque fratrem jam pridem mortem obiisse speraret, non procul ab oppido Jonaco sibi invicem occurrunt ignoti, et salute ultro citroque dicta et accepta sub pinu proxima quieverunt. Mox rixantibus eorum canibus, ipsi quoque ad jurgia primum, inde ad vulnera mutua proruperunt, animamque trahentes et fratres se agnoscentes, in mutuis amplexibus expirarunt." *Olaus* de Ritib. septentr. c. 31.

2.

„Miles quidam, cum occiso spolia detraheret, fratrem nudato corpore agnovit, ac detestatus bella civilia, semet ipsum ibi perimens fraterno corpori adjunxit." *Augustin.* de Civit. Dei, L. II. c. 25.

Hoc contigit, cum Cinna et Marius infesta signa ad urbem ducerant, quibus occurrit C. Pompejus, Magni pater. *Livius*, L. 79. *Valer. Max.* L. V. dicit, militem Pompejanum occidisse fratrem, qui erat in exercitu Sertorii. *Livius* pro Sertorio Cinnam habet. Fieri utrumque potest; nam exercitus omnes fere erant Cinnae. V. *Coquei* Comment. ad l. c.

3.

Tragische Subjekte, die ich zum Theil entworfen, zum Theil schon auszuarbeiten angefangen habe, sind: Faust, Kleonnis, Alcibiades, Nero.

4.

Mathildis, eine Schwester Edgar's, Königs von Schottland, hatte sich dem Klosterleben gewidmet. Heinrich I. verlangt sie zur Gemahlin. Sie weigert sich. Endlich wird sie von ihrem Bruder dazu gezwungen. Als sie sah, daß sie ihr Gelübde der Keuschheit brechen mußte, verwünschte sie alle ihre zu zeugenden Kinder. Und die Geschichte sagt, daß dieser Wunsch eingetroffen sey. *Zwingl.* Theatr. Vitae, p. 188.

5.

Die Demostraten, beim Plutarch, wären ein tragischer Stof, wie die Horazier. Sie stritten wider den Kritolaus und seine zwei Brüder, um den Krieg beizulegen, welcher lange Zeit zwischen ihren Landesleuten, den Phenäern und Tegäern gedauert hatte.

6.

Wenn man das tragische Ende Karls I. Königs von England unter fremdem Namen auf die Bühne bringen wollte, so könnte man am besten die ähnliche Geschichte eines Königs von Siam dazu nehmen, welcher zu eben der Zeit von seinen Unterthanen der königlichen Würde entsetzt, und hingerichtet wurde. S. Histoire moderne, T. III. p. 78; oder des de l'Isle Relat. Hist. de Siam.

7.

Dahomira, Gemahlin des Königs Wratislaus von Böhmen, würde eine gute tragische Heldin seyn. Ihr Haß gegen das Christenthum, und gegen ihren ältesten Sohn, weil er zu gut Christ war; die Ermordung dieses Sohnes von seinem Bruder Boleslaw, die auf ihr Anstiften geschah; die Tradition, daß sie in Prag lebendig von der Erde sey verschlungen worden, sind lauter Umstände, die Quellen des

Schreckens und des Mitleids werden könnten. Sie lebte um 916.

8.

Epponina, des Sabinus Gemahlin, unter dem Kaiser Vespasian, lebte mit ihrem Manne lange Zeit in einer Höhle. Beide aber wurden von dem Kaiser doch zuletzt umgebracht. S. *Plut.* in Eroticis, der sie Empone nennt. *Tacit.* Hist. L. IV.

9.

Cinnadon, ein junger Spartaner, und dessen Verschwörung gegen die Ephoren, aus bloßem Ehrgeize, keinen über sich zu wissen. *Aristot.* Polit. L. V. c. 7. *Xenoph.* Hellen. L. III.

Ueber die unter Nr. 3 angeführten tragischen Subjekte sehe man die Vorreden zu den beiden Theilen von Lessing's Theatralischem Nachlaß, und die Bruchstücke der drei erstern, nebst andern, im zweiten Bande desselben.

---

Troja. Man bildet sich gewöhnlich ein, daß die Griechen, nachdem sie Troja zerstört hatten, sämtlich wieder heimgereiset wären, ein Jeder nach seinem Lande. Ovid hingegen nimmt sehr wahrscheinlich an, daß eine griechische Kolonie da geblieben sey, wenn er die Penelope an den Ulyß schreiben läßt: (Heroid. Ep. I. v. 51.)

Diruta sunt aliis, uni mihi Pergama restant;
*Incola* captivo quae bove *victor* arat.

Es möchte wohl vergeblich seyn, über diesen vom Ovid als wahrscheinlich vorausgesetzten Umstand irgend eine historische Aufklärung zu hoffen. Der gewöhnlichen Angabe nach, die auch vom Herodot, Thucydides und Justin bestätigt wird, wurde die Seeküste achtzig Jahr nach Troja's Eroberung, von griechischen Kolonien angebauet, und die innern Theile unterwarfen sich der wachsenden Macht der Lydier, deren Waffen sich über die sämtlichen schönsten Provinzen von Kleinasien verbreiteten, und sie eroberten. S. Gieslies's Gesch. von Altgriechenland, Uebers. Th. I. S. 54. — Eine Stelle beim Lukan (Pharsal. L. IX. v. 959 ff.) scheint freilich das Gegentheil von dem zu sagen, was Ovid voraussetzte:

Jam silvae steriles & putres robore trunci
Assarici pressere domos, & templa deorum
Jam lassa radice tenent; ac tota teguntur
Pergama dumetis; etiam periere ruinae.

In dem letzten angef. Verse Ovid's liest Heinsius *accola* für *incola*.

## V.

Venedig. Die jährliche Vermählung des dortigen Dogen mit dem Meere ist bekannt. Apostolius (Proverbior. Cent. I. 54.) erzählt, daß die Venetianer sonst auch eine ähnliche Verbindung mit den Dohlen eingegangen, damit sie ihren Saaten nicht schaden sollten. Ob man in Venedig noch diese Gewohnheit hat? oder warum sie abgekommen ist?

---

Venusseuche. Ich kann beweisen, daß die Venusseuche eher in Spanien grassirt hat, als man gemeiniglich annimmt; nämlich weit eher, als Columbus zum erstenmal aus Amerika zurückkam; und dieses zwar aus einem Briefe des Petrus Martyr.

Sonst

Sonst, denke ich, pflegen die Arzneigelehrten auch anzunehmen, daß die Gonorrhöe, welche den Alten bekannt gewesen, nicht so bösartig, und daher mit der venerischen Gonorrhöe gar nicht zu vergleichen müsse gewesen seyn. Indeß finde ich beim Firmikus (L. VI. Matheseos, C. de vi et potestatibus stellarum,) gonorrhoicas mortes, und auch L. II. eines dadurch verursachten Todes erwähnt. Eine Folge des unvenerischen Saamenflusses möchte aber der Tod wohl nicht seyn können.

Wäre nicht auch die Krankheit des Kaisers Justinian in Betracht zu ziehen, welche Prokopius (Anecd. p. 16, edit. Alem.) eine sehr schwere Krankheit nennt? Denn wie Metaphrastes in vita S. Sampsonis Patricii Romani, a quo adhuc vivo mirifice Justinianus sanatus est, sagt, so war diese Krankheit an den Schamgliedern, und bestand aus Geschwüren in der Blase: των αἰδοιων αὐτῳ πονηρως ἐχοντων, και της κυστεως ἑλκει χαλεπῳ κακωθεισης, pudendis vitio affectis, et graviter ulcerata vesica. V. Notae hist. *Alemanni*, p. 8.

Auch wäre zu untersuchen, worin eigentlich die pestis inguinaria bestanden habe, die unter Pelagius dem zweiten Bischofe zu Rom ums J. 580 herrschte? Pelagius starb selbst daran. V. *Dresserus*, p. 2.

Ueber die Geschichte und Entstehung der Lustseuche in Europa war L. schon längst Willens eine besondre Untersuchung anzustellen; er gab aber diesen Vorsatz auf, als er erfuhr, daß Hr. Dr. Hensler gleichfalls damit umgieng, und, wenn ich nicht sehr irre, theilte er diesem seinem würdigen Freunde seine bisher angestellten Untersuchungen mit. Jetzt ist, wie bekannt, von dieses sehr scharfsinnigen und erfahrnen Arzneigelehrten Geschichte der Lustseuche, die zu Ende des funfzehnten Jahrhunderts in Europa ausbrach, der erste Band zu Altona, 1783. 8. und des zweiten Bandes zweites Stück, zu Hamburg, 1789. 8. letzters auch unter dem eignen Titel: Ueber den Westindischen Ursprung der Lustseuche, herausgekommen. Noch weitläuftiger, und reich an gelehrten Untersuchungen, ist Hrn. Dr. Christoph Girtanner's Abhandlung über die venerische Krankheit; Göttingen,

1788. 89. 3 Bände 8. Beide Schriftsteller sind über diesen Gegenstand in einen gelehrten Streit gerathen, der vermuthlich zur größern Aufklärung der ganzen Sache beitragen wird. Unter andern werden auch die Nachrichten des Petrus Martyr, auf die sich Lessing beruft, von beiden näher geprüft. Man vergl. die Allg. Litteraturzeitung v. J. 1789, Nr. 308 und 309, wo am Schluß der Rezension aus der ganzen Sache, so wie sie jetzt liegt, folgende Resultate gezogen werden: 1) Daß die Lustseuche in Europa erst seit 1495 bekannt sey, muß man zur Zeit so lange für gewiß annehmen, als das höhere Alterthum derselben noch nicht durch zuverlässigere Gründe, als bisher geschehen, erwiesen ist. 2) Gewiß ist es, daß die Lustseuche 1496 auf Hispaniola geherrscht hat. 3) Unerwiesen aber ist es noch zur Zeit, daß sie im Jahre 1493 bei Columbus erster Rückreise von dieser Insel nach Europa sey gebracht worden.

---

Vettori. Seine *Dissertatio Glyptographica*, s. Gemmae Duae Vetustissimae, emblematibus et graeci artificis nomine insignitae, quae extant Romae in Museo

Victorio, explicatae et illustratae, ist zu Rom 1739 in 4. gedruckt, und enthält 32 Kapitel:

1. *De praestantia sculpturae gemmarum antiquarum.* Da er die Edelsteine nennt, auf welche die Alten geschnitten, setzt er hinzu: Adamas quoque, ceteris excellentior atque durissimus, occurrit quandoque impressa imagine suspiciendus. (p. 1.) Aber ohne ein Exempel anzuführen.

Er gedenkt des Mnesarchus, des Vaters des Pythagoras, den Laertius δακτυλιογλυφον nennt, und meint, er sey ein Edelsteinschneider gewesen. Pythagoras starb als ein achtzigjähriger Mann in der 77sten Olympiade; und um diese Zeit, wie ich in den Antiquarischen Briefen gezeigt habe, wurden die Petschaftringe von geschnittenen Steinen erst in Griechenland bekannt. Folglich kann der Vater des Pythagoras wohl kein Edelsteinschneider gewesen seyn, sondern er wird nur Siegelringe gemacht haben, etwa von Metall. Man sehe indeß die Stelle des Apulejus unter Gemmen.

2. *Qui primi gemmas inciderunt.* Auch Vettori sagt gerade wie Klotz: gemmas autem vetustissimi hominum scalpserunt Aegyptii, post illos Etrusci, denique Graeci, ac demum Romani. Er giebt ein alphabetisches Verzeichniß aller alten Steinschneider aus dem Werke des Stosch, und fügt die bei, die Gori hernach entdeckt hat. S. oben den Art. Gemmen.

3. *De Aulo, gemmarum sculptore, & de gemmis ab eo insculptis.* Außer den fünfen, welche von diesem Künstler in dem Stoschischen Werke vorkommen, und von denen sich zwei auch im *Mus. Florent.* finden, nennt Gori (T. II. p. 10. Class. 1.) einen sechsten, anaglyptici operis Chalcedonio excisi, quod in Museo Capponio Romae adservatur. Ein siebenter ist der, dessen Joh. Faber in den Commentariis ad Imagines Virorum Illustrium, p. 67, gedenkt, worauf ein Kupido, der einen Schmetterling an einen Baum spießt, befindlich ist. Aber Faber nahm den Namen Aulus für den Vornamen

des Brutus. — Der achte endlich ist der, den Vettori hier beschreibt.

4. *Descriptio gemmae Musei Victorii ab eodem Aulo caelatae.* Eine sitzende Venus, die auf dem ersten Finger der rechten Hand ein Stäbchen im Gleichgewichte hält, nach welchem ein Amor aufspringt, um es mit beiden Händen zu erhaschen. Darunter steht ΑΥΛΟϹ. Der Stein ist ein Achat.

5. *De Achate gemma, qua usus est Aulus. Veterum opiniones recensentur circa hanc gemmam.* Die Farben dieses Achats sind sehr matt: absumto enim igne cadavere, quocum in antiquo sarcophago reperiri contigit a. 1735, annulus quoque cum pretioso lapillo semiustus fuit. Doch ist er nicht so verdorben, daß man nicht jetzt noch damit siegeln könne.

6. *Usus ac consuetudo comburendi gemmas una cum cadaveribus mortuorum expenditur ac illustratur.* Es wird dieser Gebrauch vornehmlich aus einer Stelle des Properz (L. IV. El. 7.) erwiesen, wo von der verstorbenen Cynthia gesagt wird:

Et solitum digito Beryllon adederat ignis.

7. *Disquiritur conditio antiquae gemmae possessoris. Quid indicent Veneris imagines in gemmis insculptae, aperitur.* Auch Vettori hält hier die Daktyliotheken beim Plinius für Sammlungen von geschnittenen Steinen.

8. *De inauribus, ab Aulo, gemmae sculptore, Venere tributis.* Er glaubt mit dem Buonaroti: quod foeminarum imagines, cujuscunque sint ordinis, ideo inauribus, et nonnullis aliis ornamentis, priori aetate omnino destituantur, licet ipsae, dum vitam viverent, iisdem continuo uterentur. Consuetudo etenim percrebuerat, deabus tantum, quas putabant, notam fortasse singularem, inaures, aliosque muliebres ornatus, tribuere. Er glaubt daher sogar, daß beim du Cange und Banduri, wo dergleichen Ohrgehenke an sterblichen Weibern zu sehen sind, sie ein Zusatz des Abzeichners wären. Aber das ganze Vorgeben ist, wie ich glaube, falsch, welches auch Winkelmann irgendwo schon erinnert hat.

9. *De monili, Veneri circa collum apposito.* Nach dem Isidor (Origg. L. XIX. c. 31.)

kömmt *monile* a *munere*, und es werden omnia ornamenta matronarum, quicquid illis muneri datur, darunter verstanden. Doch wird monile e gemmis für einen Halsschmuck für Pferde gebraucht: *Sueton.* in Calig. c. 55.

10. *De armillis circa manus et brachia, Veneris imagines honestantibus.*

11. *Ancillae, quae inaures, armillas, monilia, aliaque ornamenta muliebria servabant, quomodo dicerentur a veteribus.* Sie hießen *sarcinatrices, a mundo muliebri, a monili, ab armillis*, u. s. f. Sie sind unterschieden von den ornatricibus und ancillis ab ornamentis.

12. *Eadem ornamenta in sacris imaginibus a Christianis usurpata; et quare?*

13. *Describitur vas vitreum Musei Victorini, in quo mulier spectatur in Elysiis, et ejus ornamenta indicantur.*

14. *Aliud vas vitreum antiquum ejusdem Musei, in quo imagines ornatae monilibus sunt expressae.*

15. *De baccis sive flosculis propendentibus ab extremitatibus pallae seu veli, quo Venus in*

*gemma obducitur in inferiori parte.* Er merkt davon weiter nichts an, als daß diese Büschel oder Flocken auch an den Kleidern der Hetrurier in *Dempsteri* Etruria Regali und *Gorii* Museo Etrusco zu sehen sind.

16. *De ludo, quam ludere videtur Venus in gemma, aliisque nonnullis ludis puerilibus veterum, ab Philosophis, Regibus, Imperatoribus & Diis gentium usurpatis.* Gerade von dem Spiele, mit welchem sich Venus hier die Zeit zu kürzen scheint, von dem Balanciren, findet man bei alten Schriftstellern nichts. Dagegen aber von andern, z. B. de ludo digitorum, welches Nonnus (Dionys. L. 33.) den Hymenäus und Kupido mit einander spielen läßt: quem ludum *Cicero* et *Varro* dixerunt: *micare digitis*, h. e. *digitis sortiri*, ut observat *Nonius Marcellus* in Libro de Proprietate Sermonum. Nostra aetate in Italia vulgus appellare consuevit *la Morra.*

17. *Quid Aulus indicare voluerit per hanc ludi speciem in figura Veneris?* Er sagt: librata Veneris indice et circumducta, ne capiatur ab avido Amore virga, ludum videtur

exprimere, quo illum industria et conatu adsequens, imperium in amantem, seu potestatem, quae per virgam indicatur, praemii loco accipiat.

18. *Quare veteres ethnici ludos consulerent, ac saepe in gemmis exprimerent, investigatur.* Er meint, um sich zum Vergnügen und zur Freude dadurch aufzumuntern.

19. *Exponuntur nonnullae veteres inscriptiones, quae de officio* a voluptatibus *meminerunt.* Sie heißen auch a rationibus voluptatis, und scheinen die Besorgung aller Ergötzlichkeiten der Herren über sich gehabt zu haben. Unter den spätern Kaisern kommen sogar tribuni voluptatum vor.

20. *Vetustus alius titulus illustratur.* Unter den Aufschriften in dem gemeinschaftlichen Grabe der Freigelassenen und Knechte der Livia Augusta befand sich auch eine auf einen Amianthus, der Liviae ad Venerem heißt. Dieses haben einige erklärt: qui Liviae fucum pararet, et ea quae ad venustatem oris affectandam conducunt; und anders. Er aber erklärt es aus dem Bianchini und Gori,

welche beide gedachtes Grabmal erläutert haben, pro Aedituo Liviae templo Veneris addicto.

21. *In antiquis gemmis mysteria frequentissime occultantur.* Er erläutert dieses an einem alten Karneol, worauf ein Todtenkopf, ein rundes Brodt, ein prächtiges Halsband, und totus talorum ludus, vier Knöchel, die die Alten statt der Würfel brauchten; und meint, daß darin die Ermunterung ausgedrückt sey: Ergo vivamus, dum licet esse bene!

22. *Gemma ab Aulo sculpta, saepe ab aliis antiquis sculptoribus eodem typo repetita.*

23. *De caelatura inferioris aevi pertinente ad illustrationem gemmae Victorianae.*

24. *Sculptores complures, qui gemmas inciderunt aevo inferiori, in obscuro.* S. den Artikel Gemmen, Nr. VI.

25. *Georgius Vasarius laudatur, qui ab eo memorantur caelatores, indicantur, aliique proferuntur in lucem.* Ebendas.

26. *De sculptoribus gemmarum nostra aetate florentibus.* Ebendas.

27. *De Auli gemma, eodem typo a recentioribus iterato insculpta*, aliorumque veterum gemmarum caelaturis, ab iisdem saepe repetitis, et earum maxime, quae antiquorum sculptorum nominibus insignitae sunt. — Natter kopirte im J. 1736 diese Venus des Vettori, und machte eine Danae daraus, die mit der ausgestreckten Hand den goldnen Regen erwartet. Natter selbst erzählt das in der Vorrede seines Werks; aber er leugnet, daß er den Namen Aulus deswegen auf seinen Stein gesetzt habe, um ihn desto theurer zu verkaufen, welches ihm Vettori hier Schuld giebt.

28. *De modo caelandi gemmas. Veteres usos esse microscopio, sive lente vitrea, demonstratur.* Aus diesem Kapitel sehe ich, daß Christ's Meinung von der Diamantspitze ihm gar nicht eigen gewesen sey. Sie gehört dem Vettori, der es sogar beschreibt, wie mit der Diamantspitze gearbeitet worden, und es ohne Zweifel von Künstlern selbst gesehen hatte. Gemmarum caelatores, schreibt er S. 100, ad eas incidendas vel *Adamantem* vel *Ro-*

*tam* adhibere solent. Siquidem in summitate styli sive axiculi, qui ferreus est, tenuis, nec palmarum longitudinem adsequitur, scobem sive frustulum adamantis ita componunt, ut moveri nequeat, dum opus sculpturae perficiunt, quod agunt, sola cuspide adamantis gemmam perfricando. Oleum vero quandoque guttatim infundunt, et smiridis pulvere inficiunt gemmam, sicque juvant adamantem. De his fragmentis inquit *Plinius*: Expetuntur etc. et *Marbodus*:

Hujus fragmentis gemmae scalpuntur acutis.

Hierauf beschreibt er die Art und Weise mit dem Rade, wobei er auch den Mißbrauch anmerkt, die eisernen Instrumente, welche in das Rad gesetzt werden, das Rad zu nennen: Invaluit vero per abusum consuetudo, *rotas* appellare (quas dicunt etiam *rotini*) ferreos quosdam parvulos stylos, non chalybeos, neque igne temperatos, *etc.* Und wenn er sagt, daß die Steine an einen Handgrif gekittet werden müßten, um sie bequem an das

Rad zu halten, so setzt er hinzu: idem omnino firmandae gemmae modus in usu est, si *adamantem*, non *rotas*, abhibeat. — Hierauf sagt er, wie nöthig zu dieser Arbeit das Vergrößerungsglas sey. *) — — —

29. *De gemma, a* Quinto Alexa *insculpta, quae Achillem exhibet armis instructum. Item de Sardonyche.* Dieß ist die zweite Gemme, die in diesem Werke erläutert wird. Auf der Area steht in drei Linien Κοιντος Ἀλεξα ἐποιει. Gori, im *Mus. Flor.* hatte dieses Steins schon erwähnt. — Zuletzt sagt Vettori, daß die Alten am liebsten lebhafte und kriegrische Leute und Thaten auf den Sardonyx geschnitten hätten, weil sie in der Meinung gestanden, dieser Stein habe die Kraft, die Furcht zu vertreiben, und Muth einzuflößen. — Quod Achillem, ut ipsi putabant, potissimum deceret Sardonyche, et pariter eos omnes, qui res bellicas tractant, vel bel-

*) Was Lessing wider diese Meinung hier erinnert, übergehe ich, weil er von dem allen schon in seinen Antiquarischen Briefen Th. II. S. 106 ff. Gebrauch gemacht hat. E.

licis negotiis adſueſcunt. Dieſer Stein iſt aber eigentlich nur ein Fragment, auf welchem bloß die Beine des Mars und die Schrift ſichtbar ſind; das Andre iſt von einem neuen Künſtler ergänzt worden.

30. *De Ocreis, quibus Achilles indutus eſt circa tibias.* Feſtus (de verb. ſignif.) ſagt: *Ocrem* antiqui montem confragoſum vocabant — unde fortaſſe etiam *ocreae* ſunt dictae inaequaliter tuberatae. Jenes alte Wort *ocris* hat mit unſerm deutſchen Hocker, welches nicht bloß einen Buckel, ſondern auch einen Berg bedeutet, die vollkommenſte Gleichheit. Friſch hat es nicht gekannt, ſondern leitet Hocker von hoch ab.

31. *De nomine Quinti Alexae. Disquiritur, an aliqui ſculptores a Plinio memorati artem quoque inſculpendi gemmas calluerint.* Plinius gedenkt eines Alexa, eines Bildhauers aus der 87ſten Olympiade, welcher ein Schüler Polyktet's war; und da dieſer letztere unter den alten Steinſchneidern vorkomme, und Plinius ſelbſt von ihm ſage, daß er kleine Werke gearbeitet habe, ſo, meint er, könne

sein Schüler Alexa gar wohl der Meister dieser Steine gewesen seyn. Aber alsdann möchte ich nur fragen: Wie kam er zu dem Vornamen Quintus, welcher lediglich ein römischer Name ist?

32. *De inaequalitate, quae in aversa parte utriusque gemmae illustratae, et aliquando in plerisque aliis antiquis gemmis caelatis observatur.* Dieses Kapitel verdient, daß ich es ganz abschreibe:

„Utramque gemmam, a nobis hacte„nus illustratam, rem observatione dignis„simam, nec tamen ad hanc diem obser„vatam, continere deprehendimus, quum „partes caelaturae oppositas inspexerimus. „Superficies enim postica unius, alte„riusve, maxime laevigata et expolita „est; verum alicubi tuberata, atque etiam „excavata. Illud autem nonnulli contem„plantes, incuriae vel negligentiae vete„rum scalptorum facile tribuere non ve„rentur; ita ut, si qua hujus operis anti„qua gemma caelata in manus eorum in„ciderit, qui aureis annulis ad ornandos

„ digi-

„digitos folummodo inferere ftudent, vel „pro figillis ad horologia adpenfis utun„tur, (ut noftri aevi fert ufus, caetera „non improbandus,) averfam partem vel „complanare ftatim faciant, vel obduci „imperent artificibus, ornato flexilibus „cauliculis, et maeandris, vel ex auro „puro, vel encaufticis aureo operculo, „ut vitium vetuftarum gemmarum, quod „ipfi putant, five emendent, five emen„daffe videantur. Res autem non ita „fe habet: etenim folertiffimi hominum „fuere, qui gemmas inciderunt, atque „eas fuo nomine fignarunt, quod vel ex „noftra differtatione fatis fuperque licet „intelligere, fi confideretur quam mini„mus eorum numerus, qui hanc fpartam „adornarunt, cap. 2 defcriptorum. Igitur „id omnino verfantes, ac faepenumero „hujusmodi gemmas, in altum elatas, „contra lucem infpicientes, novimus, „atque in eis animadvertimus, non fine „admirationis nota, maximam coloris „aequabilitatem; adeo ut eodem colore

„transluceat imago insculpta, quo pariter „area transparet; quod inventum, et „pulchrum visu, et commendabile ac „suspiciendum est. Hinc argumentum „rectumque judicium proferri licet, quam „profunde lateque omnes artis recessus „ac praestantiam callerent iidem *ipsi* gem„marum caelatores, quos summos viros „appellare non dubitamus; et eas gem„mas, quae peculiari hoc raritatis speci„mine distinguuntur (demto *versatilis rotae* „periculo, qua male feriati et imperiti „homines cunctas indistincte expolire, „laevigare et complanare solent) in po„sterum maximi faciendas esse censemus. „Quo monito, uti spectabiliores hac no„stra aetate et insequentibus omnes ve„tustae caelaturae fiant, magno rei anti„quariae bono, atque emolumento, feli„citer auspicamur."

Dieser lange Artikel ist zwar fast durchgehends nur Excerpt; indeß habe ich ihn mit aufgenommen, weil die Abhandlung des Vettori selbst in den Händen weniger Leser seyn wird,

Und das, was L. hier und da angemerkt hat, doch nicht so ganz unerheblich ist.

Von dieser Abhandlung des Cav. Francesco Vettori sehe man auch den Mariette, Tr. des pierres grav. T. I. p. 264, wo er von den Lebensbeschreibungen berühmter Steinschneider redet, welche Vasari im zweiten Bande von der Wiederherstellung der Kunst an, bis ungefähr 1568 geliefert hat, und dann fortfährt: Mr. le Chevalier *François Vettori*, qui a pris la plume en 1739, pour ſuivre ce que *le Vaſari* avoit commencé, continue cette hiſtoire juſqu'à nos jours. On s'apperçoit aiſément que les mémoires lui ont ſouvent manqué; ce morceau, dans ce qu'il préſente, eſt néanmoins curieux, & mérite d'être lû: il eſt amené preſque ſans deſſein, dans cette diſſertation latine ſur les pierres gravées, que j'ai annoncée il n'y a qu'un moment, (p. 263) & dans laquelle l'Auteur paroît s'être uniquement propoſé l'explication de deux pierres gravées de ſon cabinet. L'une de ces pierres, dont je donnerai dans la ſuite une déſcription plus détaillée, avoit été trouvée à Rome parmi des cendres dans un ſépulcre, en 1735. Elle portoit les marques d'avoir été brulée avec le corps de celui, à qui elle avoit appartenu; on y lisoit le nom d'un ancien artiste déjà connu par d'autres ouvrages: le travail en étoit très-délicat; de toutes ces preuves réunies, il en résultoit, que la gravure etoit véritablement antique, & M. *Vettori* faisant sur cela ses reflexions, gémit de la friponnerie des Brocanteurs, qui très-souvent vendent aux curieux des copies modernes pour des originaux antiques, & qui pour les accréditer davantage, y font mettre encore des noms Grecs; car depuis quelque tems ces sortes de noms sur les pierres gravées sont devenus fort en règne. Mais quelque mauvaise que soit cette ruse, & quoiqu'elle ne soit ni permise, ni excusable, ceux qui veulent être trompés, en se laissant séduire par des inscriptions qui n'ajoûtent rien à la bonté d'un ouvrage, méritent de l'être, & ne sont point à plaindre. — Die versprochne Beschreibung der einen Gemme liefert Mariette p. 415 ff. und sagt von der Abhandlung des Vettori: il est entré dans des détails fort curieux sur l'art de la gravure en pierres fines, qu'on ne trouve point ailleurs; und S. 416: *cette dissertation* contient l'histoire des graveurs modernes en Pierres fines, & le manuel de la gravure.

Aeneas Vico. Landringer in seiner Diss. in Onychem Alexandri M. sagt: *Aeneae Vici* Monumenta ex gemmis et cameis a *Joanne Domenico de Rubeis* promulgata, apologismo accurato indigent. — Ich kann nicht erfahren, was für ein Werk dieses ist.

Enea Vico, der um die Mitte des sechszehnten Jahrhunderts lebte, ist durch seine numismatischen Werke, die man in *Hirschii* Biblioth. Numar. p. 134 f. verzeichnet findet, bekannt genug. Füeßlin, der von ihm als Künstler redet, sagt unter andern, daß man auch 34 Blätter von antiken geschnittenen Steinen unter seine Werke zähle, deren jedoch Basan, in s. Dict. des Graveurs, auf den sich F. deswegen bezieht, nicht erwähnt, so wenig ich in dem gleichfalls von F. angezogenen Teissier das Verzeichniß von Vico's Werken auffinden kann. Jene Blätter wären es denn wohl gewiß, die Landringer meinte. Die Stiche wären wohl ohne Zweifel von Vico selbst; und de Rubeis oder Rossi, der sie herausgegeben, vermuthlich eben der Kunsthändler, der die Gemme antiche figurate des Maffei besorgte.

Violine. Leonardo da Vinci war zu seiner Zeit ein treflicher Violinist, und stand sogar als solcher bei dem Herzoge zu Mailand, Lodovico Sforzia, in Besoldung. In seinem Leben aber, welches seinem Werke von der Mahlerei vorangesetzt ist, lese ich etwas, das mir sehr besonders vorkommt; nämlich, daß Vinci, um bei seiner Musik einen hellen Ton zu erlangen, sich eine Geige von Silber, wie einen Pferdekopf, machen lassen, und damit alle andre Violinspieler übertroffen habe.

Beim Vasari heißt dieß Instrument eine Art von Leier, die er selbst erfunden habe; und dieser Ausdruck wird von den Italiänern so allgemein gebraucht, daß man eben so gut eine Laute, oder Mandoline, und dergl. darunter verstehen kann. Eine Violine, wie die heutige, war es, auch die Form abgerechnet, wohl gewiß nicht, da dieselbe höchst wahrscheinlich nicht früher, als zu Anfange des vorigen Jahrhunderts, erfunden ist. Die Viola oder Bratsche, von der jenes Wort ein Diminutiv ist, war schon früher da. S. *Hawkin's* Hist. of Music, Vol. IV, p. 116 und 340 ff. — Die Frage wäre nur noch, ob das Instrument des Leonardo da Vinci dadurch, daß es von Silber war, einen hellern Ton erhalten habe, als wenn es aus Holz gewesen wäre. Wenigstens gedenkt Baron in s. Untersuchung der Laute (Nürnb. 1727. 8.) einer Laute, die Jemand in Paris will gesehen haben, welche von gedieghem Golde, und 32000 Thaler werth gewesen; und setzt hinzu: „Ich bilde mir ein, daß die Standesperson, oder der Maitre, wer er ist, mehr galant als kunsterfahren gewesen sey, weil sich solches Instrument mehr zum Ansehen, als zum wahren Gebrauch geschickt hat.“ Eine Laute, deren Körper von gediegnem Kupfer war, sah Baron in Leipzig, und fand, daß ihr Ton mehr mit dem Klange eines alten Hafens oder Topfes, als mit dem wahren Lautenklange überein kam.

---

Virgil. Es ist in der That keine geringe Ungereimtheit, wenn Virgil (Aen. I. v. 271.) den Jupiter zur Venus sagen läßt:

At puer Ascanius, cui nunc cognomen Julus
Additur, (Ilus erat, dum res stetit Ilia regno.)

Die Großmutter sollte das nicht gewußt haben? — Sollten diese Dinge aber auch die Leser erfahren, so hätte ihnen der Dichter wohl einen schicklichern Ort aussparen können. — Ich nehme diese Kritik von einem Mitgliede der Athenian Society, der des Ruäus Ausgabe vom Virgil recensirt. (S. The Young Student's Library, p. 466.) Aber wenn er hinzusetzt, er scheine hier dem Homer nachgeahmt zu haben, welcher, um seine Leser von den Gebräuchen der Götter zu unterrichten, den Jupiter zur Thetis reden lasse, als ob sie es eben so wenig, wie die Sterblichen wisse, daß alles, wozu er mit seinem Haupte winke, unwiderruflich sey; (Iliad. α. v. 525.) so glaube ich, daß zwischen beiden Stellen noch ein großer Unterschied ist. Jupiter sagt das nicht der Thetis als etwas Neues; sondern er verweist sie nur darauf, damit sie um desto weniger an seiner Bekräftigung zweifeln solle. Beim Virgil hingegen sagt der Umstand mit dem Namen ganz und gar nichts, wenn man nicht ein kahles Kompliment an den Augustus und die Familia Julia, darin annehmen will; welches aber eben in dem Munde des Jupiters gar nicht erbaulich ist.

Der erste Urheber der obigen Kritik scheint anzunehmen, daß die eingeschaltete Parenthese nicht Worte Jupiter's, sondern des Dichters, enthalte; ob er gleich selbst hinzusetzt: One might perhaps say, for the excuse of *Virgil*, that the *Nunc* shews, that this was *not* the Poet, who spoke. Denn darin läge freilich eine Ungereimtheit, wenn Virgil hier dem Jupiter gleichsam in die Rede gefallen wäre, um diese Notiz und dieß Kompliment anzubringen. Daß Jupiter aber diesen Umstand der Venus nicht sowohl erst erzählt, als sie vielmehr daran erinnert, scheint mir doch so gar ungereimt nicht zu seyn; wiewohl der Dichter dabei vornehmlich den Leser, und noch mehr den August, im Auge hatte. Er kommt daher auch bald hernach, v. 290. ff. auf diesen Umstand geflissentlich zurück:

Nascetur pulchra Trojanus origine Caesar,
Imperium oceano, famam qui terminet astris:
Julius, a magno demissum nomen Julo.

# W.

Georg Willerius. Ein augspurgischer Bürger und Buchhändler, welcher den ersten Meßkatalogus 1564 drucken ließ;

nicht aber 1554, wie Heumann (Consp. Rei Lit. p. m. 144;) und Gundling (Hist. Lit. p. 6036,) sagen. Man ersieht dieses aus der ersten Sammlung dieser Katalogen, welche zu Frankfurt ex officina *Nicolai Bassaei*, 1595. 4. besorgt worden. Vergl. *Miraeus* de Script. Sec. XVI. c. 127. — *Reimann* Biblioth. Acroam. Diss. Praelim. — Deutsche Acta Eruditor. Th. V. p. 419. — *Jo. Chr. Wendleri* Diss. de meritis reipubl. August. in rem lit. p. 9. — Thesaur. Biblioth. T. I. n. 1.

In der sechsten Ausgabe von Heumann's Consp. p. 316, not. *a*. ist wenigstens das Jahr 1564 richtig angegeben, in welchem Georg Willer zu Augsburg den ersten Frankfurter Meßkatalogus druckte. S. auch Reimann's Einl. in die Hist. Lit. T. V. S. 765 ff. und dessen Biblioth. Hist. Lit. p. 96. f. Der Frankfurter Buchhändler, Nikolaus Bassäus setzte dieß Verzeichniß nicht nur von da bis 1592 fort, sondern gab ihm auch eine bessere Ordnung, nach den verschiedenen Sprachen und wissenschaftlichen Klassen. Der Leipziger Buchhändler, Henning Grosse, übernahm hernach die Fortsetzung von 1593 bis 1600, die hernach von seinem Sohne Fridrich, und dessen Sohn Johann Grosse, auch nach dessen Tode von den Grossischen Erben geliefert wurde, von denen dieser Verlag an die Weidmannische Handlung kam. Manche von den Mängeln, die Reimann am zuerst angef. Orte in Ansehung dieses Meßverzeichnisses rügt, sind demselben noch immer eigen geblieben.

---

Winkelmann. Bei der Erläuterung seiner Monumenti Antichi Inediti hat er, laut der Vorrede, S. 17, zwei Maximen zum Grunde gelegt. Die erste: nicht anzunehmen, daß die bildlichen Vorstellungen in den Werken des Alterthums müßig, und ohne bestimmten Endzweck sind; diejenigen Werke ausgenommen, in welchen man es deutlich sieht, daß der Künstler bloß nach seinem *capriccio* gearbeitet habe. Die zweite: daß in diesen Denkmälern irgend ein Subjekt dargestellt sey, dem man in der Fabel und in der Geschichte des heroischen Zeitalters nachspüren müsse. Diese Maxime ist es, welche Klotz, in s. Abh. v. geschn. Steinen, S. 125, bestreiten wollte. Aber er geht eben so damit zu Werke, wie mit meiner Assertion wegen der Furien. Er ist weit entfernt, auf den Geist und die Absicht, auf die Brauchbarkeit und das Licht einer solchen Behauptung zu sehen. Er hält sich schlechterdings an die Allgemeinheit des wörtlichen Ausdrucks; und glaubt Winkelmann widerlegt zu haben, wenn er ihm recht viele einzelne Fälle entgegen stellt; er mag diese Fälle schon ausgenommen haben, oder nicht.

Sollte es aber wohl wahr seyn, was W. in eben dieser Vorrede, S. 16, von den alten guten Handschriften sagt? Sie wären, meint er, von den Gelehrten schon dergestalt durchforscht, daß sie jetzt nichts weiter, als ausgepreßte Zitronen, ohne Saft, wären.

Winkelmann's Worte aus der gedachten Vorrede will ich, weil seine Monumenti Inediti vielleicht wenigen Lesern zur Hand seyn möchten, ganz hieher setzen: Il punto principale però, di cui credo dover render conto al Lettore, è il metodo che ho tenuto nello spiegare i monumenti che gli propongo: a che fare mi son prefisso due massime, la prima delle quali è di non supporre che gli antichi abbiano espresse immagini oziose con le lor opere, ma cose attenenti alla mitologia; e la seconda, di ridorre perciò le immagini stesse alla mitologia ed alla favola, e d'appormi a qual parte di essa si spettino quelle che ne presento. — La prima massima, di non supporre che le immagini effigiate nelle opere antiche sieno oziose, cioè senza obbietto determinato e cognito, non dico ai nostri ma ai tempi antichi, anzichè inventate per quel tal monumento, in cui elleno sono state espresse, non è, per vero dire, che una mia supposizione, ma può però considerarsi come l'avviamento alla seconda massima, tanto più certa, alla quale essa spiana la via. Sebbene non vuo' già io sostenere ad ogni costo, che gli artefici antichi abbiano sempre camminato con la mira da me proposta, poichè il contrario ci si presenta da molte lor opere, le quali non ne mostrano che cose inventate a capriccio, e che non hanno alcuna relazione alla storia; ma dovunque non son segni manifesti di questo lor capriccio, ho sperimentato giovevole, per non dir sicuro, il partito, di tener salda la suddetta massima, sin che non vi rimanga apparenza del contrario: Imperciocchè rare volte fallisce la regola ch' io ne suggerisco, nelle immagini serie e punto non aventi del capriccioso e fantastico; vale a dire in quelle in cui non si scopre sfogata la fantasia dell' artefice con rappresentarne delle idee bizzarre, poichè quì egli è più probabile, che costui abbia prescelto un' argomento già cognito e stato prima di lui effigiato da altri, di quel ch' egli abbia voluto inventar cose simboliche e prive di relazione a certi determinati obbietti. — Winkelmann führt hierauf ein Beispiel zur Bestätigung dieses Grundsatzes an, und geht sodann zu dem zweiten über: daß in den alten Denkmälern gewöhnlich irgend ein Subjekt aus der Fabel oder aus der Geschichte des heroischen Zeitalters dargestellt sey, und führt davon verschiedne Beweise an, zeigt darauf den Nutzen und die Anwendung dieses Grundsatzes, und widerlegt endlich die Einwürfe, die sich dawider machen ließen. Natürlicherweise aber nimmt er davon alle den Kaisern errichtete Denkmäler, die Münzen der Könige, Städte, u. dergl. aus. — Beide Grundsätze hatte er schon in seinen deutschen Werken über die Kunst vorgetragen und bei seinen Deutungen der Antiken befolgt; besonders in der Vorrede zur Geschichte der Kunst, S. VII; und in dem Versuch einer Allegorie, S. 9 und 11. Gegen diese Aeußerungen brachte auch Klotz eigentlich in der oben angeführten Stelle seiner Abh. über den Nutzen und Gebrauch der alten geschnittenen Steine, seine Einwürfe vor, die aber in nichts weiter, als einzelnen, und nicht einmal durchgehends entschiedenen, Ausnahmen von jenen Regeln bestanden, und wobei er diesen Regeln eine größere Allgemeinheit zuschrieb, als W. selbst ihnen gegeben hatte; besonders, wenn er S. 125 sagt: „Er macht nicht allein hiemit einen Schluß wider das Alterthum aller Steine, welche die römische Geschichte enthalten, sondern er beschuldigt auch diejenigen einer geringen Einsicht, welche in Erklärung erhobner Arbeiten und geschnittener Steine ihre Zuflucht zur wahren Geschichte, und sonderlich zu der römischen nehmen." Und hier argumentirte Klotz freilich eben so, wie gegen Lessing's Behauptung im Laokoon, daß die Künstler des Alterthums keine Furien gebildet hätten. L. sagt darüber in seinen Antiquarischen Briefen, Th. I. S. 37, sehr treffend: „Ich weiß wohl, daß meine Assertion von den Furien mehrere befremdet hat. Das Allgemeine scheint uns in allen Anmerkungen anstößig zu seyn. Kaum hören wir eine Verneinung oder Bejahung dieser Art; sogleich zieht unsre Einbildungskraft dagegen zu Felde; und selten oder nie wird es ihr mißlingen, einzelne Fälle und Dinge dagegen aufzutreiben. Aber nur der Einfältigere wird sich bereden, daß durch diese einzelne Ausnahmen der allgemeine Satz wahr zu seyn aufhöre. Der Verständigere untersucht die Ausnahmen; und wenn er findet, daß sie aus der Kollision mit einem andern allgemeinen Satze entspringen, so erkennt er sie für Bestätigungen beider."

Winkelmann's Behauptung von den alten Handschriften aber, S. XVI. eben dieser Vorrede, ist wohl auf allen Fall zu allgemein ausgedrückt, wenn sie gleich in Rücksicht auf die über Kunstwerke vor seiner Zeit angestellten Untersuchungen, vergleichungsweise viel Richtiges enthält. Er sagt nämlich, nachdem er von der sorgfältigen Kritik über alte Schriftsteller und ihre Handschriften geredet hat: Oltrechè di questi manuscritti, i quali si possano veramente tenere per così antichi, che siano stati a portata d' esserci in essi state puramente trascritte le parole di chi n' è stato l' autore, ve ne ha

nelle

nelle biblioteche una grande scarsezza, e quei pochi che vi si trovano, essendo stati tante volte rovistati dagli uomini dotti, son ormai (sia lecito il dirlo) come tanti limoni spremuti che non hanno più sugo.

---

**Wunderbare Menschen.** Auf solche, in Ansehung ihres Körpers oder ihres Geistes, würde ich in meiner Litteratur vorzüglich mit sehen. Wir kennen den Umfang der menschlichen Kräfte ohne Zweifel noch lange nicht. Wir wissen noch lange nicht, wozu ein Mensch durch Fleiß und Uebung gelangen kann, und was für Ausnahmen auch in seinem Organismus sich äußern können, ohne seiner Erhaltung und Gesundheit hinderlich zu seyn. Hier will ich also nur einige solche Beispiele sammeln, denen ich noch keinen gewissen Artikel anweisen kann. Andre haben ihre Stelle bereits unter den fünf Sinnen erhalten, z. B. Sehen, Hören, u. s. f.

1.

Das Mädchen in Flandern, welches noch vor seinem neunten Jahre mit einem gesunden

Knaben niederkam. S. Journal des Savans, a. 1684. p. 186.

2.

Das Mädchen zu Cambrai, welches aus einem Geschwulst an der Hüfte Milch hervorgab. Ebendas. a. 1668. p. 213. 285.

3.

Die schlesische Dame, die alle Monate ein heftiges Kopfweh bekam, während dessen ihr eine Menge grauer Haare wuchsen, die man bald ausreissen mußte, wenn das Kopfweh nicht bis zur Raserei steigen sollte. Ebendas. a. 1684. p. 252.

4.

Marguerite Matthieu, die ganzer 26 Jahre mit einem Kinde soll schwanger gegangen seyn, welches ihr nach ihrem Tode ausgeschnitten worden. S. Journ. des Savans, a. 1678. p. 305. 348, wo man die Möglichkeit dieses Falls weitläuftig zu erhärten sucht.

5.

Nikomachus Smyrnäus. — Antonius Molinetus in s. Diss. Anatom. Patholog. (Ven. in 4.) redet von diesem Nikomachus von Smyrna, den sein allzu fetter Körper ganz unbeweglich gemacht habe; er sagt aber nicht, wie Aeskulap ihn geheilt habe. S. Journ. des Sav. a. 1687. p. 69.

6.

Die Frau zu Xaintonge, die einmal mit neun, und das Jahr vorher mit eilf Kindern niedergekommen. Ebendas. a. 1684. p. 160.

7.

Ein Mädchen, welches im fünften Jahre schon ihre Zeit soll gehabt haben. Ebendas. a. 1683. S. 112.

## Z.

Zaccolini. Die Schriften des P. Matteo Zaccolini, eines Theatiners, über die Optik, welche der Kardinal Barberini aus seiner Bibliothek dem Mignard mittheilte, (S. Monville, Vie de *Mignard*, p. 19.) und woraus dieser und du Fresnoy viel gelernt haben sollen, sind sie gedruckt worden, oder liegen sie noch im Manuskripte?

Monville sagt am angef. O. „Le Cardinal *Barberin* voulut alors être peint de la main de *Mignard;* & il se fit un plaisir de lui communiquer les écrits du Pere *Matteo Zaccolini,* Théatin, sur l'Optique, qui étoient précieusement conservés dans la Bibliothèque Barberine: l'ouvrage, où ce savant Religieux a développé les raisons des lumières & des ombres, & les règles de la Perspective, fut d'un grand secours à *Mignard* & à *Dufresnoy*, qui en firent leur étude pendant quelque tems." — In des Hrn. v. Murr Biblioth. de la Peint. &c. T. II. p. 496, finde ich folgende Stelle aus des Baglioni Leben der Mahler, die er als Supplement zum Vasari schrieb: p. 317. Fra *Matteo Zaccolini*, Teatino, lasciò bellissimi libri, da lui composti, ove si tratta della prospettiva lineale, delle descrizioni dell' ombre prodotte da' corpi opachi rettilinei; della generazione e produzione de' colori, e la prospettiva del colore. — In Füeßlin's Allg. Künstlerlexikon heißt er Zaccolino; und was dort von ihm als Künstler gesagt wird, ist gleichfalls aus dem Baglioni genommen. Er starb 1630, im vierzigsten Jahre seines Alters, und lebte zu Rom im Kloster St. Silvestro, wo auch die besten Mahlereien von ihm befindlich seyn sollen, über die F. auf des Abts Raguenet Monumens de Rome, p. 190, verweiset. — Daß die gedachten Schriften des Z. jemals im Druck erschienen wären, davon finde ich nirgends eine Spur.

---

Zahlen. Die Ziffern haben wir den Sarazenen zu danken, oder den Arabern, die aber selbst gestehen, daß deren Erfindung den Indianern gehöre. S. *Abulpharag*. Dynast. I. p. 16.

Vossius (ad *Melam*, L. I. c. 12.) und Huet (Demonstr. Ev. Propos. IV. c. 13.) auch Dasypodius, haben unstreitig Unrecht, wenn sie dieselben den Griechen beilegen wollen.

Bei uns Deutschen sind sie spät in Gebrauch gekommen; und in öffentlichen Urkunden trift man sie vor dem 14ten Jahrhunderte nicht an. Wann sie in dem übrigen Europa aufgekommen sind, ist ungewiß. — S. dieses, und mehreres hierüber, in des Hrn. v. Gemmingen kleiner Abh. von Verschiedenheit und Verbesserung der Ziffern, in der Sammlung f. Poet. und Pros. Stücke, 2te Aufl. Brschw. 1768. gr. 8.

Die Stelle ist in der angef. Samml. S. 156 ff. — Kircher und Wallis setzen, wie H. v. G. bei ihnen nachweist, den Zeitpunkt der Einführung unsrer Zahlzeichen um das 13te Jahrhundert. Weidler hingegen behauptet, daß diese arabischen Ziffern schon im 5ten und 6ten Jahrhunderte wären bekannt gewesen, weil er sie in einer alten Handschrift des Boethius fand, die aber wohl gewiß spätern Ursprunges ist, und worin die Ziffern durch die Abschreiber gekommen zu seyn scheinen. Die Hebräer, Griechen und Römer, auch die alten Gothen, wie man aus dem Ulphilas sieht, bedienten sich, wie bekannt, ihrer Buchstaben anstatt der Zahlen. Von römischen Zahlzeichen ist wohl auf der Inschrift der Columna Rostrata die bisher bekannte älteste Spur. — Andre nordische Völker gebrauchten ihre Buchstaben zu Zahlen bis auf 19, und was darüber war, schrieben sie mit ganzen Worten. S. *Olai Wormii* Fast. Dan. L. III. c. 3. p. 139.

---

Antonio Maria Zanetti. S. von diesem Kunstliebhaber und Kenner den Füeßlin. — Seine Daktyliothek hat Gori la teinisch beschrieben; und sie ist mit der italiänischen Uebersetzung seines Neffen, des Girolamo Francesco Zanetti (welcher, glaub ich, Bibliothekar der St. Markusbibliothek ist,) zu Venedig, 1750, in Folio herausgekommen. Sie enthält 80 Tafeln, von Antonio Maria Zanetti selbst gezeichnet, aber von verschiedenen gestochen; auf deren jeder ein Stück, doch nicht lauter Steine, sondern auch Büsten von Marmor, Münzen und Lampen mit unter. Die Steine sind größtentheils Cameen, und darunter einige von sehr großem Werth. Der allervortreflichste, welcher jedoch tief geschnitten ist, soll der Hermaphrodit, Taf. LVII. seyn, mit den Buchstaben ΔΙΟΣ. welches Dioskorides bedeutet, auf einem Amethyst. Das nämliche Subjekt, nämlich ein ruhender Hermaphrodit, den ein Amor fächelt, und zwei andre Liebesgötter neben ihm, einer auf der Harfe, und der andre auf einem Rohre spielend, findet sich auch auf mehrern alten Steinen, doch ohne Namen des Künstlers. — Von eben diesem Künstler ist noch eine Gemme in dieser Sammlung, mit der nämlichen ersten

Sylbe des Namens, Taf. XXXIII. welche einen Giganten, der statt der Beine Schlangen hat, vorstellt, auf einem Beryll. — Auch findet sich ein Stein mit dem Namen eines sonst unbekannten Künstlers, Horus, ΟΡΟΥ, den Kopf, oder vielmehr nur die Larve, eines Silens vorstellend, auf einem Sardonyx, Taf. XLIII. — Noch sind verschiedne Steine von neuern Meistern mit untergemengt; namentlich von Nicalo Avanzi, Taf. II, das Brustbild Alexanders als Minerva; von Alexander Cäsarius, mit dem Beinamen Magister Graekus; (Maestro Graeco) ein Kopf des Phocion; vom Marmita, der Kopf eines Kommodus Antonius, Taf. XXV; und ein unbekannter weiblicher Kopf, Taf. LXXIV; und vom Valerio Vincentino de' Belli, der Kopf einer Faustina auf einem Achat, Taf. XXIII; lauter Meister aus dem funfzehnten Jahrhunderte.

Zanetti hat das Werk der Königin von Schweden Louise Ulrike, zugeeignet, in einer lateinischen Zuschrift, die ohne Zweifel von Gori ist, deren Antiquitäten- und Naturalien-

Kabinet, und deren große Einsicht in diese Dinge er sehr rühmt. Bei der Gelegenheit kommt er auf die alten Daktyliotheken des Skaurus, des Pompejus, des Cäsar, des Marcellus, deren Plinius gedenkt; und äußert, daß er sie gleichfalls für Sammlungen geschnittener Steine halte: Nemo est, qui ignoret, clarissimos Romani orbis principes viros et Caesares tanti fecisse ac maxime omnium aestimasse *antiquas gemmas*, excellentium caelatorum opificio, dignitate, atque elegantia insignes, ut non hominum, sed deorum dignissimum et praeclarissimum donum censuerint. Wie falsch das ist, habe ich gewiesen *). Eine lehrreichere Stelle für mich aus der nämlichen Dedikation war folgende: Memorat etiam (ut illustres feminas taceam) Romana historia *Liviam*, Augusti conjugem, inter omnes feminas eminentissimam operum antiquorum et gemma-

*) S. Antiquar. Briefe, Th. I. S. 117, wo L. zu zeigen sucht, daß es bloß Sammlungen von Edelsteinen, gefaßten und ungefaßten, nicht aber bloß von geschnittnen Steinen gewesen sind. E.

rum amore et ſtudio mirum in modum flagraſſe, tantique haſce artes feciſſe, ut in palatio ſuo innumeros propemodum aluerit non ſolum gemmarios opifices, verum etiam pictores, fictores, ſtatuarios, architectos, aurifices, fabros argentarios; quorum nomina, quanquam non *omnia*, exemto paucis adhinc annis eorum ſepulcreto columbario nobis innotuerunt. Ich bin äußerſt begierig nach dieſen Namen; ob vielleicht nicht einige darunter ſind, die beim Plinius vorkommen, und die man für weit älter hält, als ſie ſind. Von der Entdeckung dieſes Columbarii, deſſen Urnen von Marmor ſogleich zerſtreut waren, finde ich eine Stelle beim Ficoroni de Larvis, p. 18. der lat. Ueberſetzung: Noſtris vero hiſce diebus alia hujus Bathylli prodiere monumenta, et praecipue urna ejus ſepulcralis, una cum illius ſtatua et inſcriptione, dum ad Viae Appiae laevam, columbarium *Liviae*, Auguſtique libertorum detectum fuit. Hujus autem columbarii, nec non ollarum, urnarum, marmorearumque inscriptionum statim dispersarum διατυπωσις studio Reverendissimi *Francisci Blanchinii* Veronensis, et *Ant. Franc. Gorii* Florentini, postremo *Dominici de Rubeis* Romani, in lucem cum luculenta enarratione prodiit. Nach diesem Werke muß ich vor allen trachten.

Die Erklärungen des Gori sind, wie man sie von ihm gewohnt ist; ohne vielen Scharfsinn, und auch dann und wann ohne erfoderliche ausgesuchtere Gelehrsamkeit. Besonders bin ich mit seinen Benennungen der Steine sehr übel zufrieden. Man sehe, was ich unter Igiade und Moccostein angemerkt habe; desgleichen in den Antiquarischen Briefen vom Prasma. Auch kommen die nichtsbedeuden Namen: Achatonyx und Achatsardonyx öfters bei ihm vor. Hieher gehört auch der Fehler, den er mit dem vitro obsidiano bei der 31sten Tafel macht, wo er den Kopf eines Jupiters beschreibt, obsidiano vitro caerulei coloris expressum. Das vitrum obsidianum war schwarz; und auch Klotz macht diesen Fehler.

Ueber die Pantoffeln, die Gori, Taf. 32, an den Füßen Jupiters sieht, cujus pedes, quod notandum, crepidati, (*colle pianelle o crepide in piedi,*) hat sich schon Natter aufgehalten.

Wenn der Kopf Domitian's, Taf. 17, wirklich auf einem orientalischen Granat ist, wie Gori sagt, so ist er, wegen seiner ungewöhnlichen Größe ein seltenes Stück.

S. 99. sagt Gori, er habe gefunden, daß die Steinschneider auch sonst gemmarii genannt worden; aber ohne Stellen anzuführen: quos remotis temporibus etiam gemmarios appellatos invenio. Dieß ist mir nicht glaublich. — Bey Taf. 20, welche einen Achat mit den Köpfen des Kaisers Hadrian und seiner Gemahlin Sabina vorstellt, macht er eine gute Anmerkung: Omnium rarissima sunt gemmis inscalpta jugata capita, quod valde perspicuum atque exploratum est; ac multo magis gemmae scalptae extanti opera duobus capitibus ornatae.

Graf Antonio Maria Zanetti, sonst Erasmo genannt, lebte zu Venedig, und starb

1767 in einem sehr hohen Alter. Er war ein grosser Kunstliebhaber, und sammelte ein sehr ansehnliches Kabinet von Büchern, Kupferstichen, Zeichnungen, Gemmen, und dergl. Unter andern erneuerte er die Erfindung des Hugo da Carpi Holzschnitte und Kupferstiche von mehrern Platten abzudrucken, und verfertigte in dieser Manier 99 Handrisse, meistens nach Parmigiano. Seinen Briefwechsel über die Kunst findet man in den Lettere su la Pittura, Scultura ed Architettura; Roma, 1754 ff. 7 Voll. 4. Sein Neffe, gleichfalls Kunstliebhaber und Bibliothekar von St. Marco, ist vornehmlich durch die 1760 herausgekommenen Varie Pitture a fresco de' principali Maestri Veneziani bekannt, wozu er die Kupfer selbst zeichnete und radirte.

Des ältern Zanetti eben beschriebene Daktyliothek hat folgenden Titel: Gemmae Antiquae *Antonii Mariae Zanetti* Hieronymi F. *Ant. Franc. Gorius* Notis Latinis illustravit. Italice eas notas reddidit *Hieron. Franc. Zanettius* Alexandri F. Venet. 1750. fol. maj. Gegen über steht dieser Titel italiänisch; so wie auch der Text in beiden Sprachen, in gespaltenen Kolumnen, abgedruckt ist.

Ueber die Gemme n. 58. mit dem Hermaphroditen, sagt Gori unter andern: Hanc gemmam, quae veneres omnes continet, insignissimam sibi conquisivit Cl. *Zanettius* anno 1721 (im italiänischen Texte steht 1731) quam quod possideret, mirum in modum gloriabatur V. C. *Flinckius*, rariorum operum omnium fere pictorum conquisitor diligentissimus. Cl. *Philippi L. B. de Stosch*, antiquitatis scrutatoris peritissimi, epistolam servat *Zanettius*, scriptam V. Non. Octobr. a. 1733, qua tanti artificis opus insigne ab eo feliciter conquisitum comparatumque humanissimo officio gratulatus est. — Bei n. 33 bemerkt Gori, daß vom Dioskorides noch sieben andre Steine beim Stosch vorkommen.

Ueber das zu Rom im J. 1726 entdeckte Columbarium der Freigelassenen und Knechte der Kaiserin Livia habe ich folgendes Werk vor mir: Monumentum sive Columbarium Libertorum & Servorum *Liviae* Augustae & Caesarum, Romae detectum in via Appia, a. cIↄ. Iↄ. cc. XXVI. ab *Antonio Francisco Gorio* descriptum, & XX. aere incisis tabulis illustratum, adjectis notis clariss. V. *Antonii Mariae Salvinii*. Florentiae, 1727 fol. Es steht auch in *Jo. Po-*

*leni* supplem. Nov. Thes. Antiqq. Rom. & Gr. T. III. und in eben dem Jahre erschien zu Rom eine andere Beschreibung: Camera ed Iscrizioni sepulcrali de' Liberti, Servi ed Ufficiali della Casa di *Augusto*, scoperte nella Via Appia, ed illustrate con le Annotazioni di *Franc. Bianchini*. fol. — In der Vorrede jenes ersten Werks giebt Gori eine nähere Beschreibung dieses Denkmals, und zeigt, wie viel Licht dasselbe auf die Erläuterung der Alterthümer werfe, vornehmlich auf die nähere Kenntniß der glänzenden kaiserlichen Hofhaltung damaliger Zeit. In Ansehung der Freigelassenen, deren Andenken hier durch Inschriften aufbehalten ist, bemerkt er unter andern: Plures liberō homine dignissimis artibus operam navasse celebrantur, & in Augusta Domo fuisse dicuntur *a statuis*, *a tabulis*, *ad imagines*, *pictores*, *inauratores*, *aurifices*, *medici*; *chirurgi*, *coloratores*, *comoedi*, *lectores*, *lyristae*, *amanuenses*. Hernach eifert er wider die vielen Mißhandlungen und Entstellungen, welche dies Denkmal erlitten hatte, so daß damals von diesem prächtigen Gebäude kaum eine Spur übrig war. Vorher hatte indessen Pietro Andrea Andreini in Florenz, durch den Ritter Francesco Vettori ersucht, dessen glyptographische Abhandlung oben umständlich rezensirt ist, durch geschickte Künstler eine Zeichnung von allen Merkwürdigkeiten dieses Denkmals nehmen, und die Inschriften kopiren lassen. Jenes übernahm der Ritter Girolamo Adam, von dem die zwanzig beigefügten Kupfertafeln gezeichnet wurden, die von Ruggieri gestochen sind; und bald hernach erhielt Gori den Auftrag, dies Monument zu erläutern, wozu ihm Andreini zugleich die Anmerkungen von Salvini mittheilte. Der Beschreibung des Bianchini gedenkt Gori gleichfalls in der Vorrede S. XVI.

Unter den Inschriften der Urnen kommen die Namen von sechs im Dienste der Livia gestandenen Freigelassenen vor, welche *aurifices* heißen, n. CXIV. bis CXXII, p. 150 ff. — Gori bemerkt S. 154, daß auf den alten römischen Inschriften zwar caelatores auri & argenti, und gemmarii, d. i. Juwelenhändler oder Juwelierer, aber niemals Steinschneider, δακτυλιογλυφοι s. gemmarum scalptores, vorkommen; und vermuthet daher, daß diese vielleicht unter den aurifices zu verstehen sind, oder wenigstens mit zu dem collegio aurificum, zur Innung der Goldarbeiter, mitgehört haben. Denn so

begriff

begriff auch das collegium fabrûm mancherlei Handwerker und Künstler andrer Art, z. B. die in Elfenbein arbeitenden, mit in sich. Eine Stelle in einem alten römischen Sinngedichte beim Spon in Miscell. p. 19.

Noverat hic docta fabricare monilia dextra,
Et molle in varias aurum disponere gemmas;

giebt dieser Vermuthung einige Wahrscheinlichkeit; noch mehr aber der Umstand, daß unter den auf den hier erklärten Inschriften vorkommenden Namen wirklich zwei berühmte Steinschneider aus August's Zeitalter, Epitynchanus und Agathopus, vorkommen. Von jenem findet sich eine Gemme, aus der Sammlung des Abbate Andreini beim Stosch, Gemm. Ant. Cael. n. V. und von diesem aus dem Kabinet des Strozzi, Grafen von Forano, ebendas. n. 32. Bei dieser Gelegenheit erinnert Gori, daß Andreini der erste gewesen sey, der mit vieler Mühe solche Gemmen gesammelt habe, die mit den Namen alter Künstler bezeichnet sind, und führt davon eilf der vorzüglichsten an.

Die auf den hieher gehörigen Inschriften vorkommenden Namen der sechs Künstler sind: Zeuxis; Epitynchanus; M. Julius; Agathopus; Stephanus; M. Livius Menander; und Hedys. Der zweite und vierte sind, wie gesagt, als Steinschneider bekannt. (Vergl. oben den Art. Gemmen, B. I. S. 271.) Wir würden hier also vier neue, bisher in den Verzeichnissen alter Steinschneider noch nicht aufgeführte Namen kennen lernen; wenn es nicht ungewiß bliebe, ob diese vier wirklich Steinschneider gewesen wären; da das Wort aurifices zwar Künstler dieser Art mit unter sich begreifen kann, aber sie doch nicht ausschlußweise bezeichnet. Vielleicht waren diese, oder einer und andrer von ihnen, im eigentlichen Verstande Goldarbeiter. Denn wir kennen sie weiter nicht; und weder beim Plinius, noch anderswo wird ihrer, so viel ich weiß, gedacht. Auf den Gruterschen Inschriften kommen, wie Gori S. 151 anmerkt, noch mehrere dergleichen *aurifices* vor; nämlich: L. Cornelius Amandus; M. Cädicius Jukundus; Philodamus Bassi; T. Travius T. L. Argentillus, und T. Travius T. L. Akutus. Auch beim Spon, Miscell. p. 219, L. Vectius Numphius.

Die 125ste Inschrift heißt: *Agrypnus Caesaris Augusti Maecenatianus a statuis.* Wenn hier a statuis nicht custos statuarum, sondern so viel als faber statuarius bedeutet, wie Gruter und Pignorius es bei andrer Gelegenheit erklären, wo es jedoch officinator a statuis heißt; so wäre dieser Agrypnus, der vormals ein Freigelassener Mäcen's war, noch den alten Bildhauern beizuzählen. — Ferner wird Inschr. 127, Herakla als Mahler genannt.

Der Gewinn ist nun freilich nicht groß, der sich aus diesen Inschriften für die Kunstgeschichte des Alterthums ziehen läßt; er ist nicht viel mehr, als eine kleine Bereicherung ihrer Nomenklatur, und weit geringer, als Lessing ihn hofte. Bei dem allen sind doch Hülfen dieser Art nicht zu verschmähen; und es schien mir daher wohl der Mühe werth zu seyn, mich bei diesem Artikel etwas länger zu verweilen, zumal da die Quellen dieser Art noch wenig oder gar nicht benutzt sind. — —

Gori's Erläuterungen zum Zanetti sind freilich von keiner großen Erheblichkeit, und meistens leeres Wortgepränge und zweckloser Aufwand von Anführungen klassischer Stellen. Bei der 31sten Tafel wollte er wohl den Ausdruck obsidianum vitrum sehr allgemein verstanden wissen; wenigstens steht gegen über im Italiänischen bloß: in questa *pasta* antica di colore azzurro.

Die Gemme n. 32, welche den Jupiter Serapis, auf einem Throne sitzend vorstellt, hat Natter kopirt, und er bemerkt dabei in s. Tr. de la manière antique &c. p. 52, er habe die Zehen des linken Fußes bloß mit kleinen Enden, wie im Original andeuten können, und eben diese Schwierigkeit auch bei dem Fußschemel gefunden, der eigentlich viereckig hätte seyn sollen. Er fährt fort: La cause de cette difficulté c'est que les outils du Touret étant ronds, ils ne sçauroient marquer les angles en plein & en entier. Je fais cette remarque ici de nouveau, parceque c'est faute d'avoir pris garde à cela, que Mr. *Zanetti* s'est trompé ici à deux égards; car de l'omission des doigts du pied gauche, il en a fait une *pantoufle;* & du piedestal un coussin. Denn wirklich fand Gori auch in diesem letztern mißgedeuteten Umstande etwas sehr Merkwürdiges: Throno, sagt er, non subjectum scabellum, sive *σουπποδιον* *); sed pul-

*) Dieß griechische Wort ist von Gori eben so willkührlich und widersinnig selbst geschmiedet, als das beim

villus; quod maxime observatu dignum est. Und nun meint er durch dieß Beispiel den Buonaroti zu widerlegen, der in seinen Osserv. sopra i Vetri, p. 268 f. der Meinung ist, daß die Gewohnheit, den auf dem Throne sitzenden Fürsten bei feierlichen Gelegenheiten Küssen unter die Füße zu legen, erst unter den spätern Kaisern aufgekommen sey. —

*Gemmarius* bedeutete wohl gewiß bei den Alten keinen Steinschneider, sondern einen Juwelenhändler oder Juwelierer. Und so unterscheidet auch Gori selbst in der oben schon gedachten Stelle seiner Erläuterung des Columbarii Liv. Aug. p. 154 die gemmarum scalptores von den gemmariis, qui gemmas vel negotiabantur, vel in vestibus, vel in calceis & scyphis inserebant.

*Capita jugata* sind, wie bekannt, zwei oder drei hinter oder neben einander stehende Köpfe, dergleichen auch auf den alten Münzen, wie auf einigen Gemmen, vorkommen. S. Christ's Abhandl. über die Litterat. und Kunstwerke, S. 277.

Natter in obiger Beschreibung zweimal vorkommende πιδες für Fußschemel. Das rechte Wort ist ὑποποδιον.

**Zigeunerin.** *Egizzia*, eine Statue in der Villa Borghese, hat gar nichts vom ägyptischen Styl, wie Maffei meint; und Hände und Füße sind von Bernini. (S. Winkelm. Gesch. d. K. Vorr. S. XII.) — Was heißt aber daselbst: gleichfalls von Erz? Vorher sagt er ja selbst, daß die Statue von Marmor sey.

Aus der Angabe des Manilli, Villa Borgh. p. 78: La statua, che segue, è d' una *Zingara*, *tutta di bronzo*, eccetto la veste, ch' è di *marmo bianco*; ließe sich dieser anscheinende Widerspruch heben, wenn mich nicht das was Hr. v. Ramdohr, Th. I. S. 325, über diese Statue sagt, über ihre wahre materielle Beschaffenheit aufs neue ungewiß machte: „Die sogenannte Egiziaca oder Zigeunerin. Eine Figur mit einem antiken Gewande von schwarzem Marmor. Man hat ihr ein weisses Hemd mit goldenen Frangen, und einen vergoldeten Kopfputz in neuern Zeiten gegeben. Kopf, Hände und Füße von Bronze sind gleichfalls neu.“

**Zipperlein.** Zeiller in s. Sendschreiben, S. 5, sagt: „Vor Zeiten hat man um „Abwendung des Podagra den heil. Cyprianus angerufen; daher auch Chiragra, oder „der Schmerz in den Händen, und Podagra, „oder der Schmerz in den Füßen, mit Einem „Namen das Zipperlein genannt worden, „wie Michael Probst in seiner Arzneykunst „und Wunderbuche, P. 2. p. 300. schreibt." Diese Ableitung scheint Frisch nicht gekannt zu haben, der Zipperlein von dem ungebräuchlichen Zeitworte zippen herleitet, welches von ziehen und zuppen herzukommen scheine. Ich möchte fast jene Ableitung vorziehen..

Schwerlich hat der heil. Cyprian zur Bildung dieses deutschen Worts Gelegenheit gegeben; eher noch mag dessen Aehnlichkeit mit dem Namen jenes Heiligen der Anlaß geworden seyn, ihn vorzüglich um Linderung dieser Krankheit anzurufen. Hr. Adelung leitet es gleichfalls von einem noch in den niedrigen Sprecharten vorhandenen Verbo, zippern, zippeln, oft und in kleinen Absätzen zucken und zupfen, her, wie podagrische Krankheiten zu thun pflegen; und ziehen wäre hier wohl das ursprüngliche Wort, von dem auch zupfen gebildet ist. — Wachter hingegen meint, der Zufluß böser Säfte habe zu dieser Benennung Gelegenheit gegeben, und Zipperlein komme von zipfeln, welches so viel als tröpfeln bedeute. Ihm wird diese Ableitung dadurch wahrscheinlicher, weil auch das Wort Tropf zuweilen für Podagra gebraucht wird, welches dann mit dem Französischen goûte übereinstimmt. Im Niedersächsischen, besonders im hamburgischen nnd holsteinischen Dialekt, sagt man wirklich noch jetzt zippen oder ziepen für hervorquillen, besonders bei eiternden Geschwüren.

# Zusätze.

## I.

## Erster Band.

### S. 131.

Villa Borghese. Das unter diesem Artikel zuerst erwähnte Basrelief findet man in Winkelmann's Monumenti Inediti, P. II. Cap. VIII. Tav. 191. Es stellt die Geschichte der Medea vor, und zwar drey Scenen aus derselben. Die mittlere ist Medea mit dem Dolch in der Hand indem die beiden Knaben auf sie zukommen, die sie vom Jason hatte, und die sie ermorden wollte. — Die zur linken ist Glauce, die neue Gemahlinn Jason's, der Medea das vergiftete Gewand geschickt hatte, in den heftigsten Schmerzen. Neben ihr, ihr Vater Kreon, der sich vor Verzweifelung das Haar ausrauft. — Dies ist die Figur, die man fälschlich für einen Jupiter angesehen hatte. — Zur Rechten Medea, wie sie auf dem Drachenwagen davonfährt. Durch das Drachengespann war man auf die Erklärung von der Ceres gerathen, welche die Proserpina aufsuchte. Ich verdanke diese Nachweisung meinem würdigen Freunde, dem Hrn. Prof. Heeren in Göttingen.

# II.

## Zweyter Band.

### S. 141.

Zum Artikel Mathematik. Eben diese Erinnerung über diese arithmetisch unrichtige Stelle im Gil-Blas macht auch Hr. Hofrath Kästner im zweiten Theile seiner Vermischten Schriften (Altenb. 1772. gr. 8.) S. 141 ff. wo auch noch ein zweiter in eben diesem Roman vorkommender Rechnungsfehler gerügt wird.

### S. 344.

Folgende zuverlässige Nachrichten sind mir durch einen Freund in Wolfenbüttel über diesen Schmidt mitgetheilt worden:

„Der Wertheimer Bibelübersetzer Joh. „Lorenz Schmidt ist 1702 zu Schwein„furt in Franken geboren, woselbst sein Vater „M. Joh. Heinr. S. als Diaconus ge„standen. Er hat von Ostern 1720 vier Jahr

„zu Jena Theologie studiert, sich nachher ein „Jahr bei seinem Vater aufgehalten und den„selben in seinem Amte unterstützt. Nach dessen „im J. 1725 erfolgtem Absterben wurde er der ver„wittweten Gräfin von Löwenstein Wertheim zum „Informator ihrer 6 jungen Söhne empfohlen, „welche Stelle er auch, ob er gleich große Nei„gung zum Hallischen Missionswerke hatte, an„nahm und solche gegen 10 Jahr mit Ruhm be„kleidete. Während dieser Zeit hatte er sich auch „auf die Mathematischen Wissenschaften gelegt, „und daher Anlaß genommen die Mathematische „Lehrart auch auf den Vortrag der Theologie an„zuwenden. Um diese Methode zu erleichtern hielt „er es für nöthig, eine genauere und mehr wört„liche Uebersetzung der H. Schrift zu verfassen, „wovon er denn auch 1735 den ersten Theil oder „die 5 Bücher Mosis herausgab. Da diese aber „mit den Kenntnissen und dem Geschmacke der da„maligen Theologie keineswegs verträglich war; „so verdarb er es mit den Orthodoxen so sehr, „daß ihn auf Dr. Joachim Lange'ns Anstiften der „Reichsfiscal bei dem Kaiserlichen Reichshofrathe „anklagte. Dieser erkannte die Confiscation ge„dachter Bibel, und verordnete eine Inquisitions„commission gegen den Verfasser auf des Fränki„

„schen Kreises Ausschreibeamt, den Bischof von „Bamberg und Markgrafen von Anspach. Nachdem „er nun vorläufig 1 Jahr zu Wertheim in Arrest „gesessen, und er in Gefahr gerieth nach Bam„berg in die Frohnveste gesetzt zu werden, so ent„floh er am Ende des Jahres 1737 und nahm sei„nen Aufenthalt zu Hamburg, wo er an die 9 „Jahr im Verborgenen unter dem Namen Joh. „Ludew. Schrödter, Candidat en Philosophie „gelebt und sich seinen Unterhalt mit Uebersetzun„gen, wovon Kantemir's Geschichte des Os„manischen Reichs das bekanteste ist, verschaft „hat. Während dieser Zeit bemüheten theils er „selbst, theils seine in seinem Vaterlande noch le„benden Freunde, sich für ihn, um ihn in aus„wärtige Dienste zu bringen, welche er besonders, „seitdem Friedrich II. zur Regierung gekom„men war, am Preußischen Hofe suchte: auch sol„len ihm schon 1741 Fürstlich-Wolfenbüttelsche „Dienste angetragen sein. Es kam aber nichts zu „Stande, und 1746 im November lebte er noch „zu Hamburg. In welchem Jahre und durch wel„che Veranlassung er endlich in hiesige Fürstliche „Dienste als Hofmathematikus gekommen, ist mir „nicht bekannt, da die mir vor Augen liegenden „Papiere nicht so weit reichen."

S. 380.

Sokratische Steine. Ueber sie und Chiflet's Auslegung s. umständlich Mariette im Tr. d. P. Gr. T. I. p. 368 ff.

S. 416.

Venedig. So, wie Apostolius diesen Gebrauch erzählt, liegt dabei nicht das Bild einer Vermählung, sondern bloß eines Bündnisses zum Grunde. Gegen die Saatzeit, sagt er, pflegten die Veneter den Dohlen Geschenke von Opferkuchen zu schicken, um sie damit zu bewegen, ihrem Getraide nicht zu schaden. Sie schickten alsdann einige Schwärme Dohlen aus; und wenn diese die dargebotene Gabe kosteten und verzehrten, so versprachen sie sich ein fruchtbares Jahr; verschmähten sie aber das Opfer, so fürchteten sie Hungersnoth. — Ich habe von diesem Histörchen keine anderweitige Nachricht auffinden können; und daß dieser Gebrauch, wenn er je da gewesen, längst abgekommen sey, ist wohl kein Zweifel. Selbst Apostolius redet davon schon in der vergangenen Zeit:

Ende des zweyten Bandes.